도올의 중국일기

제4권
심양일기

Doh-ol's Diary in China Vol.4
Shenyang Diary

통나무

연변대학 본부청사. 푸른 하늘이 그립다. 1953년 연변대학이 이곳에 정착해서 곧바로 지어진 이 건물은 60여
년의 세월이 흐른 지금에도 변함없이 남아있다. 러시아풍의 건물이라 말하지만 실제로 평양의 김일성종합대학
본부건물을 모델로 해서 지어진 것이라 한다. 학교의 교훈은 진리求眞, 선행至善, 융합融合.

10월 7일, 화요일

　아침 일찍, 긴 고구려 여정의 피로가 아직 풀리지도 않았는데 새벽 6시부터 부산을 떨었다. 최무영교수가 여기 이론물리학을 전공하는 교수님을 한분이라도 뵙고 돌아가고 싶다고 해서, 내가 수소문을 해보니, 마침 연변대학 부총장님 한분이 이론물리학을 전공하는 훌륭한 학자라는 소리를 들어 그분과의 면담을 주선해 놓았던 것이다. 수상시장 옆 전주비빔밥집에서 조찬을 나누기로 하였던 것이다.

　우리부부, 최무영교수 부부, 그리고 우리나라 생명공학연구소의 이정준李晶埈교수, 그리고 장수張壽부총장, 그리고 최무영교수의 부인이 인문지리학 전공자인 관계로 여기 연변대학의 경제지리학 전공자인 여필순呂弼順교수가 같이 배석했다. 장수부총장은 매사에 적극적인 호인이었다. 최무영과 이야기가 잘 통했다. 두 사람은 연변대학 물리학과와 서울대학 물리학과의 호상적 학술교류를 토의했다. 기회가 닿는대로 학술회의를 열면 좋을 것 같다.

여기 중국이나 대한민국이나 마찬가지로 순수과학분야에 학생들이 오지 않는 경향이 있다. 실제로 그것은 근거 없는 오류인식 때문이다. 학생들의 생각인즉, 물리학과에 가면 전자계통의 응용분야를 가는 것보다 취직걱정을 더 해야한다고 생각한다. 그러나 실상인즉, 서울대학교 수준이 되면, 과학계통의 어떤 학과보다도 물리학과가 취직도 잘 되고, 선택의 범위도 넓고, 사실 다양한 펀드의 기회도 더 많다.

대기업에서도 응용분야의 좁은 지식을 가진 학생보다는 물리학과 출신을 선호하는 경향이 짙다. 실제로 물리학은 과학적 지식과 더불어 세계관·우주론에 관한 인문학적 지식을 제공하기 때문에 인간의 사유를 근원적으로 개발시킨다. 그래서 학부에서 물리학을 전공하는 것은 만학萬學의 기초가 될 수 있다. 나는 우리나라의 우수한 학생들이 우수한 대학의 물리학과에 지망할 것을 권고한다. 원리적 사고가 기술적 사고를 포섭하는 것이다.

오늘 10시 30분경 최무영부부와 고구려기행 멤버 중 3명이 연길공항을 떠나갔다.

10월 8일, 수요일

오늘 타이핑지에太平街 메이하오지아위앤美好家園 1번지에 있는 마카이오 Makaio라는 곳을 찾아갔다. 연변대 마정학원 김철수교수가 커피에는 일가견이 있다고 하면서, 나에게 커피를 몇 봉다리 사다주었는데 도무지 그 가격이 만만할 것 같지 않았다. 연변대 교수월급에 내 커피까지 사다주면 별로 남을 것이 없을 것 같다.

연변대 조선족교수들은 가슴이 뜨겁다. 대체로 베풀기를 좋아하는 사람들이다. 사실 커피를 가장 맛있고 싸게 먹는 방법은 커피 생콩을 싸게 한 포대 사서, 먹을 때마다 중국요리기구인 웍에다가 볶아먹는

것이다. 커피의 향은 결국 볶는데서 생겨나는 것이고 볶고 나서 열흘만 지나가도 그것은 커피라 말할 수 없는 것이다. 볶는 것도 그냥 진짜 불에 볶는 것이 제일이다.

김철수교수가 가져다준 커피는 방금 볶은 커피래서 정말 맛이 있었다. 그래서 다 먹고 나서 그 집을 알려달라고 하니깐, 자기가 또 사다주겠다는 것이다. 그래서 하는 수 없이 내가 액션을 취하기로 했다. 봉다리에 주소가 쓰여져 있는 것을 발견하고 그 주소를 지도에서 찾은 후 이곳 커피점을 찾아내는데 성공한 것이다.

완전히 커피전문점이었는데, 주인이 젊은 청년이다. 일본에서 커피공부를 했다고 했다. 비싼 기계들이 완벽하게 구비된 곳이었다. 그들은 드립해서 먹는 커피는 반드시 알갱이가 굵어야 한다는 지론을 폈다. 그러나 그렇게 되면 커피는 금방 없어진다. 내가 아주 미세하게 갈아달라니까 그것은 에스프레소에 한정되는 방식이라고 우긴다. 나는 에스프레소에 물타먹어도 되니깐 그냥 미세하게 갈아달라고 우겼다.

전문가들의 소리는 그 나름대로 의미 있는 체험에서 나오는 것이기는 하나, 그들의 말을 안듣고 사는 지혜를 길러야 한다. 나의 삶에 있어서는 나의 "주관적 느낌Subjective Feeling"이 전문가라는 사람들의 객관적 명제들보다 우위를 차지해야 한다. 그런데 한국인들은 의식주라는 기본적 삶의 모든 명제들을 타자화시킨다. "무의식은 대타자의 담론"이라는 라캉의 명제보다도 훨씬 더 극심하게 일상생활이 타자화되어 있는 것이다.

마카이오의 주인이 드립해 먹는 커피는 굵은 모래 수준으로 갈아야 한다는 지론은 일리가 있다. 끓은 물이 휠타를 지나가는 동안 그 향기만을 훑어 내리니깐 커피맛이 훨씬 더 고급스러울 수 있다. 그런데 연변에 사는 나로서는 그렇게 커피를 내려먹으면 밀가루처럼 간 커피보다 가격이 몇 배 소요되니깐 현실적이 아니다. 한번 커피를 내려 먹는데 많은 커피가 소요되는 것이다.

하여튼 나는 마카이오에서 중요한 몇 개의 통찰을 얻었다. 커피는 생콩을 사서 내가 직화直火에 직접 볶아먹는다. 그리고 볶은 커피는 미세하게 갈 필요가 없다. 나는 이 통찰을 기본으로 내가 귀국하면 나만의 독특한 커피세계를 구축할 구상을 굳혔다. 마카이오의 커피체험은 의미있는 체험이었다. 마카이오 주인이 만들어 주는 커피는 정말 내가 여태까지 먹어본 적이 없는 특이한 커피였다. 커피에 침전물이 없었고, 그 색깔이 꼭 포도주 같았으며, 그 향기는 짙고 그윽했고 맛은 오미가 다 들어있었는데 끝에 신맛이 강렬하게 남았다.

오후 5~7시, 학부학생들에게 "공자의 호학好學"을 주제로 강의했다. 이제 학부학생들이 내 강의를 곧잘 듣는다. 아내는 내 강의를 듣고, 처음으로 내가 하는 중국말 강의가 한국말로 하는 강의와 별차이가 없이 편안하게 느껴졌다고 했다. 내 중국어가 이제 궤도에 오르는 것 같다. 아니, 나의 중국어가 그 짧은 시간에 근원적인 진보를 했을리가 없다. 단지 중국어를 나의 존재로부터 객체화시키지 않는다고 말해야 할 것이다. 중국어에 대한 공포심이 사라진 것이다.

강의 끝나고, 예술대학이 자리잡고 있는 단청루에 갔다. 그곳에서 오현스님께 약속한 현관 글씨를 썼다(환도산성에서 받은 전화내용). 내일 모레 고구려기행팀이 귀국하는 편에 보내면 약속을 이행할 수 있기 때문이다. 낙관이 나에게는 없었기 때문에 남사장에게 낙관은 한국에 가서 찍으라고 자리를 지정해 주었다. "覺日堂," 고졸하고 품위있는 글씨가 나왔다.

사실 외국에서 바쁘고 지친 일정에 작품을 완성한다는 것은 보통 정력을 소비하는 일이 아니다. 사실 내가 아무리 먹어도 살이 안찌는 것은 확실한 이유가 있다. 삶의 밀도가 높은 것이다. 그만큼 에너지 소비가 큰 것이다. 밤

이 깊었다. 우리는 마라시앙꾸어麻辣香鍋 집에 가서 밤참을 들기로 했다. 여기 연길에 와서 며칠 안되어 학교 앞 음식점들을 돌아보다가 대학성大學城이라는 거대상가 뒤로 한적한 골목 코너에 "라후어꽁후우辣火功夫"라는 간판이 붙은 마라시앙꾸어 집을 하나 발견했다. 매운 요리를 불에 끓여내는 데는 도가 튼 집이라는 뜻일 것이다. "마라시앙꾸어"라는 것은 마쟈오麻椒와 라쟈오辣椒의 맛으로 볶은 음식이라는 뜻이다. 또 "마라탕麻辣湯"이라는 것은 그런 맛이 도는 탕에다가 온갖 식재료를 끓여내는 것이다.

　그 집은 한국말로 "매운 솜씨 사골마라탕"이라는 간판이 붙어 있었는데 그래서 우리는 이 집을 그냥 "사골마라탕"이라고 부르기로 했다. 처음에 들어가니까, 식재료가 다양하게 진열되어 있는데, 집게로 플라스틱 냄비에 자기가 먹고 싶은 만큼 담는 것이다. 그런데 그 자료의 질이 상당히 높았다. 국수도 온갖 다양한 소재의 국수가 있었고 버섯도 내가 좋아하는 목이버섯, 은 이버섯 같은 것이 진열되어 있었다. 채소도 콩나물, 숙주나물, 치커리, 케일 등 온갖 푸른 채소, 그리고 내가 좋아하는 고급스러운 로메인상추 비스름한 것도 진열되어 있었다.

그런데 그런 것들을 한 그릇 담으면 그것을 저울 위에 올려 놓는데 한통 담아봐야 15위앤 정도 밖에 안하니깐 우리 돈으로 결국 2·3천원 수준이라는 얘기! 그것을 펄펄 끓는 거대한 사골국물 드럼통에 집어넣어 역시 거대한 체로 건져내어 준다. 그리고 나중에는 옆에 있는 거대한 통 속에서 끓고 있는 국물을 담아준다. 한국의 매운탕과 시원한 국수맛이 복합된 탕이라 하겠는데 맛이 담박하고 다양하다. 그리고 미원같은 조미료를 쓰지 않는다. 이 방식은 연길의 독특한 문화라고 했다.

마쟈오麻椒라는 것은 혓바닥이 아리아리한 맛이 나는데 우리나라 신선한

산초를 씹을 때 나는 향이 지겨울 정도로 극대화된 맛이다. 나는 마미麻味를 최소화시켜 달라했고, 그들이 만든 국물이 너무 짙고 짜기 때문에 전기주전자에 물을 펄펄 끓여달라고 했다. 그래서 적당히 내 취향대로 희석

시켰다. 저녁에 손쉽게 자기 취향대로 자기 분량대로 먹을 수 있다. 한국의 포장마차 같은 기분이지만 그 실내용은 한국의 고급호텔 최고급요리 수준! 모든 것을 보는 자리에서 끓여내는데 위생적이래서 위장에 부담이 없었다.

더욱 특이할 사항은 그집을 운영하는 부부 두 사람의 모습이다. 남편은 꼭 『홍까오리앙』에 나오는 지앙 원姜文 모양으로 건장하게 생겼는데 너무도 순박한 얼굴을 하고 있다. 여자는 키가 작고 통통하게 생겼는데 얼굴 빛깔이 얼마나 투명한지, 백담사 앞의 푸른 개울물을 보고 있는 느낌이 든다. 얼굴의 모습이 너무 해맑아 5살먹은 소녀 같다. 영원히 늙지않는 피터팬 같다.

내가 연변대교수로 왔다고 하니깐 자기 아들도 연대 들어가기를 희망하고 있다고 하면서 싱그러운 웃음을 지었다. 나는 오후불식의 계율이 있음에도 불구하고 밤이면 이 사골마라탕 집에 들리는 습관이 생겨버렸다. 우리가 나타나기만 하면 두 부부가 그렇게 행복한 얼굴을 할 수가 없다. 그리고 이들은 한국드라마를 열심히 본다. 중국인들은 당중앙이 어떤 통제를 해도 인터넷방송으로 볼 것은 다 보고 있다. 그들이 하루종일 켜 놓고 있는 것은 테레비가 아니라 인터넷이다. 쌀국수를 넣은 마라탕 한 그릇을 시원하게 먹었다. 그러나 잠 잘 때가 되면 밤참 먹은 것은 반드시 후회하게 마련이다. 참 가련한게 인생이다! 고구려기행으로 인식의 혁명을 일으키고도 식욕의 쾌락에는 아직도 끌려다니는 형국!

종합청사건물. 연변대학정문에서 항상 바라보게 되는 모습이다. 나는 이 푸른 하늘 밑에서 열강했던 나의 푸른 꿈을 잊을 수 없다. 연변대학교 교가는 다음과 같다: 백두산의 정기를 한몸에 안고 / 햇살 밝은 언덕에 우뚝 솟았다 / 겨레의 아들딸 그대 품에서 / 희망의 푸른 꿈 키워가노라 / 아~ 배움의 성당 / 겨레의 자랑 / 길이길이 빛나라! 우리 연변대학교!

10월 9일, 목요일. 흐림

10시부터 얼링야오야오(2011)국제연구생학원 강의를 했다. 오늘은 학생들이 내 강의를 깊게 흡수한다는 느낌을 받았다. 중국문명3대기원설을 주제로 강의 했다.

고구려기행팀은 내일 귀국한다. 이들은 귀국하기 전에 나보고 고구려기행 다큐멘타리 편집을 가능케 하는 강의를 해달라고 요청했다. 강의실을 빌리 자니 수속이 복잡할 것 같다. 그래서 내 개인연구실에 앉아서 강의하는 것 을 뜨기로 했다. 고구려기행과정은 이미 세밀하게 영상에 담았고, 현지 녹 음설명도 충분히 했으나, 그 모든 것을 연결하고 총괄하는 내래이션에 해당 되는 부분을 내 강의로 때우겠다는 것이다. 그러면 충분한 나의 설명과 함 께 훌륭한 영상편집이 가능해진다. 내가 연길에 와 있기 때문에 후즈닷컴 (WWW.HOOZ.COM: 나의 철학강의가 끊임없이 방영되고 있는 인터넷 도올서원)의 시 청자들은 지금 적막하다. 내가 고구려강의를 하면 그것만으로도 당분간 공부할 수 있는 좋은 소재를 얻기 때문에 어느정도 공백을 메꿀 수 있다.

내가 이 날 내 연구실에서 하루종일 한 강의는 50분짜리 6개나 된다. 그만큼 고구려는 주제가 방대하다. 게다가 이날 오후 6시~8시에 연변대교수들을 위한 강의가 열린다. 그 강의 전에 3부작의 강의를 했어야만 했고 강의 후에 나머지 3부작을 다 끝내야 했다. 지독하게 짜여진 스케줄이다. 오늘 하루동안 한 10시간 강의를 한 셈이다. 이제 한국의 독자들은 후즈닷컴을 통해 나의 고구려답사 현장 다큐멘타리를 즐겁게 볼 수 있을 것이다. 그것을 다시 축약해서 독립영화로도 만들어 보겠다고 했다. 오늘 하루의 수고는 그 보람을 위해 감내했다.

오늘 교수강의에서는 고구려문제와 동북공정에 관해 열변을 토로하였다. "동북공정"을 "동북호상사랑운동"으로 바꾸자는 나의 의견에 모두 박수를 쳤다. 나는 "고구려"라는 말을 듣는 중국사람과 한국사람의 심박운동을 재어보면 반응패턴이 분명히 구분될 것이라고 말했다. 그랬더니 반창화교수가 피검사를 해봐도 차이가 날 것이라고 해학적인 발언을 했다. 고구려는 우리의 핏줄이요 심박인 것이다. 연변의 조선족은 우리와 똑같이 고구려를 느끼고 있는 것이다. 장수부총장이 와서 경청하였다.

10월 10일, 금요일. 아름다운 날씨

오늘 오전에 고구려기행팀 전원이 귀국하였다. 아내도 함께 귀국했다. 나의 연구실은 적막해졌다.

심양에서 강연제목을 보내달라고 해서 심양사범대학강의는 "중국문명3대 기원과 교육中國文明三大紀元與敎育"으로 하고, 명명덕협회강의는 "공자사상의 핵심은 무엇인가? 孔子思想的核心是什么?"로 정해 통보했다.

남사장이 통나무에 도착해서 바로 오현스님을 찾아가 뵈었다고 했다. 내 글씨 받아보시고 흡족해 하셨다고 했다.

오늘 나의 친구 카노오 요시미쯔加納喜光가 필생의 대저를 보내왔다. 동경 당출판東京堂出版이라는 곳에서 나온 『한자어원어의사전漢字語源語義辞典』이 다. 1440페이지나 되는 대작인데, 9월 25일 출판된 것이니까 나오자마자 제일

먼저 나에게 보낸 것이다. 그는 내가 동경대학 중국철학과를 다닐 때 우리 과조교를 했다. 나는 그의 학문세계를 사랑했고, 그는 나의 재능과 기발한 착상을 마음껏 인정해주었다. 그래서 우리는 절친한 친구가 되었다. 평생 왕래한다.

그가 사계의 대가 토오도오 아키야스藤堂明保선생과 함께 낸 『학연신한화대자전學研新漢和大字典』은 현재 일본에서 가장 많이 활용되고 있는 옥편이라고 할 것이다. 일본인들이 가장 애용하는 사전을 만든다는 것이 결코 간단한 일은 아닐 것이다. 아마도 그것은 토오도오선생과 공저로 되어 있었고 해서, 요번에는 자기 발상으로 참신하게 새로운 "사전辭典"을 낸 것이다. 학습연구사學習研究社의 것은 『자전字典』이다. 학연 것이 2005년에 나왔으니깐 10년만에 새로운 사전을 낸 것이다. 그동안 그의 고로苦勞는 말할 수가 없겠다. 모로하시 테쯔지諸橋轍次선생의 전통을 잇는 대학자라 할 것이다. 뜻있는 사람들은 일본 아마존을 통해 이 두개의 사전은 구입하여 일상적으로 참고해 볼 만 할 것이다.

전통적으로 자원字源 해설에 국한된 방식을 뛰어넘어 어원語源, 어의語義, 어음語音의 종합적 해설을 함으로써 한자를 풍요롭게 이해할 수 있도록 만들었다. 토오도오 아키야스藤堂明保, 시라카와 시즈카白川靜, 오오노 스스무大野晉 등 중국어원 학자들의 어원해석을 인용해가면서 자설을 전개함으로써,

한자 한글자 한글자 마다의 연구사를 이 한 권의 책속에 다 담은 것이다. 자랑스러운 나의 친구라 아니할 수 없다. 카노오에게 전화를 걸어보았다. 부인이 받는다. 카노오는 수면 중이라 해서 깨우지 말라고 했다.

중국어와 한자의 이해방식에 있어서 토오도오 아키야스와 시라카와 시즈카는 기본적 발상이 매우 다르다. 토오도오 아키야스는 음운학자이며 중국어와 한자를 "음音"(sound)을 중심으로 생각한다. 그런데 시라카와 시즈카는 신화학에 기초하여 한자를 "형形"(form)으로 생각한다. 다시 말해서 시라카와는 문자학자인 것이다. 문자학자는 한자의 형상, 도형, 가시적 심볼 그 자체로부터 의미가 파생된다고 생각한다.

산山은 산이라는 외재적 모양에서 생겨난 문자이며, 그 형태 자체로 의미가 있다고 생각하는 것이다. 나의 친구 카노오는 이런 문자학적 사유는 완벽한 오류라고 지적한다. 카노오는 시라카와를 아주 배척하고 토오도오 아키야스의 학설을 신봉한다. 일본은 학자의 계보가 매우 뚜렷하다.

산山은 산의 모양을 본떠서 비로소 생겨난 문자가 아니라, 산山이라는 개념을 전달하는 "shan"이라는 음은 글자가 생겨나기 전에도 있었다는 것이다. 예를 들면, "가家"가 宀와 豕로 이루어져 있다고 해서 그것이 돼지 위에 지붕을 씌운 모양에서 유래된 것은 아니라는 것이다. 집을 나타내는 "ka"라는 발음이 선행했고 그 발음을 도형화했을 뿐이라는 것이다.

소쉬르는 언어라는 기호가 시니피앙(음성이미지)과 시니피에(소리심볼에 상응하는 개념)로 구성되어있다고 말했는데, 시니피앙의 단계에서 그 음성을 시각

기호화하는 것이 표음문자라는 것이고, 시니피에의 단계에서 그 개념을 시각 기호화하는 것이 표의문자라고 한다.

사실 근본적 사고를 하자면 표음문자와 표의문자는 크게 다르지 않다는 것이다. 나의 친구 카노오는 한자의 음音이 한자라고 하는 문자文字에 대한 발음방식이 아니라, 한어漢語라고 하는 언어의 발음방식이라고 한다. 한자의 음은 중국어라는 언어 그 자체의 음성부분이지, 한자라는 문자의 읽는 방식이 아니라고 생각한다.

예를 들면, "견犬"(고대한어 *k'uen*)이라는 단어가 있다. "견"은 소쉬르가 말하는 시니피앙이다(acoustic image). 이 "견"이라는 소리는 구체적 문맥 속에서는 "왕왕 짖는 개라는 동물"의 이미지를 떠올리게 만든다. 이 동물의 이미지, 즉 그 심상이 "견"에 대한 의미이다. 다시 말해서 "犬"이라는 글자의 이미지가 곧바로 개를 의미하는 것이 아니라, "견"이라는 음성이 개의 이미지를 환기할 뿐이다. 한자에서도 음성과 의미는 분리되지 않는다. 음성을 도외시하고 한자라는 도형 그 자체에 의미가 있다고 생각하는 문자학자들은 인간 언어의 보편적 에이비씨를 착각하고 있다는 것이다.

나의 친구 카노오는 한자를 음音으로써 규정해 들어가고, 그 음의 계보를 통하여 형形과 의意를 밝힌다. 그는 한자의 뜻이 글자 자체에 있는 것이 아니라 옛 중국사람들이 쓰던 말 그 자체에 내재하는 의미일 뿐이며, 고전의 문맥에 따라 밝혀질 뿐이라고 말한다. 하여튼 나도 내 친구의 이론을 다 알지 못한다. 중국언어를 이해하는 방식에 있어서 그는 중요한 관점을 제시하고 있는 것이다.

나도 메이깐을 받으려고 줄 서있었다

　연변대학 정문 앞에 예외없이 항상 학생들이 나라비를 서있는 곳이 있다. 화덕에 굽는 빵을 사는데, 그 빵은 실제로 둥글고 넙적한 "난nan"(인도의 주식)처럼 보인다. 한 평 정도의 비좁은 공간에 두 남녀가 서서 빵을 굽는데, 그 두 남녀는 항상 하이얀 까운을 입고 밀가루로 뽀얗게 덮혀있는 모습을 하고 있다. 그런데 아침부터 저녁까지 그것을 먹고자 하는 사람들의 줄이 안 서있는 적이 없다. 밤늦게 11시 넘어서까지 불이 켜져있는 곳은 거기밖에는 없다. 이 빵은 "메이깐커우러우삥梅乾釦肉餠"이라고 하는데 절강성浙江省의 특산품이라고 한다.

　이 젊은 부부는 항주杭州에서 왔다. 남자가 20대후반으로 밖에는 안보이는데 얼마나 영화배우처럼 예쁘게 생겼는지, 짙은 눈썹에 깊은 눈을 찡그리는 눈매가 보통 매력있는 것이 아니다. 그 옆에 항상 서있는 여인은 부인이라 했는데 십대소녀처럼 보인다. 그런데 얼굴은 잘생기지는 않았지만 청순한 모습에 총기있는 눈매를 가지고 있다.

메이깐커우러우삥은 우리나라 호떡 같은 것인데, 그 속에 매실엑기스와 중국 꼬치장, 그리고 고기다진 것을 섞어 넣었다. 그리고 우리나라 호떡과는 달리 직경이 한 30㎝ 정도 될 만큼 홍두깨로 크게 늘여민다. 그리고 홍두깨로 민 것에 물을 발라 화덕 벽에 철컥 붙이는 것이다. 화덕은 토벽 항아리 같은 것인데 주기적으로 가운데 숯을 몇개 놓아가면서 불의 세기를 일정하게 맞춘다. 그러니까 중동의 가정에서 보는 것과도 같은 난nan화덕과 다름이 없다. 절강특산이라고 하지만 이 화덕방식은 역시 중동에서 실크로드를 통하여 들어온 것임에 틀림이 없다.

밀가루 반죽해 놓은 것을 떼어내어 양념을 넣고 홍두깨로 미는 것까지는 여자가 한다. 그러면 남자는 거기에 물을 발라 화덕에 굽는 것을 담당한다.

이 두 사람의 콤비로 완성되는 메이깐은 오묘한 맛이 난다. 매실과 꼬치장과 고기저민 것이 밀가루 속에서 구어지면 독특한 맛이 나는데, 화덕에서 방금 떼어 냈을 때는 엄청 뜨겁지만 그것을

갑자기 식히면 눅눅해지질 않고 오히려 바싹거린다. 그 바싹 씹히는 맛에 사람들이 이 삥餅을 더 즐겨 먹는다.

그런데 왜 그렇게 학생들이 줄을 서는가? 이 두 부부는 잠시 앉아 쉴 곳도 없는 공간에서 하루종일 일한다. 그런데 이 전통적인 방식으로 구어내는 메이간은 한 시간에 30개 정도 밖에 굽지 못한다. 그러니까 사람이 밀릴 수밖에 없다. 그렇다고 일의 양을 늘릴 수도 없다. 화덕은 하나 밖에 없다. 그래서 최소한 30분을 기다리지 못하면 먹을 수가 없다. 나는 연길에 도착해서부터 이 삥을 먹고 싶었는데 먹을 수가 없었다. 기다릴 시간이 없었다. 그런데 방법을 알아냈다. 돈을 내고 그 주변에서 딴 일을 보면 30분 후에 돈을 낸 사람들 순서대로 삥을 주는 것이다. 그 부인이 얼마나 영민한지 그 순서를 정확하게 기억하여 착오가 없다고 했다. 그런 방식으로 오늘 처음 커우러우 삥을 먹었다. 하나에 4위앤 한다. 맛있다. 그러나 역시 좀 색다른, 중국화된 난nan일 뿐이다.

연변대학에서 첫 월급이 나왔다. 9월분이다. 현금으로 준다. 상당히 우대해 준 것 같다. 외국에서 월급타보기는 내 인생에 처음이다. 사회주의 체제는 공식대로 돌아가는 측면은 정확히 돌아간다.

왼쪽으로 연변대학교 민속박물관이 보인다. 그 앞으로 계단·정자로 쭈욱 뻗친 길은
내가 강의하러 가장 많이 걸어다닌 길이다.

10월 11일, 토요일. 너무도 아름다운 늦가을 날씨

아침에 일어나 앞으로 닥칠 추위에 대비하여 백화점에서 산 최고급 산양융 내의山羊絨內衣를 빨았다. 미지근한 물에 "푸른달빛藍月亮"이라는 세의액洗衣液(액체비누)을 넣어 살살 살살 흔들고 탈수기에 돌렸다. 우리 숙사에는 공용 세탁기가 두 층에 하나 있는데, 탈수기능만 따로 사용할 수 있는 세탁기가 빨래 방에 놓여있다. 우리나라 LG제품이다.

낮에 대학성大學城 4층에 있는 "쌀이야기米的故事"라는 제목의 조선족음식 점을 갔다. 여러 사람으로부터 쌀이야기 음식이 정갈해서 마음에 들 것이라는 추천을 받았기 때문이었다.

연대 앞에 음식점이 수백 개가 되는데 그 중에서 한국식 입맛이 나는 집 으로는 "홍콩heung-kong반점"이라는 곳이 있다. "홍"자를 가까이 붙여 써 놓으면 그것은 "홍콩hong-kong반점"으로도 읽힐 수가 있다. 그래서 얼핏 받는

인상은 서울에서 비교적 유명한 "홍콩반점"에서 분점을 낸 것이 아닌가, 하는 생각을 하게도 한다. 그런데 실제로 들어가 먹어보면 메뉴나 맛이 꼭 서울 홍콩반점을 닮았다.

홍콩반점의 특기는 역시 칼칼한 "짬뽕"인데 여기 홍콩반점도 짬뽕을 특기로 하고 있다. 한국사람들은 짬뽕이나 짜장면이 중국음식인줄 알지만 그런 음식은 중국에 존재하지 않는다. 그러니까 중국음식이 아니다. 그것은 한국에 살던 산똥화교들이 개발한 한국인 입맛화된 특수한 중국요리다. 중국에는 한국식 "짜장炸醬"이 존재하지 않는다. "짜장"이란 문자 그대로 "된장을 볶았다"는 의미이다. 그런데 중국의 짜장은 문자 그대로 한국 된장 같은 것을 기름에 볶은 수준의 것이다. 산똥화교들이 개발한 그런 새까만 색깔의 오묘한 짜장은 없다.

"짬뽕"만 해도 그것이 중국말인줄 아는데, 중국어에는 "짬뽕"이라는 발음에 비슷하게 가는 말도 존재하지 않는다. 그럼 "짬뽕"은 한국말인가? 그것은 한국말도 아니다. 그럼 어디서 온 말일까? 그것은 일제시대 때 일본의 속어에서 유입된 것이다. 그 원어는 "챤퐁ちゃんぽん"이다. 종류가 다른 것을 뒤섞는다는 말이다. 일설에 의하면 19세기 말기에 큐우슈우 나가사키에 살던 화교들에 의하여 개발되어 우리나라 인천항 화교방으로 유입되었다고 한다. 하여튼 그것은 일본말이다.

일본에 가면 어딜가나 "챤퐁"이 있고, 뒤섞는다는 의미로 일상회화에서도 사용한다. 그런데 일본식 짬뽕은 그렇게 얼큰하지 않다. 수타면을 사용하는 짬뽕은 거의 찾아볼 수 없다. 중국에는 짬뽕이라는 것이 아예 없다. 내가 어릴 적 습관대로 "벤또오(⇒벤또오弁当)"라고 말하면 "도시락"이라고 말하지 않는다고 지랄지랄해대는 사람들이 내가 "짬뽕"하면 아무도 뭐라하지 않는다. 그것도 왜식이라고 지랄지랄해대야 할 것이 아닌가? 국어순화주의purism는 본질적으로 많은 문제를 내포하고 있다. 순수한 국어는 존재하지 않는다. 언어는 음일 뿐이다. 음은 사용해서 의미가 전달되면 그 사명을 다한다. 비트겐슈타인은 언어에 본질주의는 존재하지 않는다고 말했다. 언어는 사용일 뿐이다. 사용해서 의미가 통했으면 사용으로서의 언어Language as Use는 그 사명을 다한 것이다. 언어가 이 세계의 정확한 그림일 수 없다고 말한다(후기 비트겐슈타인).

하여튼 우리나라 홍콩반점의 "짬뽕"은 우선 가격이 싸고 대중적이며 24시간 오픈이니까 접근성이 좋다. 그래서 사람들이 많이 간다. 맛도 좋다. 화학적 첨가제가 별로 가미되어 있질 않아서 뒷끝이 개온하다. 그 흉내를 얼마나 냈는지는 모르지만 여기 홍콩반점은 한국사람들이 한국식 중국음식을 먹기 위해서 가장 많이 가는 곳이다. 그리고 원래 그 명칭이 "홍콩반점"이었다. 그런데 왜 "홍콩반점"이 되었을까?

아마도 한국의 홍콩반점에서 항의가 있었던 모양이다. 상호를 마구 도둑질하는 것은 중국 민간에서는 크게 문제삼질 않기 때문에 그렇게 한 모양인데, 하여튼 엄중한 항의가 들어간 모양이다. "홍콩반점"이라 하면 "香港飯店"으로 표기된다. 이 집 주인은 항의를 받고 "香港"을 "興豆"라고 고쳤다. 과연 전혀 다른 상호이므로 문제가 없다. 그런데 한국식 표기를, "興"은 음독하여 "홍"이라 하였고 "豆"는 훈독하여 "콩"이라 하였다. 그래서 이름이 "홍콩"이 된 것이다. "너훈아" 수준이다.

그러한 명칭변경을 자랑스럽게 입구에 설명해 놓았다. 홍콩에서 홍콩으로 변했어도 장사에 별 타격은 없는 모양이다. 그런데 홍콩의 음식은 너무 비싸다. 짬뽕이 22위앤, 26위앤 하고, 삼선짜장은 28위앤 한다. 그리고 음식에 첨가제가 너무 많이 들어가 있다. 순수하질 못한 것이다. 그래서 몇 번 갔다가 요즈음은 가질 않는다. 그래서 나의 의식에 새롭게 부상된 음식점이 바로 "쌀이야기"인 것이다.

사실 요즈음 세상에서 "외식"이란 어떻게 맛있게 먹느냐의 문제가 아니라, 얼마나 사악한 화학조미료를 덜 처먹느냐의 문제일 뿐이다(많은 사람이 미원류만 나쁘고 다시다류는 괜찮은 것으로 착각하는데 자연물 조미 외에는 모두 동일한 문제를 수반한다). 셰프가 대세인 세상이 되었다고는 하지만 셰프가 만든 음식은 자연미가 부족하다. 전 인류가 엠에스지MSG의 노예가 되어가고 있는 것이다. 화학조미료 때문에 전통적 젓갈이나 발효음식이나 향료의 지혜를 상실해가고 있는 것이다. 그런데 쌀이야기는 기본이 돌솥밥이다.

연변지역은 우선 쌀이 맛이 있다. 쌀 자체가 오염이 적다. 그만큼 땅이 풍요롭다. 단위면적당 수확량을 높여야 할 필요성을 별로 느끼질 않는다. 그만큼 광막한 대지가 펼쳐져 있는 것이다.

돌솥밥은 쌀을 불려 작은 돌솥 속에서 밥을 직접 만드는 것이다. 그 위에 곰취를 넣거나, 가지를 넣거나, 무우를 넣거나 하여 맛을 낸다. 다 완성된 쌀밥에 간장양념을 쳐 먹는다. 그리고 숭늉을 만든다. 간장양념이 미심쩍으면 안 쳐 먹으면 된다. 내가 순결하게 외식할 수 있는 유일한 집이 이 돌솥밥집이라는 것을 발견했다. "전주비빔밥"식의 비빔밥도 핵심은 돌솥을 충분히 달궈내와야만, 비빌 때 고추장이 돌솥에서 직접 볶아져서 제맛이 난다는데 있다.

그런데 우리나라의 전주비빔밥은 건성 데우는 흉내만 내고 미지근하다. 그리고 맛을 낸다고 꼭 조미료를 첨가한다. 생고추장을 밥 위에다 게짐짐하게 비벼본들 남이 먹고 남은 밥을 비벼먹는 기분밖에는 들지 않

는다. 우리나라 음식점은 기본상식을 어기는 곳이 너무 많다. 그런데 쌀이야기 집에서는 이런 기본상식을 어기지 않고 내말대로 밥을 해내왔다. 쌀이야기! 마음에 들었다. 그리고 큰 TV화면이 있는데 체육채널만 튼다. 체육채널은 거짓말이 별로 없다.

홍콩반점에는 주인이 앉아있는 법이 없다. 완전히 상업적 계산만 있는 집이다. 그런데 쌀이야기에는 주인이 앉아 있다. 주인의 얼굴을 보면 매우 문아文雅한 인물이라는 것을 알 수 있다. 성함을 최시운崔時雲이라 했는데, 함북 홍애최씨라고 했다. 그는 "홍애"가 어디 있는지는 모르겠는데 하여튼 함경북도 지명이라고 했다. 홍애최씨 종친회도 있다고 했다. 나는 최시운에게 『중용』책을 선사했다.

이 날 저녁 뜻있는 사람들이 모여서 내 책을 중국말로 번역해 낼 수 있는 모종의 조직을 만들어 보자는 이야기가 오갔다. 그런데 결국 이야기를 나눠보니까 우선 내 책을 이해할 수 있는 수준의 사람들이 별로 없다. 그러니 번역이 제대로 될 리가 없다. 중국은 타문명에 대한 관심이 너무 부족하다. 너무 인재를 기르지 않았다. 연변의 한국말은 연변조선족의 생활언어이지 학술

언어가 아니다. 그 생활언어의 수준에서는 도저히 내 책을 이해해서 같은 수준의 유려한 중국말로 표현할 능력을 갖춘 인재가 길러지기 어렵다. 제대로 된 교육을 통해 인재를 배양하는 것만이 중국의 실제적 과제상황이라는 것만을 확인했다.

연변대학교 교정 내의 태호석 가든

10월 12일, 일요일. 흐림

오후 5시경, 친구 카노오加納喜光와 통화를 했다.

"모시모시."

"아~ 히사시부리데스네ㅡ."

"건강하십니까?"

"그런대로, 나이가 나이인지라 … 김선생은 어떠하십니까?"

"저도 완벽하다고는 말할 수 없습니다만 건강의 기본적 규율을 잘 지키고
있습니다. 하여튼 요번 저작은 대단합니다. 정말 엄청난 공력을 들이셨더군요.
그런 작업을 하다보면 건강에 무리가 가는 것도 …."

"최선을 다했습니다. 한학의 세계에서 매진하는 학도들에게 일조가 되었으
면 하는 바람입니다."

"물론이지요. 큰 도움이 되다말다요! 하여튼 대단하십니다. 저도 젊었을
때는 좋은 사전 하나 만들고 싶다는 꿈이 있었습니다만 …."

"김선생님이 손만 대면 될 것 아닙니까?"

"앞으로 조선의 국학 분야에 좋은 사전을 만들어 보고 싶습니다. 그런데 이바라키현은 원전사고 난 곳으로부터 멀리 떨어져 있질 않으니 참 걱정입니다."

"정부에서는 괜찮다고 거짓말을 하지만 눈가리고 아웅이지요. 괜찮을리 있겠습니까? 대처방식이 잘못 되었지요. 제가 건강이 좋지 않은 것도 방사능과 관계가 있을 것입니다. 바람부는 방향에 따라 느낌이 다를 정도이니까요."

"은퇴도 하셨고 그곳을 떠나시면 어떻겠습니까?"

"떠나고 싶지요. 그런데 학자가 무슨 돈이 있습니까? 집이 팔려야 떠날텐데 이곳은 일체 부동산 매매가 없습니다. 누가 이곳으로 이사를 오겠어요?"

"저는 선생과 함께 아마미奄美로 한번 놀러가고 싶은 꿈을 버리지 못하고 있습니다(카노오는 카고시마와 오키나와를 잇는 군도인, 태평양 한 가운데 있는 아마미 군도의 사람이다. 일본 본토와는 다른 독특한 문화전통과 아이덴티티를 지닌 곳이다)."

"선생과 그 푸른 아마미 해변에서 아마미 소주(아마미는 소주로 유명하다. 사탕수수를 원재료로 하여 소주를 만든다는데 맛이 아주 독특하다)를 한잔 들이키면 얼마나 좋겠습니까?"

"꼭 한번 놀러갑시다!"

"이사를 가고 싶지만 이 많은 책과 자료가 쌓인 집을 버리고 어딜 가겠어요? 보금자리를 뜨기가 그리 쉽질 않아요. 자식들이 여기 같이 살지 않으니 다행이지요."

"참 딱한 일입니다."

"문명을 업보를 안고 같이 죽어가는 거지요."

"우리 모두의 공동의 업보인데 서로 나몰라 하면서 눈을 감고 직시하지 않는 게지요."

"똥뻬이의 하늘은 맑지요?"
"눈부시도록 푸릅니다. 저는 최근 고구려유적을 돌아보고 새로운 눈이 생겼어요."
"선생의 개안이 모두의 축복이 되기를 빌겠어요. 자 그만 …."
"사요나라!"
"안녕히 계세요."

교수기숙사 옆길,
서문으로 오르는
길의 석양.

10월 13일, 월요일. 개임

새벽 같이 떠우지앙을 받아다 먹고 수상시장엘 갔다. 공원소학교라는데를 지나가는데 어린 학생들이 운동장에서 아침조례를 서고 있다. 우리나라에서는 이미 볼 수 없는 광경이다. 양융털내의를 89위앤에 하나 더 샀다. 너무 품질이 좋아 지나칠 수 없었다. 그리고 등산화를 하나 200위앤에 주고 샀다. 나는 우리나라에서 아무리 좋은 등산화를 사 신어도 꼭 왼쪽 네번째 발가락에 피멍이 들어 발톱이 빠진다.

벼라별 유형의 좋다는 등산화는 다 사봤는데, 항상 똑같은 결과가 발생한다. 등산을 그토록 사랑하는데 등산화의 문제가 10여년 이상 해결이 되질 않는다. 등산화 앞쪽의 폭이 문제가 되는 것이다. 10여년 동안 이 문제로 발톱이 4번 정도 빠졌다. 현재 발톱이 붙어있는 것만 감사할 지경이다.

수상시장에서 발견한 중국제 신발은 콜럼비아Columbia라는 상표가 붙어

있는데 앞이 유난이 넓고 유연한 소재로 되어 있어 나의 발에 무리가 없을 것 같다는 예감이 왔다. 한국 등산화 가격에 비하면 너무 싸다. 4만원도 안 되니까. 유쾌한 북한산 등반을 할 수 있기를 기원한다.

학교에서 나에게 과기루 빌딩에 정식 연구실을 하나 내주었다. 지금 내 숙소에도 방 하나가 연구실 기능하기 때문에 따로 방이 있을 필요는 없겠지만 대학원학생들과 저녁에 세미나를 할 수 있다는 생각에 요청한 것이다. 과기루 805호, 좋은 방이다.

연변조선족을 상징하는 것은 뭐니뭐니 해도 "돌배"이다. 돌배라고 하면 사람들은 맛없는 야생배인 줄 아는데 실제로 엄청 맛있다. "참배"라고도 하고, 모양이 사과 같이 생겨 "사과배蘋果梨"라고 한다. 이 핑꾸어리는 기나긴 역사를 가지고 있다. 함경북도 경성군 주남면 룡정동에서 태어나 안도현에 정착한 최창호崔昌虎, 1897~1967라는 사람이 있었다. 그의 동생 최범두가 1921년, 조선의 고향을 다녀오면서 함남 북청군에서 배나무가지 6대를 가지고 왔다. 그것을 자기 텃밭에 있는 돌배나무가지에 접지를 하여 3대를 살렸다. 이 눈물겨운 얘기가 연변 돌배의 시작이다. 그런데 지금은 모아산 너머 평강벌 산언덕에 무한히 펼쳐지는 사과배숲에서 봄에 사과배꽃이 만발하는 모습은 진실로 이 지구상에서 볼 수 있는 기경 중의 하나이다. 그 돌배밭이 상징적으로 연변대 교정에도 있다. 나는 김치 담궈 먹을 때 꼭 이 사과배를 넣었는데 김치 맛이 꿀맛이었다.

10월 14일, 화요일. 개임

심양에서 또 요청이 왔다. 명명덕明明德 협회에서 발표하는 내용은 심의가 필요 없어 제목만으로 충분한데, 심양사범대학 강의내용은 적요摘要를 꼭 보내주어야 한다고 했다. 여기는 모든 것이 신고로 끝나는 것이 아니라 허가를 맡아야 하기 때문에 중간에서 준비하고 있는 리우 치劉奇 회장 입장에서는 좀 난처한 모양이다. 우리감각과 중국감각은 그만큼 거리가 있는 것이다. 사실 적요를 쓰는 일이라 해야 결코 어려운 일은 아니다. 나는 지체없이 멋드러진 적요를 작성해서 보냈다. 무통沐僮(회족계열의 이름이다)이라는 비서가 받아보고 흡족해 했다.

오늘 교수강의가 있었다. 나는 『노자』 1장을 강의하기 위해, 20세기 서양의 구조주의와 해체주의의 전체흐름을 논구했다. 나의 논의는 "20세기 서양사상"이라는 전체 서구문명의 종착역이 곧 노자老子의 출발이라는 것을 말하려는 것이다. 다시 말해서 20세기 서양사상의 성과를 바르게 인식했을 때,

노자철학의 입각점이 보다 선명하게 드러날 수 있다는 것이다. 『노자』제1장에서 말하는 언어관은 구조주의와 해체주의 언어관의 제문제를 본질적으로 통섭하는 것이다. 그러한 안목에서 노자사상을 해석해 들어가야만 비로소 노자사상이 21세기적 사유의 새로운 차원으로 비약할 수 있게 되는 것이다.

사실 20세기 서양사조를 특징지우는 말 중에 가장 중요한 것은 "구조 structure"라는 말일 것이다. 구조라는 말에서 구조주의Structuralism라는 말이 생겨났지만 구조주의는 어떠한 흐름을 개괄적으로 지칭하는 규합개념 organizing concept이지 어느 특정 사고형태에 국한되어 쓰이는 말은 아니다. 나는 구조주의의 성격을 잘 분석해보면 구조주의 속에 이미 탈구조주의나 해체주의Deconstructionism, 혹은 포스트모더니즘적인 요소가 배태되어 있다고 생각한다.

우리가 한 건물의 "구조"를 알기 위해서는, 건물을 감각적으로 경험하기 위해 돌아다니는 것보다 건축가가 이 건물을 짓기 위해 사용하였던 설계도면을 보는 것이 가장 효율적이다. 설계도를 보면 건물의 전체구조가 보이는 것이다. 그것은 매우 효율적인 방법이다. "효율적"이라는 말은 많은 생략을 수반한다. 그리고 또 설계도는 전문가들의 눈에는 잘 보여도 비전문가들에게는 잘 보이지 않는다. 설계도는 또다시 해석의 대상이 되는 것이다.

건물의 경우는 설계자가 확실히 있기 때문에 알기가 쉽다. 그러나 이런 생각을 해보자! 우리가 사용하고 있는 언어는 언제 누구에 의하여 어떻게 설계된 것인가? 우리의 언어에 설계도가 있는가? 또 우리가 살고있는 시대, 대한민국이라고 치자! 대한민국은 설계도가 있는가? 그 설계도만 보면 대한민국의 "구조"가 보일텐데, 과연 건물의 설계도면과 같은 설계도가 대한민국에 있을까?

구조주의는 이와 같은 인간의 사고나 사회나 국가나 권력이나 언어나 도덕이나 가치관 같은 그 모든 것의 구조, 그 설계도면을 알고 싶어한다. 그 구조를 파악하는 날카로운 시각, 겉으로 부분적으로 드러난 감각적 체험이 아닌 어떤 통찰력, 그 통찰력의 방법론을 제각기 제시한 사상가들이 모두 크게 보아 구조주의라는 카테고리 속에 들어올 수 있다.

그런데 구조주의적 노력은 보다 더 많은 것을 설명할 수 있는 핵심적 구조를 파악할 수 있게 해주니까 보편주의를 지향하는 것처럼 보인다. 그러나 "구조"라는 것은 구조가 지니는 자체적 성격에 의하여 막연한 보편주의 vague universalism를 타파한다. 다시 말해서 구조를 말할 수 있는 것은 모두 제한된, 상대적 사물일 뿐이다.

건물의 구조는 "한" 건물의 "구조"일 뿐이다. 그리고 건물은 뿌꺼지면 사라진다. 구조도 사라지는 것이다. 구조가 영원한 것이 아니다. 다시 말해서 구조주의가 "구조"를 밝히는 것은 좋은데, 그 밝혀진 구조는 제약된 사태의 구조이며, 영원한 구조는 아니라는 것이다. 그런 의미에서 구조주의 자체가 나는 탈구조주의적 가능성을 동시에 내포한다고 보는 것이다.

화이트헤드는 서양철학의 기나긴 역사가 플라톤의 각주일 뿐이라는 유명한 얘기를 했지만, 나는 서양철학 이천사오백년의 역사가 파르메니데스철학의 연장일 뿐이라고 생각한다. 데리다가 간파했듯이 서양철학의 역사는 존재론의 역사이다. "있음의 형이상학Metaphysics of Presence"의 역사이다. 모든

아~ 저 푸른 하늘, 저 드넓은 연변대 운동장! 주변에는 아주
전문적이고 품격있는 400m 타탄트랙이 깔려있다. 나는 여기서
매일 운동을 했다. 오른쪽으로 보이는 건물이 나의 연구실이 있는
과기루. 아~ 벌써 나의 마음의 고향이 되어버린 이곳. 그립다.

시니피앙에 상응하는 시니피에가 존재를 과시하는 것이다. 파르메니데스는 "생각되어질 수 있고 말하여 질 수 있는 모든 것은 반드시 존재하는 것"이라고 말한다.

파르메니데스에게 있어서 "존재"라는 것은 불변성과 실체성 그리고 대상성을 확보하는 것이다. 이것은 매우 황당한 논리를 내포한다. 우리가 이순신을 생각하거나 의미있게 말할 수 있는 것은 그가 존재했기 때문이다. 우리민족은 이순신의 분투와 슬기로 임진왜란이라는 외적의 침략을 막아내고 승리를 구가했다는 사실을 잘 알고 있다. 그 이순신이 불변의 대상이라고 한다면, 우리가 그를 생각할 수 있고 말할 수 있는 상황에서는 그는 지금 현재도 존재해야만 하는 것이다.

"존재와 사유의 일치"라는 이러한 파르메니데스의 철학은 기실 매우 황당한 것임에도 불구하고 서구인의 사유에 깊숙이 자리잡고 있다. 『요한복음』을 펼치면 "태초에 말씀이 계시니라" 이런 말이 있다. 여기서 말씀은 로고스 *Logos*라는 것인데, 그 다음에는 또 이런 말이 이어지고 있다: "이 말씀이 하나님과 함께 계셨으니, 이 말씀이 곧 하나님이시니라"(해설은 나의 책 『요한복음강해』 pp.68~100을 볼 것). 우리가 말씀 즉 로고스를 시니피앙으로 보면, 그 시니피앙에 해당되는 시니피에는 초월의 시니피에이며, 그 시니피에는 우주전체를 장악하는 존재이다.

이 초월적 시니피에는 현실적 존재로서 우주의 드라마를 마음대로 조작하고 제약하고 관장한다. 그는 규칙을 만들고, 선과 악을 제조한다. 그러나 그는 이 모든 규칙이나 윤리적 규범을 초월한다. 결국 파르메니데스의 존재론은 이러한 로고스 시니피에의 존재론이 되어버리고, 감관의 대상이 되는 생성의 우주, 즉 헤라클레이토스적인 우주는 존재론의 영역에서 탈락되어버리고 만다. 다음 그림을 보라!

이 그림을 어떤 사람은 촛불그림으로 볼 것이고 또 어떤 사람은 두 사람의 얼굴그림으로도 볼 것이다. 그러나 이 그림의 본질은 양자가 동재同在하는데 있고, 혼재混在하는데 있는 것이다. 그러나 이것을 촛불그림으로만 보는 촛불 학파사람들은 얼굴의 가능성을 배제하게 된다. 얼굴학파의 사람들은 마찬가지로 또 촛불의 가능성을 배제할 것이다. 다시 말해서 인간의 인식구조는 일자를 선택하면 타자를 암암리 변방화marginalization 시킨다. 의식의 센터에 놓이는 것만이 유일한 실재가 되고 다른 견해들은 억압되는repressed 것이다.

남자와 여자도 마찬가지다. 인류의 역사를 남자중심으로 보게 되면 여자 중심으로 볼 수 있는 역사는 억압되거나 변방으로 쫓겨난다. 현금의 우리나라도 마찬가지다. 우빨(나는 우익꼴통을 우익빨갱이라고 부른다. 우익이나 좌익이나

다 빨갱이이다)이 득세하여 "국정교과서"를 장악하면 좌빨은 변방으로 쫓겨나고 좌빨이 장악하면 우빨이 변방으로 쫓겨난다. 그런데 이런 문제는 좌빨과 우빨의 분별심이나 경계를 근원적으로 해탈하기 전에는 해결되지 않는다. 우빨이 국정교과서를 강요하면 언젠가는 또다시 똑같은 방식으로 좌빨에게 당하게 되어있다. 우빨의 작전은 결코 성공할 수가 없다. "국정國定"이라는 것 자체가 "변방화"를 전제로 하는 것이다. 교과서는 "자유발행"이 되어야 한다.

이러한 모든 논의 중에서 가장 거대한 "대對"(binary opposites. 짝을 이루면서 서로 대적적인 인간사유의 범주: 본체/현상, 무위/유위, 주인/노예, 백인/흑인, 남자/여자, 천당/지옥, 정신/물질 등등)의 주제는 바로 서양철학사를 지배하는 존재론 ontology의 횡포에 관한 것이다. 존재론이 모든 다른 관점을 변방화시키고 있는 것이다. 존재의 존재, 그것이 문제인 것이다.

서양에서 존재론이 문제되는 가장 큰 이유는 내가 생각하기에는 그들의 일상적 사유의 근간이 되는 인도유러피안어군의 언어가 "be동사"를 기본적 신택스syntax로 하고 있기 때문이다. 우리는 "저 나무는 붉다"라고 말하면 나무와 붉다라는 형용사 사이에 be동사의 매개를 필요로 하지 않는다. 중국어도 "那樹紅"이면 끝이다. "수樹"와 "홍紅"이 바로 붙어버린다. 그러나 영어는 "That tree is red"라 하여 "tree"와 "red" 사이에 "is"가 개입하게 된다.

파르메니데스가 "존재"라는 말을 쓸 때, "Being"과 같이 명사화 되어있는 독립개념으로 말한 적이 없다. 그의 표현은 "에스틴estin"인데, 그것은 영어의 "It is"에 해당된다. "It is"는 "그것은 이다"도 되지만 동시에 "그것은 있다"가 된다. 그러니까 "That tree is red"는 "저 나무는 붉다"라는 의미도 되지만, "저 나무는 붉은 상태로 존재한다"라는 의미도 된다.

모든 규정성에 존재라는 그림자가 따라다니는 것이다. 나는 사실 서구인들이 왜 그렇게 존재론에 집착하는지, 왜 그토록 존재와 생성, 즉 불변과 변화, 초월과 내재, 이성과 감성의 문제에 집착하는지 잘 이해하지 못한다. 데리다의 대對binary opposites의 문제의식으로 말하자면 서양철학은 항상 존재를 센터에 놓고 생성을 변방화시켰으며, 불변, 초월, 이성을 센터에 놓고 변화, 내재, 감성을 변방화시켰다.

이러한 존재론의 가장 중심테마 중의 하나가 근세철학에 있어서는 데카르트가 말하는 사유의 주체로서의 코기탄스cogitans이다. 데카르트 역시 사유thought를 중심으로 연장extension을 변방화시켰고, 정신mind이라는 실체를 중심으로 물질matter이라는 실체를 변방화시켰다.

20세기 구조주의자들은 우리가 상식적으로 무의식적으로 전제해온 "나"라는 주체에 대해 "구조"라는 새로운 잣대를 들이밀게 되었다. 데카르트이래 근대적 자아, 모든 합리적 세계질서의 주체로서의 코기탄스의 개념은 절대적 존재성을 확보하고 있었다. 그것은 헤겔의 절대이성에까지 확대되어 전 우주를 지배하고 있었던 것이다. 이러한 구조주의적 혁명의 단초를 우리는 헤겔리안이면서 헤겔을 철저히 극복한 사상가 칼 맑스에게서 찾아볼 수 있다.

맑스를 얘기하면 우리는 곧 유물론적 변증법이나 그것의 발전단계도식에 의한 프롤레타리아혁명의 필연적 도래라는 정치적 이론을 먼저 생각한다. 그러나 맑스의 가장 큰 혁명은 자아라는 개념을 자기가 필연적으로 속할 수밖에 없는 계급의 이익을 대변하는 계급의식의 주체로 바꾸어버림으로써 코기탄스의 개체성을 해체시켰다는데 있는 것이다. 그리고 자아는 생각하는 자아가 아니라 노동하는 자아, 생산하는 자아, 행동하는 자아가 된다. 오로지 자아는 자아가 행동으로 창조한 세계 속에서만 규정될 수 있다. 세계의 관계망 중심에 주관적이고 자기결정적인 주체가 존재하는 것이 아니라, 서로 연결된 행위의 매듭 속에서 주체가 결정되는 탈중심화, 즉 코페르니쿠스적 혁명이 일어나게 되는 것이다.

이러한 맑스의 구조주의적 단초는 프로이드에 오면 자아가 평상적 의식의 주체가 아니라, 나의 의식이 의식화하고 싶어하지 않는 무의식의 지배를 받는 그 무엇이라고 하는 사실로 발전된다. 인간 주체의 자유와 주권의 범위가 형편없이 좁아지고 있는 것이다. 우리의 의식의 방과 무의식의 방 사이를 지키고 있는 문지기는 억압repression이라는 매카니즘이다. 사실 프로이드가 외디푸스컴플렉스를 말하게 되는 것도 인간에 있어서 억압이라는 매카니즘의 보편성을 정당화하기 위한 수단으로 끌어들인 신화적 보편성일 수가 있다.

맑스, 프로이드와 같은 시대를 살았던 사상가로서 인간이라는 주체를 지배하는 가치관, 도덕의식이 결코 나의 주체적 결단의 소산이 아니라 외적 규범에 불과하다는 것을 외친 사람이 바로 니체다. 니체 하면 우리는 "신은 죽었다"라든가 "초인"을 외친 사람으로 기억하지만 그보다는 "도덕의 계보the genealogy of morals"를 주장한 사상가로서 기억하는 것이 보다 니체를 정확히 이해하는 첩경이다. 우리가 너무도 당연하다고 생각하는 도덕의 가치, 당위적 명령이 보편적인 것이 아니라 어떤 시대나 지역의 고유한 편견에 불과하다는 것이다.

나는 니체의 수많은 저작 중에서도 그의 『도덕의 계보』를 가장 탁월한 수작으로 평가한다. 2011년 여름, 나는 변산 모항해변에서 홍상수 감독의 『다른 나라에서*In another country*』(2012년 칸영화제 황금종려상 경쟁부문 초청작)라는 영화에 출연한 적이 있다.

불란서의
국민배우로서
존경받고 있는
이자벨 위뻬르와
함께

한국영화의
세계적 위상을
드날리고 있는
홍상수 감독과 함께
찍을 씬에 관해
담소하고 있다.

내가 출연한 장면은 불란서의 국민배우로서 존경받는 이자벨 위뻬르 Isabelle Huppert, 1953~ 와 역시 한국의 대표적인 여배우 윤여정과 같이 담론하는 장면이었는데, 나는 어느 스님역할을 분했다. 10여 분의 롱테이크 카트였는데, 잘라붙일 수가 없었기 때문에 내가 엔지를 너무 많이 내서 53번을 반복해야 했다.

위뻬르, 윤여정과 같은 위대한 배우들과 중요한 씬을 찍게 배려해준, 그러한 체험의 기회를 허락해준 홍상수 감독에게 나는 너무도 감사한다. 그런데 나는 그때 홍상수 감독의 그 작품에 대한 의도와 나 자신의 역할에 대해서 충분한 파악을 하지 못했기 때문에 홍 감독의 기대에 영 미치지 못하는 배역 노릇을 했다. 홍 감독에게 정말 미안하게 생각한다.

그런데 내가 말하고자 하는 것은 영화 얘기가 아니고, 위뻬르라는 불란서

여배우의 삶의 자세에 관한 것이다. 나는 모항 비치에 한 일주일 머물렀는데 때로 위뻬르와 한 방에서 담론할 기회가 있었다. 그런데 위뻬르가 자기 방에서 연기시간 외로 쉴 때 편하게 읽는 책이 있었다. 그래서 궁금해서 그 책이 뭐냐고 물어보니, 위뻬르가 보여주는데, 바로 니체의 『도덕의 계보』였다.

나는 우리나라 배우들도 매우 훌륭한 인격자가 많다고 생각한다. 그러나 쉬는 시간에 『도덕의 계보』를 읽고있는 위뻬르의 정신세계는 뭔가 서구예술인들의 교양이나 취향, 탐구의 경지를 우리에게 일깨워주는 바가 있다.

『도덕의 계보』를 펼치면 니체의 서문 첫 줄에 이런 말이 있다: "우리는 자기자신을 잘 알지 못한다. 우리 인식자들조차 우리 자신을 잘 알지 못한다: 여기에는 그럴 만한 충분한 이유가 있다. 우리는 한 번도 자신을 탐구해본 적이 없다"(김정현 역). 그리고 서문 제6단에 이런 말이 있다: "우리에게는 도덕적 가치들을 비판하는 것이 필요하다. 이러한 가치들의 가치는 우선 그 자체로 문제시되어야만 한다. 이를 위해서는 이러한 가치들이 성장하고 발전하고 변화해온 조건과 상황에 대한 지식이 필요하다." 이러한 얘기는 미셸 푸코의 "지식고고학the archaeology of knowledge"의 주요명제로 들린다. 푸코의 사회철학은 니체의 계보학을 계승한 것이다.

니체는 희랍어에 정통한 고전학자이다. 니체에게 신은 이미 죽었다. 니체는 고전학자로서 궁극적으로 신 이전의 상태로 돌아가고 싶어한다. 니체에게 있어서 동시대인(현대인)은 억측에 의한 판단의 포로일 뿐이다. 그 억측, 자기들에게 자연스럽다고 생각되는 가치판단이나 심미적 판단이 역사적으로 특수하게 형성된 편견임에도 불구하고 그것을 인류일반에게 보편타당한 것이라고 믿고 있는 것이다. 니체에게 동시대인들은 자기가 누구인지를 알지 못하는 끔찍한 바보일 뿐이다. 어떻게 이렇게 현대인은 바보가 되었는가?

서구인들이 보편타당한 것으로 믿고 있는 모든 선악의 관념은 실상 약자의 르쌍띠망ressentiment(=원망, 원한)에서 생겨난 것이다. "가난한 자는 복이 있나니 …." 실제로 가난한 자는 복이 없다. 비참하다. 그러나 그러한 약자들의 원망을 지고의 가치로 만든 휴매니즘의 원형은 매우 매혹적으로 보이지만, 그것은 실상 "노예의 반란"에 불과하다. 약자의 원망스러운 가치를 지고의 가치로 전환시키는 "가치의 전도the revaluation of all values"가 일어난 것이다.

"만인은 평등하다." 휴매니즘의 대전제인 것처럼 보인다. 그러나 니체에 의하면 인간은 평등하지 않다. 그런데 그것을 지고의 가치로서 신봉하는 매혹적인 반란은 오히려 인간의 불평등을 영속시키는 가면으로 작동할 수 있다. 십자가에 매달린 신, 인간을 구원하기 위해 신 스스로 십자가에 못박힌다는 상상할 수도 없는 마지막의 극단적인 잔인함의 컬트, 그 기호를 통하여 모든 가치를 전도시키고 노예도덕의 승리를 구가한다. 이스라엘은 이러한 구세주라는 우회로를 통하여 전 인류에게 자신들의 르쌍띠망의 복수를 감행한다. 인간의 양심이란 것도, 칸트가 말하는 정언명령이라는 것도, 인간 안에 있는 신의 목소리가 아니라, 밖으로 배출될 수 없을 때 안으로 방향을 돌리는 잔인성의 본능이다.

니체의 위대함은 누구보다도 앞서 당대 출현하고 있는 20세기의 대중사회(근대적 시민사회보다 더 어드밴스된 개념)를 예언적으로 비판했다는 데 있다. 대중이란 "짐승의 무리"와 같으며, 그 특징이란 균질적 행동패턴을 갖는다는 것이다. 똑같이 생각하고 똑같이 행동한다는 것이다. 이 균질성이 바로 노예의 특징이다. 현대인은 모두가 동일하게 되는 것 자체에서 행복과 쾌락을 찾는다.

똑같은 구령에 의해 로마군단의 배의 노를 저어야하는 이 노예, 상호모방의 포로인 노예에 대비되는 개념이 바로 "귀족"이다. 귀족은 자기의 외부에 있는 가치의 구속을 받지 않는다. 행동을 하기 위해 외적 자극을 필요로 하지 않는 자립자自立者, 그들은 자기자신의 충동에 의하여 자기의 삶을 마음껏 긍정할 수 있다. 이 귀족의 극한점에 서있는 것이 니체가 말하는 "초인 Übermensch, Superman"이다. 초인을 향한 열망, 자기자신의 현실을 격렬하게 혐오하고 그것을 벗어나는 격절의 열망을 그는 "거리의 파토스Pathos der Distanz"라고 불렀다.

니체의 초인은 세간의 초월transcendence을 지향하지 않는다. 니체는 말한다: "초인은 땅의 의미이다. Der Übermensch ist der Sinn der Erde." 쇼펜하우어가 생의 비관적 현실을 직시하고 해탈을 추구한 것에 비해(불교를 서구식으로 이해), 니체는 삶의 비합리성을 인정하면서 그 자체를 끝까지 철저히 긍정했다. 니체야말로 진정한 생의 철학자Lebensphilosophie라고 말할 수 있다.

보통 구조주의는 언어학자 소쉬르로부터 시작한다고 흔히 말한다. 그러나 그의 구조주의의 탄생을 가능케 했던 것은 맑스, 프로이드, 니체와 같은 거인들의 지반다지기 흐름이 있었다는 것을 우리는 잊어서는 아니 될 것이다. 소쉬르의 언어학적 개념은 너무도 전문적이고 너무도 잡다해서 이해하기가 어렵다.

그런데 그의 언어관의 핵심은 언어가 우리의 인식의 대상으로서 객관적으로 존재하는 사물에게 명칭을 부여하는 사물명명목록적인 언어the nomenclature view of language일 수가 없다는 데 있다. 다시 말해서 "나무"

라는 소리 이미지acoustic image는 저 밖에 있는 나무(물리적으로 탄소동화작용을 하면서 살고있는 대상)를 이름하기 위해서 고안된 것이 아니라는 것이다.

"namu"라는 소리의 시니피에는 저 밖에 있는 나무가 아니라, 우리의 의식 속에 개념화되어 있는 "나무"일 뿐이다. 그러니까 언어라는 기호를 구성하는 시니피앙(소리이미지)과 시니피에(그것에 해당되는 의미, 개념)가 모두 의식 내의 사건이지 의식 밖의 지시체the referent를 가리키지 않는다. 시니피앙이든 시니피에든 모두 정신적 실체mental entities일 뿐이다.

사물명명적인 언어관은 이름이 있기 전부터 사물은 이미 존재했다라는 전제를 가지고 있다. 그러나 소쉬르에 의하면 명명되기 이전의 이름을 갖지 못한 것은 실재하지 않는다. 영어에는 "맵다"와 "뜨겁다"가 하나의 "hot"로 되어있다. 영어를 쓰는 사람에게 매운 것과 뜨거운 것은 하나의 감각이다. 그러나 한국인에게는 완벽히 다른 두 개의 감각이다.

한국인에게는 "몸살"이 뚜렷이 존재한다. 몸에 살이 끼었다는 의미인데, 그때의 "살"은 "살풀이"의 "살"과도 같은 것이다. 몸살은 "to catch cold"와는 비슷한데도 있지만 전혀 다른 것이다. 그러나 서구인들에게 "몸살"은 존재하지 않는다. 개념이 없으면 언어도 없다. 인간의 언어활동이란 별자리를 보는 것과도 같다. 보는 사람이 그려내기 나름이다. 그것은 그들의 문화, 전통, 가치관과 직결되어 있다.

이러한 소쉬르의 생각은 인간의 인식이나 의식, 그리고 언어기호에 관하여 본질주의나 절대적인 가치를 거부하는 것이다. 그리고 내가 말하고 있는 언어의 절대적 가치는 존재하지 않는다. 시니피앙과 시니피에의 결합은 임의적이다. 나의 언어를 수단으로 삼아 말하고 있는 주체의 절대성도 존재하지 않는다. 데카르트의 코기탄스가 붕괴되고 마는 것이다.

내 속에서 말하고 있는 것은 내가 아니라, 내가 습득한 언어규칙, 어휘체계, 익숙해진 표현방식일 뿐이다. 이러한 소쉬르의 언어관에서 모든 구조주의적인 문제의식이 탄생케 되는 것이다. 내 말의 기원이 나의 외부에 있게 되는 것이다. 자아라든가, 코기탄스라든가, 나의 의식이라고 말한 세계의 중추가 붕괴되는 것이다. 내가 나의 언어를 빌어 말하는 것이 아니라 나의 언어가 나를 빌어 말하고 있을 뿐이다. 이 나의 언어는 나의 창작물이 아니며 시공의 한 상대적 구조를 나타낼 뿐이다.

더이상 잡설을 퍼지 않겠으나 나는 연변대 교수강의 시간 속에서 이러한 20세기 서양사조의 핵심을 다 털어놓았다. 그리고 이 20세기의 구조주의혁명의 핵심 속에는 이미 탈구조적인 성격이 있다는 것을 논구했다. 다시 말해서 인간의 의식의 보편성도 확보될 수 없으며, 언어의 해체, 보다 엄밀히 말하자면 인간의 언어가 인간을 둘러싼 환경세계Umwelt 즉 우주의 실상을 반영하는 절대적인, 신뢰할 수 있는 그림이 아니라는 것을 얘기했다.

"구조"가 보편적인 것처럼 보이지만 실상 구조주의의 구조는 해체적 성격을 갖는 제약적인 것이다. 다시 말해서 20세기에 와서 비로소 서구사상은 인간의 겸손한 모습을 보기 시작했다는 것이다. 이 인간의 겸손한 모습으로부터 우리는 노자老子를 이해할 수 있게 되는 것이다.

왜 노자는 "도가도비상도道可道非常道。"를 말했던가? 이 "도道"라는 개념은 20세기 서구사상이 말하는 "언어"의 문제를 떠나서 생각할 수 없다. 이것이 나 도올의 지론이다(이날 강의를 위하여 내가 참고한 교재가 하나 있다. 동경대학 불문과를 나온 학자인데, 우찌다 타쯔루內田樹 교수가 쓴 『寢ながら學べる構造主義』라는 책이다. 그 제목을 아마도 『코를 골면서도 배울 수 있는 구조주의』 정도로 번역할 수 있을 것이다. 우찌다는 서양의 20세기사조를 아주 쉽게 잘 풀어 말해주었다. 철학전공자가 아니기 때문에 그 나름대로 한계도 있으나 철학전공자의 현학주의가 없다. 우리나라에서는 그 책이 이경덕에 의하여 『푸코, 바르트, 레비스트로스, 라캉 쉽게 읽기』라는 제목으로 번역되었다).

나의 교수강의를 듣는 분 중에 한국에서 오신 분인데 대구과학대학교 Taegu Science University 전 총장님이신 김석종金碩鍾이라는 분이 계시다. 처음부터 빼놓지 않고 들으셨는데 그 위인의 품격에 나는 감복하는 바가 있었다. 나는 처음에 무슨 "과학대" 운운 하길래, 그것을 "과기대"로 잘못 알아들었다. 그래서 분명 기독교신념을 가지신 분으로 생각하고 참 특이하다고 생각했다.

나중에 알고보니 대구과학대학교는 기독교재단과는 무관한 대학이며 기술과학분야의 인재를 길러내는 곳인데 간호대학이 규모가 크고, 또 측량기술 분야에 있어서는 독보적인 전문성을 확보한 교육기관이라는 것을 알게 되었다. 나는 김정호의 『대동여지도』의 비밀을 풀기 위해서 "측량"문제에 관심이 많았다. 나는 언젠가 대구과학대학교에 가서 측량기술을 배우고 싶다고 말했다.

김총장님은 총장자리에서 물러나신지가 얼마 안되는 분인데 고위관료도 하셨고 실제로 측량분야의 권위이신 분이었다. 그런데 무엇보다도 "호학지사"였다. 그는 내 강의가 여기 연변에 오게 된 가장 큰 보람이라고 말씀하셨다. 오늘 사람들이 서야 할 정도로 많은 사람이 왔는데 김총장을 만나러 온 대구과학대학교 교수들이 대거 참석하였던 것이다. 나는 마르크스, 니체, 프로이드, 소쉬르, 푸코, 바르트, 레비스트로스, 라캉, 데리다를 두 시간동안 한 큐에 해치웠다.

내가 생각해도 좋은 강의였다고 생각한다. 연변대학교의 젊은 여교수님들이 서양사상을 이렇게 개괄적으로 들을 수 있어서 너무 황홀했다고 말했다. 연변대학교 교수님들은 대체적으로 정신적 오염이 없는 분들이다. 그래서 가슴이 열려 있다. 향학열이 있다. 나의 강의가 너무도 신선한 것이다. 그리고 계발성이 많은 것이다. 하여튼 즐거운 시간을 보냈다.

강의를 끝내고 기분이 좋아서 사골마라탕집엘 갔다. 그 집의 유쾌한 여주인이 앞으로 이틀동안 연길 전역에 수도가 끊기니 조심하라고 일러준다. 나는 그럴리가 있나 하고 귀를 의심했었다. 그런데 숙사에 돌아오는데, 숙사 문간에 중국어와 영어로 "정수停水" 경고가 쓰여져 있었다. 괜히 긴장이 되었다. 이틀동안이나 수도물이 전혀 나오지 않는다구? 그럴수가!

10월 15일, 수요일. 개임

아침 일찍 일어나서 밥을 먹었다. 정수되기 이전에 밥을 먹고 설거지까지 해치우기 위해서였다. 그런데 8시가 되니까 전기까지 나갔다. 아직 벽에 장치된 라지에타에 온수가 들어오지도 않는데 전기까지 나간다? 분명 정전에 대해서는 예고도 없었다. 만약 그때 엘리베이타를 타고 있었다면? 연길도 대도시인데 어떻게 이렇게 무지막지하게 이틀이나 수도를 끊고 또 전기마저 예고 없이 끊을 수 있단 말인가? 리홍군교수가 말하기를, 지금 고속전철건설 중인데 그 밑으로 지나가는 대수도관을 옮겨야만 하는 공사를 해야하기 때문에 어쩔 수 없다고 했다.

그러한 사정이라면 모든 주변정황을 정비해놓고 최후 일단계만 밤시간을 이용하여 신속하게 진행할 수도 있을 것이다. 이런 무지막지한 방법은 이해가 가질 않았다. 전기와 수도가 다 나가버리니깐 도시가 마비된다. 그래도 중국인들은 항의하거나 투덜거리지 않는다. 전기와 수도! 결국 문명이 아무리 그 막강한 위력을 발휘해도 태양과 물이 없으면 한 순간에 사라지고 마는 것이라는 아포칼립스를 체험했다.

점심은 쌀이야기米的故事에서 먹었다. 그곳에도 전기·물 다 없었다. 그러나 받아놓은 물과 가스통이 있으니까 부분적으로 식당은 돌아가고 있었다. 주인이 달걀찜 한 그릇을 써비스로 내왔는데 참 맛있었다. 여기 달걀은 모두 내가 기르는 봉혜 닭들의 알처럼 신선하다. 닭을 농가에서 방목하는 경우가 대부분이다. 돌아오는 길목을 항상 지키고 있는 군고구마 아주머니가 있길래, 어릴적의 정취를 달래면서 한번 사보았다. 그런데 하나에 5위앤이나 한다. 웬 군고구마가 그렇게 비싼지 이해가 가질 않았다. 맛도 없었다. 지나다니면서 우리는 그 아줌마를 "우콰이"라고 불렀는데, 다시 사먹지 않았다. 여기도 엉터리 장사는 역시 엉터리다.

저녁에 학부학생들 강의를 했다. 공자의 "인仁"에 관해 차분하게 이야기해주었다. 학생들이 내 강의를 따라오기 시작한다. 그래도 아직 떠든다. 그런데 오늘은 한어언문화학원漢語言文化學院의 진란옥陳蘭玉교수가 와서 들었다(중국어에서는 "언어"가 "어언"으로 되어 있다). 사정인즉, 다음과 같다: 진란옥교수는 내 화요강좌를 듣는 분인데 이 분은 외국인에게 중국말을 가르치는 전문가였다. 그래서 내가 진란옥교수에게 나의 중국어를 교정해 줄 수 있느냐고 부탁을 했던 것이다.

중국에 온 김에 중국말을 제대로 배우고 싶은 것이다. 내가 연습해야 할 것은 잘 쓰는 구문의 다양한 용례를 반복적으로 프랙티스하는 것이다. 영어로는 이것을 "패턴 프랙티스pattern practice"라고 한다. 실상 한 나라 말을 배운다는 것은 이 패턴 프랙티스가 제대로 되어야 하는 것이다. 그런데 나는 중문과 출신이 아니고, 또 중국어 실력이 독서중심으로 형성된 것이래서 심오하기는 하지만, 말하는 방식에는 좀 문제가 있었다.

나의 문제는 한번도 전문적인 선생과 씨름하는 과정을 거치지 않았다는데 있다. 나의 부인 최영애의 중국어는 놀라웁게 정통적인 발음과 어법을 구사하는데 역시 중문과 출신이기 때문일 것 같다. 나는 평생 나의 부인의 중국어실력이 부럽다. 내가 1960년대 철학과학생으로서 중국어를 공부할 수 있는 길은 극히 제한적이었다. 그러니 결국 기본이 "독학"이고, 독학이란 결국 사전과의 씨름이고, 그것은 어휘의 확보를 통해 문어체 문장의 해독능력을 기르는 것이다. 그러니까 나는 중국어의 해독능력은 좋지만, 말하는 실력은 어느 영역을 벗어나면 구문이 헝크러지는 것이다.

그리고 "말"이란 "시각"을 통해서 배우는 것보다는 "청각"을 통해서 배우는 방식이 훨씬 유리하다. 기억이 쉽고, 그 상황에 즉해서 바로 튀쳐나오는 것은 시각자료보다는 청각자료가 제격이다. 보통 우리가 모국어를 배우는 과정은 전적으로 청각에 의존하는 것이다. 그런 패턴 프랙티스를 중국어로는 "쥐싱리엔시句型練習"라고 하는데, 나는 이런 쥐싱리엔시의 연습이 필요했다. 그래서 진란옥이라는 전문가 교수에게 부탁을 해서 내 중국어 강의의 문제점이 어디 있는지를 파악해서 주기적인 공부를 했으면 좋겠다고 부탁을 했던 것이다.

진란옥교수는 내 강의를 듣더니 뜻은 다 전달이 되니 크게 나무랠데 없는 좋은 강의이나, 단지 그 상황에 적절한 어휘가 부족한 것이 제일 큰 문제라고 했다. 그러나 어휘문제는 하루아침에 해결될 문제는 아니다. 어휘로 말하자면 내가 한자나 한자단어를 인지하는 능력은 어느 중국인보다도 단수가 높다. 그러나 "적절한 어휘"라는 것은 결국 현재 통용되는 "생활어휘"인 것이다. 생활어휘의 부족은 결국 체험의 부족이다. 내가 중국에 왔다고 이런 문제가 해결되는 것은 아니지만 단지 몇 달 내에 "생소한 느낌"이 사라진 것만 해도 나로서는 엄청난 진보이다. 제한된 어휘내에서라도 정확하게 의사표시를 하면 되기 때문이다. 진란옥교수는 쥐싱리엔시를 위한 적절한 텍스트를 찾아보겠다고 했다. 그리고 내주 월요일부터 학습을 시작하자고 했다.

오늘 학부학생들에게 "자기소개서"를 써 오라는 숙제를 내주었다. 자기 인생 바이오그라피를 써보라는 숙제였다. 그래야 내가 어떤 학생들을 가르치고 있는지를 파악할 수 있으니까.

10월 16일, 목요일. 맑은 하늘

오전에 대학원 강의가 있었다. 학생들이 엄청 내 강의를 몰입해서 경청하였다. 나는 한국현대 사를 강의하다가 주덕해朱德海선생의 일생이야기를 열강했고, 연변대학교가 세워지게 된 배경을 설명 했다. 그리고 민족의 아이덴티티와 문화를 지키기 위해 중국공산당의 지도력의 틀 속에서 자치주를 만들어간 조선인들의 주체적 슬기를 말하고, 연변이 절대 대한민국이라는 자본주의 장에 의하여 해체 되는 과정으로 나아가서는 안된다는 것을 강조 했다.

위대한 동북지역 조선인의 지도자 주덕해는 문혁의 와중에서 희생되었다. 1984년 5월, 후 야오빵胡耀邦, 1915~1989 중국공산당 총서기는 북한국빈방 문을 마치고 열차편으로 귀국길에 연변에 들른다. 후는 연변의 주요정계인물 을 만난 자리에서 주덕해 동지의 기념비를 세울 것을 지시했다. 주덕해 동지의 서거소식을 들은 모 주석과 주은래 총리가 "그는 위대한 혁명동지였다"고 높 이 평가하였다고 전했다. 후 야오빵은 그 자리에서 "주덕해동지기념비"라는 제사를 써주었다. 1986년 6월 기념비는 준공되었고, 주덕해서거 14주년 되는 날(1986. 7. 3.) 제막식이 거행되었다. 연길시공원 서산마루, 연변대학이 자리한 와룡산 동쪽 비탈에 이 비는 우뚝 서있다. 이 비를 쳐다보는 내 마음은 슬프기만 하다.

연변자치주는 그 나름대로의 유니크한 가치와 전통을 지니는 민족문화의 거점이며 앞으로 남북통일의 과정에 있어서 많은 중요한 과업을 성취할 수 있는 "세계사의 장"이라는 것을 역설하였다.

그러면서 중국공산당의 4단계론을 펼치면서 개혁개방 이후의 제4단계는 여태까지 세계문명이 달성하지 못했던 새로운 도덕의 장을 여는 창조적 단계가 되어야 한다는 것을 말했다. 제4단계의 과정 속에서 한국의 통일이라는 과제 상황은 반드시 중국문명을 세계질서의 새로운 프론티어로 만드는데 기여하는 방식으로 전개되어야 한다고 말했다. 내가 연변의 조선인민들이 고조선·고구려·발해의 고토인 이 땅을 지키기 위해서 노력했던 그 고난의 역사, 그리고 해방 후의 방황 속에서 주체적으로 이 땅을 선택했던 사람들의 형안, 그리고 분단의 비극 등을 피토하는 목소리로 역설했을 때, 마음이 순수한 방호범원장은 감동이 되어 눈물을 흘리기까지 했다.

용정 명동촌의 본래 자리에 복원한 명동학교건물. 옛 사진이 있었기에 그 모습 그대로 복원할 수 있었다. 한신대학교의 뿌리라 할 수 있는 곳이다. 그런데 안타까운 것은 건물은 잘 지어놓았는데 아무도 사용하지 않는 빈 건물이 되어 다시 퇴락하고 있다는 것이다. 중국에 있는 조선역사의 유적은 생명을 불어넣기가 너무 힘들다. 많은 사람이 가서 보는 수밖에.

그런데 너무도 공교로운 것은 바로 이 강의를 한신대 역사학교수 김준혁金 俊爀이 들었다는 사실이다. 그는 한신대학생들을 데리고 "한신대 뿌리찾기 여행"의 리더로서 왔다가 종착지점으로 연변대를 들린 것이다. 여순-환인-집안지역으로부터 백두산을 거쳐 용정 명동학교(문익환 목사님이 태어나서 성장 하신 곳, 실상 명동학교는 한국신학대학의 발상지라고 말할 수 있는 곳이다)와 그 부근 을 자세히 둘러보고 연길에 정박한 것이다.

내 강의가 끝나자 강의실로 30명정도 의 한신대 탐사팀이 우루루 들어와서 나의 말씀을 듣고 싶다고 했다. 한신대 채수일총장님께서 학생들에게 내 강의를 꼭 듣고 오라고 신신당부를 하셨다는 것

연변대학 과기루에서 내 강의를 듣는 한신대학생들

이다. 나는 15분정도 사랑하는 나의 제자들 앞에서 우리민족의 운명과 사명에 관하여 간략하지만 심도있는 내용을 강설했다. 한신대 학동들은 매우 총기가 있는 학생들이었다. 나의 강의를 가슴으로 경청했다. 기특하고 사랑스럽기 그지없었다.

내 강의를 듣고 소감을 말하는 한신대 김준혁 교수

김준혁교수는 학생들 앞에서 중국의 미래가 곧 인류의 미래이며, 중국이 바른 길을 가야만 인류의 소망이 있으며, 그 소망을 중국현지의 역사 속에서 창조하고 계신 도올선생의 연변대강의는 "세계사적 사건"이라고 평했다. 자기는 선생님의 강의를 들으면서 한국인이 중국역사에 기여할 수 있는 최대치를 실현하고 계시다는 확신을 얻었다고 말했다.

김준혁군은 나의 제자이다. 그는 정조시대사의 전문가인데, 그에게는 매우 피끓는 가슴이 있다. 통찰력이 있는 사학도이며 정확한 언변과 실천력있는 행동으로 주변사람들에게 신심을 준다. 한신대학교의 분위기에 아주 잘 어울리는 인물이다. 앞으로도 계속 큰 인격체로서 성장하기를 빈다.

이날 저녁 6시부터 9시까지 나는 대학원생들을 위하여 나의 새로 마련된 연구실에서 『맹자』를 강의했다. 방과 후 모임인데도 14명 전원이 다 참석하였다. 나의 연구실의 분위기가 매우 다소곳해졌다. 중국고전, 선진텍스트를 어떻게 읽어야만 하는지, 나의 한문해석학의 실례를 들어 한자 한자 해설해나갔다.

실례를 들면, 『맹자』라는 텍스트를 펴면 제1의 프라그먼트로서 "맹자견양혜왕孟子見梁惠王 … "으로써 시작되는 장면이 나온다. 그러면 우리는 우선 여기 나오는 고유명사의 의미체계를 해석해야 한다. 다시 말해서 맹자, 그 인간이 누구이고, 양혜왕이 누구인지를 알아야 하는 것이다. 그러한 고유명사를 해석하지 않은 채 이 문장은 실제로 해석이 되지 않는 것이다. 내가 럿셀의 기술이론Theory of Description을 고민하면서 생각한 것은 실제로 고유명사는 존재하지 않는다는 것이다.

순수한 고유명사는 "x"나 "It"처럼 의미를 갖지 않는다. 우리말로 치면 "거시기" 정도가 아마도 유일한 고유명사일 것이다. 실제로 우리가 고유명사를 의미체로 활용하는 것은 그것이 이미 우리의 언어와 삶의 역사성 속에서 기술되어 있기 때문이다. "이순신"이라는 순수 고유명사는 "x"처럼 아무런 의미가 없다. 그러나 "이순신"은 고유명사로서 통용되는 것이 아니라, 최소한

내 교수연구실(과기루 805호)에서 나와 『맹자』 강독을 하고 있는 대학원학생들. 매우 우수한 학생들이다.

"임진왜란 때 역경 속에서도 호남의 해역을 장악함으로써 국가를 위기에서 건진 대 명장" 정도의 최소한의 기술된 의미체로서 문장 속에서 작동하고 있는 것이다.

"양혜왕"을 그냥 "양혜왕"이라고 해석하고 넘어가면 그것은 넌센스일 뿐이다. 양혜왕이 전국시대를 특색있게 만든 국정개혁의 선구자로서 위나라를 강성대국으로 흥기시킨 명군 위문후魏文侯(BC 424~387 재위)의 손자이며, 양나라의 혜왕이 아닌 당대의 최대강국이었던 위나라의 군주, 위혜왕魏惠王이라는 것을 아는 사람이 드문 것이다. 그가 상앙에게 패배하고 수도를 안읍安邑에서 대량大梁으로 옮긴 후에 관습적으로 양혜왕梁惠王이라고 부르는 것일 뿐이다.

"수불원천리이래叟不遠千里而來"라는 말이 맨 처음에 나오니까 사람들은 이 "수叟"(노인장께서 …)라는 표현 때문에 맹자가 나이가 더 많고 양혜왕은 연하의 왕인것 처럼 오해한다. 양혜왕은 당시 81세였고(죽기 1년 전) 맹자는 53세였다. "수"는 단지 아랫사람에게도 쓸 수 있는 공경어일 뿐이다.

맹자가 양혜왕을 만났다면, 언제, 어디서, 정확하게 무슨 이유로, 어떠한 정황에서 만났는가? 이런 모든 질문에 정확히 답하면서 그 의미를 캐들어가야 한다. 한 장을 읽는데 3시간이 걸렸다. 학생들은 충격을 받았다. 한마디 한마디에 그렇게 많은 중국역사의 문제점이 걸려있는 것을 처음 깨닫는 듯 했다. 진정한 한학의 교육이 중국에도 부재한 것이다.

수업이 끝나고 나니깐 김준혁이 그립다. 한신대의 귀여운 학동들도 떠나기 전에 다시 보고 싶었다. 그래서 전화를 걸었더니 하남河南(뿌얼하통허 아래를 하남이라고 부르고, 그 위를 하북이라고 부른다. 서울의 강남·강북과 같은 표현)의 음식점에서 학생들과 같이 식사 중이니 오시라고 했다. 나는 연길해관延吉海關 (천지로天池路+장하가長河街: "해관"이란 세관을 의미한다) 부근에 있는 횡마오豊茂라는 곳으로 갔다.

　나는 횡마오라는 음식점에 관하여 일체 사전지식이 없었다. 나는 본시 양고기를 먹어본 적이 없기 때문에 전혀 양고기집에 관한 정보가 없었다. 백산의 양탕집에서도 남들이 그렇게 맛있게 먹는 양고기 국물도 한 숟갈 떠먹지 않았다. 그런데 횡마오는 양고기를 꼬치에 꿰어서 먹는 꿸성串城 집이었다. 그런데 이 집이 연길에서는 꽤 유명한 집인것 같았다. 조선족인 주인 부부가 작은 집에서 성실하게 시작하여 인기를 모아 큰 사업을 일으켰고 지금까지 저렴한 가격에 좋은 음식을 제공하기 때문에 사람들이 많이 간다는 것이다.

그런데 "양고기"의 특징은 사료사육이 불가능하다는 것이다. 그래서 자연스럽게 성장하기 때문에 고기가 순결하다는 것이다. 오염이 덜 되었다는 뜻일 것이다. 나는 양고기는 독특한 냄새가 심하여 가까이 하질 않았는데, 여기 펨성에서는 숯불에 꼬치로 구어먹는데 일체 고기비린내가 나질 않았다. 독특한 양념 방식과 구이방식, 그리고 고기를 잘게 썰어 꿰었기 때문에 고기덩어리 속의 특별한 냄새가 보존되질 않고 기름과 함께 다 빠져나가는 것이다.

난 김준혁군이 앉아 꼬치를 주욱 잡아댕겨 압축시켜 툭툭 털어 기름을 빼내고 으젓하게 입속으로 집어넣는 과정을 지켜보면서 주객이 전도되었다는 위축감에 사로잡혔다. 준혁군이 연길의 주인이고 나는 그 앞에서 아무것도 모르고 앉아있는 객손 같이 느껴졌다. 하여튼 김군은 걸물이다!

나는 그래도 양꼬치를 먹어 볼 생각을 못했고 김군이 권하는 팽이버섯을 돼지고기로 말아 꿴 꼬치를 먹어보았다. 오묘하게 맛이 있었다. 그래서 돼지고기를 먹고 난 후 용기를 내어 양꼬치를 먹기 시작했다.

한줄 두줄 막 들어가기 시작했다. 이게 내가 김준혁교수 때문에 양고기와 사귀게 된 기연의 전말이다. 내가 그렇게 많은 양고기를 먹게 되리라고는 꿈에도 생각칠 못했다. 나는 고구려인들이 양고기를 좋아한 이유를 알게 되었다. 난 이후로도 펨성엘 자주 다녔다.

김준혁군과 나는 그동안 못나눈 이야기들을 나누었다. 김군은 여기 연변 자치주가 남한과 북한과 중국을 가교할 수 있는 자리인데, 그 자리에서 활약하시고 계신 선생님을 뵈오니까 조국의 미래가 열리는 느낌이라고 말했다. 그리고 우리는 채수일총장에 관해 이야기를 나누었다. 나를 잊지 않고 선물까지 보내준 채총장이 그리웠다(채총장이 보내준 선물은 나중에 내가 긴요하게 썼다).

채수일총장은 한국신학대학 몇 년 후배이지만 나는 그를 충심으로 존경한다. 말년에 그를 만나 나는 많은 도움을 얻었다. 그는 나에게 한신대 졸업장도 주었고, 한신대에서 강의할 수 있는 모든 편의를 제공해 주었다. EBS중용 강의를 무사히 끝낼 수 있었던 것도 전적으로 그의 세심한 배려덕분이다. 나는 내가 젊은 날 수학했던 그곳, 한신대 신학대학원에서 목회자가 될 인재들을 유감없이 가르쳤다.

내가 여기 연변대학에 올 수 있었던 것도 채수일총장의 배려덕분이다. 공식적으로는 내가 한신대 석좌교수로 있는데 이곳에 한 학기 올 수 있었던 것도 그가 배려해주었기 때문에 가능한 것이다. 채수일총장은 소리없이 많은 일을 한다. 주변사람들을 항상 배려하며 최선의 결과가 나오도록 자신을 내세우지 않고 열심히 일한다. 내가 한국사회에서 가장 바람직한 리더십상을 꼽으라고 한다면, 각 분야에 많은 사람이 있겠지만, 우리 교육계에서는 진실로 채수일총장을 꼽지 않을 수 없다. 채수일과 같은 사람들의 인격과 인품과 학식이 앞으로 우리사회의 자원이 되기를 갈망한다.

10월 17일, 금요일. 맑음

림민호 교장

물이 안나와서 고생하다가 어제 밤부터 나오는 듯 하더니 아침에 또 단수! 예고도 없이 또 단수! 사고가 나도 큰 사고가 난 모양이다. 정말 괴이한 세계에 내가 와 있다. 변기의 대·소변을 수세할 길이 없다.

아침 10시 반, 심양에서 무통으로부터 전화가 왔다. 내가 보내 준 사범대학 강연고적요 덕분에, 그것을 요녕성 성위당교省委黨校에 보냈는데 그곳에서 내가 강의를 할 수 있도록 안배가 되었다는 것이다. 내 강의는 10월 27일 월요일 오전으로 잡혔는데, 요녕성의 성고위간부가 전부 참석하는 모임임으로 이것은 대단한 사건이라고 말했다.

나는 "성웨이땅샤오省委黨校"가 뭔지 감이 없었다. 나는 그냥 좋다고만 말했는데, 정말 감이 없었던 것이 천행이었다. 만약 그 자리가 그토록 대단한 것이었다는 것을 미리 알았더라면 나는 너무 스트레스를 받아 좋은 강의를 못했을 것이다. 27일 오전이 지나고 나서야 나는 "땅샤오"에 대한 감이 왔다. 나의 생애의 큰 사건이 나를 기다리고 있었던 것이다.

이날 신화서점新華書店에서 용케도 『림민호교장의 일대기』를 구했다. 연변 자치주의 거대한 설계자는 주덕해이지만, 실제로 진실한 교육자로서 연변대 학을 키우고 사랑으로 지킨 자는 림민호林民鎬, 1904~1970이다. 그는 주덕해보 다도 나이가 7년이나 위이다. 내가 림민호를 알게 된 것은 내 숙사로 드나드는 길목에 림민호선생의 동상이 항상 나의 보금자리를 지키고 있기 때문이다.

그 동상 앞에 "신화상전薪火相傳"이라는 글씨가 큰 돌위에 새겨져 있다. 나는 항상 인상깊게 그 의미를 새겨보았다. 옛날에는 불씨라는 것이 있었다. 그 불씨는 꼭 집안에서 이어지도록 살려놓아야만 했다. 이국땅에 살고 있는 조 선인들의 교육의 전승을 그러한 초기 이주민들의 애환이 담긴 생활습속을 빌어 표현한 것이다. 불씨가 꺼지지 않고 이어지도록 하는 것처럼 림민호선생의 교육열이 그러했다는 것을 말하는 것이다.

림민호는 회령군會寧郡 창두면昌頭面 창태동蒼苔洞 사람인데 한 살때 두만강을 건너와 용정에 자리잡았다. 그는 1918년 장흥동소학교를 졸업했다. 장흥동소학교는 주민들이 돈을 모아 꾸린 사립학교였으며 민족정신교육이 투철했으며 일본영사관의 간섭을 덜 받았다. 학교를 졸업한 가을, 림민호는 나이가 훨씬 많은 처녀에게 장가를 들었는데 정이 들기전에 혁명가로서 가정을 뛰쳐나왔기 때문에, 그 여성은 하는 수 없이 개가하고 말았다.

림민호 선생의 고향 회령땅을 내가 중국쪽에서 찍은 사진

회령으로 가는 다리. 이 중간을 넘어서면 북한이다. 용정시민들은 회령출신이 많은데 회령과 용정 삼합진이 근접해있기 때문이다. 옛날에도 많은 조선사람들이 이 지역의 나무다리를 건너 용정으로 왔을 것이다. 우리나라 영화사를 빛낸 나운규도 회령사람이다. 이 다리 부근을 넘어 명동학교로 왔다.

1919년 3월 13일, 용정에서도 교민들이 3만 명이나 모여 만세운동을 전개했다. 조국 서울에서 만세운동이 일어났다는 소식이 북간도에 전해지자, 이 지역의 학생들이 3월 10일부터 동맹휴학을 하고 거리로 뛰쳐나왔던 것이다. 이날 림민호는 동네친구들과 용정으로 구경나갔다. 어리벙벙했다가 잘 보이는 곳으로 간다는 것이 근처 천주교성당 종루로 올라갔다.

경축대회를 관장하는 지휘자가 천주교성당의 종을 울리려고 사람을 보내려는 순간 종루 위에서 환호성을 지르는 아이들을 보게 되었다: "얘들아! 어서 종을 쳐라!" 림민호와 그의 친구들은 부랴부랴 기둥에 맨 밧줄을 풀고 힘차게 종을 쳤다. 얼마나 신나는지! 얼마나 그 종소리가 가슴을 울렸는지! 얼마나 밧줄에 매달린 몸이 둥둥 하늘에 떴는지! 죽음을 무릅쓰고 노도와 같이 달려가던 시위대열, 총탄을 맞고도 태극기를 휘날리며 꿋꿋하게 서있는 기수의 영용무쌍한 모습!

이 사건은 림민호의 자각적 생애의 진정한 출발이자, 전 생애를 지배한 가치였다. 이날 14명이 죽고, 48명이 부상당했다. 림민호는 이날 주워온 『독립선언포고문』과 삐라들을 보고 또 보면서 자신을 채찍질했다: "고성툰에 주저앉아 농사나 지을랑가? 용정에 가서 우선 공부를 하자!"

용정 서전벌에 모인 3·13독립항쟁집회에 관한 유일한 사진이나, 상태가 그렇게 좋지는 못하다. 1919년 3월 1일 조선에서 거국적 독립항쟁이 일어나자 그 충격은 연변에 전파되었다. 용정 동명중학교의 교사 최봉익은 즉시 조선 서울에 가서 『조선독립선언서』를 가져왔다. 3월 8일부터 연변의 진보인사들과 우국지사들이 『조선독립선언서』를 비밀리에 인쇄·배포하여 여론을 일으키고, 용정에서 대규모 집회를 열기로 합의하였다. 이때 천주교회당의 종을 울린 림민호의 이야기는 지금도 민중에 전해내려온다. 당시 그는 불과 15세였다. 대회장 중앙에는 "정의인도" "조선독립만세"라는 큰 글을 쓴 오장기를 세웠다. 민중은 명동학교에 일단 도착하여 북과 나팔을 울리며 용정으로 행진하였다.
김영학이 대회를 선포하자, 간도거류조선민족일동 명의로 된 『독립선언서포고문』을 낭독하였다: "우리 조선족은 해방을 선언하노라. 지위를 선언하노라. 정의를 선언하노라. 인도주의를 선언하노라! … 민중들은 한맘한뜻으로 단합하야 침략자들이 간도땅을 짓밟지 못하도록 할지어다. 모든 사람은 다 이런 신성한 책임이 있거늘 우리간도의 80만 조선족민중은 황천의 명소에 갈지언정 인류의 평등을 위하여 있는 힘을 다 바칠바이어라." 동포들이여! 이들의 간절한 외침을 옛날이야기로 듣지 마소서. 오늘 우리에게도 똑같은 문제가 있다는 것을 아시옵소서. 왜놈들이 지금도 우리 땅을 겁탈하고 싶어 호시탐탐 노리고 있습니다.

림민호 교장

내가 찾아간 "3·13의사릉원"은 1919년 3월 13일부터 17일 사이에 희생된 14명의 열사의 능을 바로 그 당시 곧바로 용정의 인민들이 합심하여 조성한 것이다. 이러한 순발력은 참으로 놀라운 것이다. 일제와 반동군경의 탄압에 더욱더 거센 항의의 표시로서 14명 수난자들의 영구를 메고 가서 이곳에 공동묘역을 조성한 것이다.

림민호는 아버지의 동의를 얻어 용정 동흥학교에 들어갔다. 3학년 때 같은 학급에서 공부하던 김서광金瑞光을 통해 맑스주의와 사회주의를 알게 되었다. 림민호는 김서광 등과 함께 화룡면 평강 장흥동에서 동구청년회東球靑年會를 조직하고 야학을 꾸려 그곳 청년들에게 민족사상, 독립사상, 사회주의사상을 심어주었다. 림민호는 북간도 청년운동의 선구자로서 성장해갔다.

1923년 1월 림민호는 김서광의 보증으로 맑스주의 비밀단체인 만주고려공산주의청년회(약칭 고려공산청년회)에 가입한다.

1926년 1월, 림민호는 연해주 블라디보스톡에서 열린 고려공

블라디보스톡의 신한촌 개척리. 이 지역은 19세기 말기부터 조선인들이 개척하였고 모든 독립지사들이 이곳에서 활동하였다. 안중근, 홍범도, 유인석, 이동휘, 최재형, 신채호, 장도빈 등 수없는 인사들이 이곳에 거처를 가지고 있었다. 림민호도 이곳에서 모스크바로 갔다.

산청년회 중앙본부 회의에 참가 하면서 본격적인 혁명활동을 시작하였고, 1926년 6월 10일에는 조선공산당에 가입한다. 그리고 1928년 림민호는 조선공산당 중앙의 지시에 따라 모스크바 동방대학으로 유학의 장도에 오른다. 블라디보스톡에서 출발한 열차는 13일만에 모스크바에 도착했다. 그는 그곳에서 경상남도 김해출신의 김찬해金燦海라는 여인을 만나 서로 기구한 이별과 재회의 과정을 거치지만 평생의 반려로 같이 살게 된다.

신한촌의 현재 모습. 내가 EBS독립전쟁사 다큐를 찍기 위해 갔을 때 찍은 사진.
옛 사진과 정확히 일치한다. 나는 옛 사진 저켠에서 언덕 위를 바라보고 있다.

김찬해는 1905년 4월 21일 김해군의 한 농민가정에서 태어났다. 그녀는 고향에서 소학교를 졸업하고 1922년 가을 서울 동덕여자중학교에 입학했다. 이학교의 권태희라는 교사는 사회주의자였는데 학생들에게 여성해방과 사회주의사상을 관권의 눈을 피해가며 슬그머니 심어주었다. 1926년 동덕여자중학교를 졸업한 김찬해는 1928년 봄까지 2년 동안 동덕여자보통학교에서 교편을 잡았다. 이 시기에 그녀에게 가장 큰 영향을 준 사람은 고광수라는 혁명가였다.

고광수는 조선공산주의청년회의 서울지역 책임자였다. 김찬해는 그의 지도하에 1926년, 조선공산주의청년회에 가입한다. 맑스를 깊게 연구하면서 여성청년들에게 반일, 민족, 독립의 불씨를 심어주면서 열렬한 활약을 전개한다.

1920년대 용정의 시가 모습

우리가 여기서 알아야만 할 것은 일제강점시기의 "좌파"라는 것이 "빨갱이"가 아니라는 것이다. 사회주의는 당시 유행하던 한 사조思潮였고, 최소한 민족과 독립을 생각할 때 가장 효율적이고도 조직적인 운동방략을 제시하는 사상이었다. 이것이 바로 많은 지사들이 사회주의운동에 투신하였던 이유이다.

1세기를 지난 오늘날, 회고해보면, 사회주의나 공산주의가 그 이념과 조직에 있어서 반드시 조국해방을 위하여 위대한 정도正道의 역할을 했다고 평가할 수는 없다. 그러나 당시 공산주의는 많은 지식인들에게 희망이었고 로망이었다. 1970년대까지 우리나라의 청년운동의 대세의 와중에 맑스라는 사상가가 그 중심에 있었다. 그것은 위대한 철학체계라기보다는 하나의 로맨스였고 꿈이었다. 지금 맑스는 길거리에 도둑고양이가 싸놓은 똥만큼도 냄새를 피우지 못한다. 내가 생각하기에 맑스는 결코 위대한 사상가가 아니었다. 그러나 맑스의 변방화는 우리나라의 젊은 세대들로부터 꿈이 사라지고 로맨스가 사라지는 결과를 낳았다.

어느날 고광수가 김찬해를 찾아왔다: "공산주의청년회에서 동무를 모스크바 동방대학에 보내서 공부시키기로 했소. 모스크바에 가서 공부를 잘하고 다시 조국에 돌아와 혁명사업을 하기 바라오."

김찬해는 뛸듯이 기뻐했다. 아~ 내가 크레믈린이 있는 고도 모스크바에 유학가다니! 아~ 이게 꿈인가! 생시인가!

이렇게 해서 김찬해는 모스크바 동방대학에 왔다. 그리고 한발 먼저 온 림민호를 만났다. 둘은 1930년에 결혼했고, 1931년에 아들을 낳았다. 림민호는 초창기의 동방대학을 다녔다. 그러니까 동방대학을 다닌 경력으로도 주덕해의 대 선배였다.

1920년대의 용정의 시장 모습. 완벽하게 백의민족의 터전이었다는 것이 입증된다.

림민호는 1932년 5월까지 4년간의 동방대학 학습생활을 거쳤다. 1932년 9월 6일 림민호는 모스크바를 떠나 김창섭이라는 가명으로 함흥으로 잠입한다. 거기서 엿장수로 가장하여 생활하면서 적색노동조합운동을 가열차게 추진한다. 림민호는 결국 일경에게 검거되어 요도에 대까치를 찔러 넣는 심한 고문까지 받아가면서도 함구불언했다. 함흥법정에서 6년 판결을 받고 서대문형무소 감옥에서 옹근 7년동안 영창생활을 한다. 감옥에서도 동지들과 계속 감옥당국과 맞서 투쟁하여 형기가 늘었기 때문이다. 1940년 9월 감옥에서 나온 림민호는 화룡현 동성촌 고성툰으로 돌아왔다. 그 뒤로도 끊임없이 유치장 생활을 한다.

인민해방군 100만 대군이 장강長江을 넘어 남경으로 진군하려고 준비할 무렵부터 림민호는 두 주먹으로 연변대학을 일구어냈다. 연변대학 역사를 쓰는 사람들이 꼭 주덕해를 교장(총장)으로 쓰고 림민호를 부교장(부총장)으로만 기술하는데 그것은 초창기의 명목적 상황이고 실제로 연변대학의 청사진을 만들고 교장으로서 꾸준히 연변대학의 문화를 창조한 사람은 림민호이다. 림민호는 꼭 『아리랑』의 저자 김산(金山 = 장지락張志樂) 같이 생겼다. 아래 위로 기르슴한 얼굴이 참 잘생긴 얼굴이다. 그 위대한 인품과 고결한 품격이 얼굴에서 그냥 배어나온다.

그런 위대한 림민호교장을 아무 이유없이 문혁의 미치광이들이 때려죽

고매한 인격자, 림민호 교장.
눈매에 심오한 선량함이 서려있다.

였다. "주덕해를 타도하고 연변을 해방하자"에서 시작된 구호가 "변절자 림민호를 타도하자"로 번져나갔다. "림민호문제 전문심사 소조"가 구성되고 그 소조의 리종군이라는 교원과, 전룡권이라는 학생은 림교장을 박해하는데 너무 가혹했다. 이 두 사람은 자기의 선생이고 상관인 림민호를 번갈아 가면서 발로 걷어차고 사정없이 귀뺨을 후려쳤다. 이 두 놈은 걸핏하면 길길이 뛰다 말고 림민호교장의 귀를 잡아 비틀었다. 귀를 잡아 고개를 숙이게 했고, 귀를 잡아 머리를 바람벽에 들이박았으며, 두 귀를 잡고 정면으로 사정없이 이마박이를 했다.

무지한 소도둑에게 고삐를 끌리는 소처럼 림민호교장은 귀를 잡혀 이리 끌리고 저리 끌리곤 했다. 림민호는 귀가 퉁퉁 부어오르고 윙윙 소리가 나서 한숨도 잘 수가 없었다. 그런 어느 날 밤, 리종군이라는 교원작자가 또 미친 듯이 치고 박더니 인사불성이 되어 쓰러진 림민호교장을 보고 "이자식, 꾀를 부리네" 하더니 독수리가 병아리를 채 가듯이 와락 귓바퀴를 잡아챘다. 귓바퀴가 송두리 채 빠져나왔고 시뻘건 피가 콸콸 쏟아졌다.

결국 림민호는 극심한 고통 속에 그 좋아하는 잎담배를 우들우들 떨리는 손으로 말아 피우려다 앞대가리가 나팔꽃처럼 터진 담배 위로 머리가 떨어지고 만다. 그 모습으로 절명하고 만 것이다. 1970년 7월 15일이었다. 아무도 그의 시신을 거들떠보지 않았다. 그의 시신은 바로 내 연구실이 있는 건물터 그 어드멘가 임시로 묻혔다. 부인도 충격속에 시름시름 앓다가 그 다음 해 11월 10일에 세상을 뜨고 만다.

파이프 담배를 물고 연변대학 정원을 거닐면, 아 저렇게 멋있고 훤출한 우리

선생님하고 학생들이 그 얼마나 흠모해마지 않았던가? 주은래총리와 함께 연변대학 한 가운데로 난 대로를 나란히 걸어갈 때(1962년 6월 22일), 아~ 그 훤출한 두 사내, 석인碩人의 모습, 그 위대한 림민호는 문혁의 소용돌이 속에서 이렇게 스러져갔다.

문혁의 소용돌이가 지난 후 리종군은 교직을 박탈당하고 3년쯤 옥살이를 했는데, 석방된 후 뭔 장사를 한답시고 껍적거리다 뒈지고 말았다. 학생 전룡권은 자기 죄가 무서워 면도칼로 목을 베고 자살했다.

1949년 연변대학이 처음 만들어질 때, 중학교도 제대로 졸업 못하고 고등학교도 아니 다닌 3명의 지사들이 흑룡강성으로부터 『동북조선인민보』에 난 학생모집광고를 보고 무작정 연길로 와서 주덕해를 만났다. 주덕해는 고등학교도 아니 다니고 중학교도 제대로 안마친 자들이 어떻게 대학생이 되겠냐고 기가 차다는 표정을 지으며 림민호에게 전화를 걸었다. 림민호교장은 이들을 첫 학기 따라오는 것을 보고 가부를 결정하자고 하여 기회를 주었다.

북만농촌에서 공부하겠다고 온 학생들의 의기를 좌절시킬 수 없다는 뜻이었다. 이들의 나이는 17세였다. 정판룡, 림성극, 전송림 이들은 훗날 큰 인물들이 되었다. 정판룡鄭判龍은 대성하여 연변대학 부교장이 되었는데, 그의 문학비가 교정에 있다. 그는 죽을 때 자기의 뼈가루를 림민호선생님 동상 주변의 잔디에 뿌려달라고 했다.

나는 지금도 림민호동상 앞을 지날 때마다 이들의 뜨거운 가슴과 비애, 그리고 우리 조선민족의 불굴의 민족혼을 생각한다.

10월 18일, 토요일

내 아들 일중—中이의 첫 아기 해산이 임박했는데, 돌림을 써서 "선야善也" 라고 부르기로 했었다. 중中 자 다음 세대의 돌림이 선善인데(글자를 잘 보면 중 자 속에 흙 토土가 들어있고 선 자 속에는 쇠 금金이 들어있다. 오행으로 따져보면 "토생 금土生金"이 되므로 그 원리에 의하여 돌림자가 결정된다) 선善이라는 글자가 좀 진 부한 느낌도 있고 내 주변에 손자들이 하도 많아 선 자 다음 글자를 고르기 가 매우 어려웠다. 요즈음은 해산 전에 성별을 다 아니까, 아들이 확실하다 는데 더더욱 남자로서는 기발한 이름을 찾기가 어려웠다. 좋은 글자는 이미 다 차지해버렸던 것이다.

그래서 아무 의미없이 "야也"라는 종지사를 붙여놓았다. "선야善也" "선이 로다," 혹은 "참 좋다," "달達하다," 뭐 그런 의미가 될 것이다. 발음도 좋고 의미도 심플해서 좋다고 생각했다. 그런데 일중이가 아무래도 선야라는 이 름이 생소하고 여성적이래서 잘 어울리지 않는다고 항의를 했다. 출산을 앞

나는 이것이 고구려의 본모습이라고 생각한다. 연길을 조금만 벗어나면 이런 광경이 끊임없이 펼쳐진다. 광막한 농지에 몇 집이 한 동리를 형성하고 있다. 그 생활터전의 풍요로움은 이루 다 말할 수가 없다. 생각해보라! 이런 곳에 마적이 들이닥친다면 속수무책이리라! 고구려는 바로 이런 부락단위를 성城으로 연결하면서 이들을 보호했던 특수군사조직이었던 것이다. 무르익은 태양벌!

10월 18일

두고 고쳐달라는 청원이 들어왔다. 그래서 하는 수 없이 아내와 상의한 끝에 "선하善夏"로 하기로 했다. 하夏나라 문명은 순결한 시작이고, 또 문명이전의 자연주의적 단순함이 있다. 그리고 여름 하夏는 아무래도 무성하고 울창한 느낌, 모든 것이 만개한 청춘의 느낌이 있다. 여름은 역시 에너지가 넘친다. 일중이 부부도 선하가 좋다고 했다.

연변대학에서 박영재교수의 위치는 독보적이다. 어찌나 그의 말이 권위가 있는지 참으로 신비롭다. 연변대학에 그는 어떤 새로운 문화를 가져온 사람 같았다. 연변대학의 몇몇 교수님들께서 박영재교수가 자기 별장에 나를 모시고 갔다오라고 명령을 내린 터이라, 꼭 나를 한번 그곳에 데리고 가야한다는 것이다. 다 바쁜 사람들일텐데 그렇게 날데리고 원유遠遊를 해야만 한다고 우기는 것을 보면 하여튼 박영재교수의 한마디는 권위가 있는 것이다. 난 이놈의 일기 쓰기가 바빠, 도무지 누가 밥사겠다고 해도 시간 뺏기는 것만 억울

연대 철학 삼총사: 왼쪽부터 허명철, 김철수, 나, 리홍군.

한 터인데 남들은 내 사정을 모른다. 답답하게 숙사에만 쑤셔박혀 있지말고 바람을 좀 쐬시라는 것이다.

날 데려간 사람은 연변대학에 재직하고 있는 길림대학 철학과 3총사였다. 길림대학 철학과는 예로부터 전중국을 통털어 철학분야에서는 뛰어난 곳으로 정평이 있다. 길림대학 철학과 출신들은 그만큼 프라이드가 강하다. 3총사는 인문사회과학원人文社會科學院 사회학과의 허명철許明哲교수, 나머지 둘은 마정학원의 김철수金哲洙교수와 리홍군李紅軍교수였다.

허명철교수는 학식이 많고 사유가 자유분방하여 학생들의 존경을 얻고 있다. 그는 나의 친구인, 애석하게도 일찍 고인이 되었지만, 서울대 철학과의 심재룡沈在龍교수의 지도를 받았다. 그러니까 길림대 철학과·서울대 철학과의 엘리트 코스를 밟은 사람이다.

차 두 대를 몰고 갔는데 나는 허명철교수 차를 탔다. 차는 공항쪽으로 빠져 조양하朝陽河 연변의 길을 따라 25km 서북쪽으로 달렸다. 태양벌의 광활한 옥수수밭을 보기만 해도 가슴이 후련하게 탁 트인다. 요즈음은 여기도 시골이 점점 공동화되어가고 있다고 한다. 그리고 도시사람들이 땅을 사서 소작을 주는데 꼭 고려시대와 조선시대의 "토지겸병"과 같은 사태가 일어나고 있다고 했다. 중국의 농촌이 이 상태로 가면 얼마나 버틸 수 있을런지 …. 하여튼 중국정부의 농촌정책은 크게 잘못되어 있는 것 같다. 평도平道, 팔도八道, 오봉五鳳을 지나 노동勞動이라는 촌이 나오는데 이 노동의 옛 이름은 룡수평龍水平이다.

멀리 병풍처럼 둘러쳐있는 산이 오봉산五鳳山이다. 다섯 봉황을 상징하는 봉우리가 보인다. 그 밑에 있는 마을이 룡수평龍水坪이다. 그런데 문혁 이래 이렇게 좋은 원명을 모두 바꿔버렸다. 지금은 노동촌이라고 부르는 것이다. 옛 간판이 남아있어 내가 찍어 놓았다. 박영재 교수의 별장은 옥수수밭 위로 보이는 집들 중에서 좀 떨어진 좌측건물이다. 연변대학을 세운 3걸 중의 한 명인 림춘추林春秋가 바로 이 룡수평에 살았었다. 림춘추는 홍범도를 연상케 하는 대단한 투사일 뿐 아니라, 아주 탁월한 의술을 지닌 명의였다. 그의 의술은 동·서의학을 통달한 지혜였다. 약초도 다루고, 외과수술도 성공적으로 감행하여 너무도 많은 사람을 살렸다. 김일성의 부인 김정숙도 림춘추의 의술에 큰 은혜를 입었다. 림춘추는 연변대학을 설립하는데 큰 공을 세웠는데, 개교식을 보고 바로 북한에서 보내온 자동차를 타고 두만강을 건넜다. 그는 북한에서 김일성의 비호 아래 많은 활약을 하면서 연변대학을 음으로 양으로 지원하였다.

오봉산 아래 룡수평에 박영재교수의 아담한 별장이 자리잡고 있다. 시골집 답지않게 사방으로 유리창이 나있고, 그가 "학우서재學友書齋"라는 간판을 걸어놓은 것을 보면, 그는 여기에 인재들이 모여 같이 세미나라도 하면서 지내는 꿈을 꾼 것 같다. 그러나 실제로 학우서재는 연길에서 너무 멀리 떨어져 있다. 서재를 찾아 구태어 이 촌에까지 찾아올 일이 없을 것 같은데, 하여튼 박교수는 여기에 어떤 인생의 새로운 꿈을 심으려했던 것 같다.

널찍한 방에 벽난로가 있어 나는 벽난로에 불을 지폈다. 일시적으로 방문하는 집의 넓은 면적의 난방이 어찌 해결이 될 길이 없으니까 전기장판을 깔아 놓았다. 딴 방도가 없겠지만 나는 전기장판은 질색이다. 온돌구들도 있기는 하지만 사람이 항상 살고 있지 않은 이상, 따끈한 온돌황토방의 정경은 기대할 수 없는

것이다. 나는 항상 장작을 때는 초가 단칸 황토토방에서 정좌, 집필하면서 따끈따끈한 구들에 이불 폭 뒤집어 쓰고 자는 안빈

낙도의 삶을 꿈꾸지만, 항상 막상 이런 곳에 와보면 그런 모든 꿈이 허망한 가상이라는 것을 곧 깨닫는다.

충직한 하인이 있어야 하고, 내가 일년 4시 계속해서 살아야 하고, 그러한 단순한 삶을 유지케 할 수 있는 풍요로운 재정적 여건이 뒷받침해야 하는데, 현대인의 삶속에서는 이 3조건이 다 만족될 길이 없다. 백만장자래도 불가능하다. 자연과 더불어 사는 귀거래사의 이상은 꿈으로 끝날 수밖에 없다. 도심 한복판 단칸방에서 최대한 문명의 이기를 줄이면서 심플하게 사는 것이 가장 돈이 적게 드는 현실적 방안일 수밖에 없다.

그런데 오봉산하 룡수평에 그런 집을 마련해놓은 나의 친구 박영재는 참으로 놀라운 발상을 실천하는 귀재鬼才가 아닐 수 없다. 존경스럽다! 왜 그는 모든 사람이 부러워하는 연세대학교 교수자리를 때려치고 이 북만주 휘휘벌판에 외딴집 보금자리를 만들어 놓았을까? 창 밖을 내다보니 내가 키운 봉혜와 같이 생긴 토종닭들이 옥수수밭을 헤치며 지렁이를 잡아 먹고 있는데 영양이 어찌 좋은지 토실토실한 모습이 참으로 평화롭다. 땅은 지렁이 덕분에 풍요롭게 되는 것인데 저렇게 닭이 다 파 먹으면 어쩌나 하고 걱정도 되었지만 중국 땅은 워낙 크니깐 별 걱정을 안해도 될 것이다.

책상 뒤로 중국역사 책들이 꽂혀있고 책상에는 첼로를 연주하는 아릿따운 따님의 사진이 놓여있다. 여기 책상에 앉아서 벽난로에 타오르는 불길을 쳐다보고 또 친구 외동딸의 사진을 쳐다보고 있으니 싯구가 저절로 떠오른다.

내 책 『사랑하지 말자』가 마침 한 권 있어서 거기에 썼다.

五鳳山下鷄閒遊

　　다섯 봉황 산 아래에
　　토종닭이 한가롭게 노닐고

學友書齋滿舞夢

　　학우서재에 학우들이
　　가득 모여 춤추는 꿈이라도 꾸었나 보지

不知不慍獨思女

　　세상이 알아주지 않아도
　　부끄러운 기색없는 군자여
　　홀로 딸 생각만 하고 있구나

此生吾人更何憧

　　이 남은 생애에서 우리가
　　무엇을 더 동경하리

遇來大兄鄕舍舒閒情

　　우연히 학형의 시골 집에 들려
　　한가로운 심정을 읊다

　　　　　二千十四年十月十八日晝

　　　　　檮杌 敬書

　　　　　이천십사년 시월 십팔일 한 낮
　　　　　도올 경서

　　그리고 내 빠알간 책을 책상 위에 예쁘게 놓았다. 언젠가 박형이 들릴 때
우연히 펼쳐보면 감회가 있겠지 ….

그 동네 박수자라는 농가부부가 있는데, 미리 주문해놓으면 식사준비를 해
준다고 한다. 토종닭을 삶아 내왔는데 닭고기가 그렇게 부드러울 수가 없다.
내가 어렸을 때 엄마가 고아주던 백숙의 맛이었다. 서울의 봉혜자식들은 내가

그렇게 사료도 안주고 자연음식으로만 키워도 질기기가 끔찍한 수준인데, 여기 닭들은 방사를 한 자연산인데도 어떻게 그렇게 부드러울 수 있는가? 애초에 종자가 다른 탓이라고 생각할 수밖에 없었다.

박형의 향사를 나와 보니 마침 룡수평 바로 위에 연길시의 수원지가 자리 잡고 있다고 했다. 요즈음 연길에 물난리가 난 것이 이 수원지와 관계있다 는 것이다. 우리는 "우따오쉐이쿠五道水庫"를 올라가 보기로 했다. 거대한 저 수지였다. 연변의 물은 모두 여기 저수지에서 공급이 된다고 한다. 나는 저수 지 물을 보고 비로소 깨달았다. 올 연길의 겨울은 물 없는 터프한 겨울이 되 겠구나!

여태까지, 고속전철공사 운운한 것은 근거없는 말이었다. 뜬소문이었을 뿐 이다. 여기와서 얘기를 들어보즉, 7·8월에 비가 너무 많이 올 것을 예상하여 수고관리자들이 물을 미리 다 뽑아 놓았다는 것이다. 쉐이쿠(저수지)의 모습이, 꼭 드레인이 다 되어가는 커피필터 속 모습이었다. 물이 바닥을 치고 있었다. 주정부의 실책이었던 것이다. 담당공무원의 그릇된 판단이 이런 재난을 부른 것이다. 거대한 수고의 수면이 5분 1 이하로 내려가 있었다. 끔찍한 수준이었다. 물이 없는 것이다. 이제 비가 내릴 가능성도 없다.

중국에는 정확한 정보가 없다. 공무원들의 세계는 절대적으로 보호를 받 는 안전지대이다. 이렇게 엄청난 일이 벌어졌는데도 "책임추궁"이라는 것이 없다. 국민들은 "항의"라는 것을 모른다. 그리고 소문만 퍼진다. 그리고 국 민들은 자기 삶 이외에 사회체제에 관한 관심이 없다. 순응한다.

오도저수지는 룡수평과 삼도만진 오도촌 사이, 구수하(현재 조양하) 중류에 위치해있다. 오도저수지의 총용적은 6천 300만 입방미터이고 둑 높이는 46.5m이며 공사건축비용은 9천 200만 위앤이었다고 말한다. 이 저수지는 1989년 3월 20일에 정식으로 착공하여 1992년 9월 3일에 준공되었다. 이 저수지는 해마다 도시에 물 3천 700만 입방미터를 공급할 수 있으며 농경지 4천 200헥타르를 관개할 수 있다. 그리고 발전시설도 있는데 연간발전량은 500만 킬로와트이다. 현재는 연길시의 비대로 이 오도저수지는 공급이 딸리고 있다.

어쨌든 문혁 때보다는 나은 세상이 되었으니까. 문제가 발생해도 어떻게 어떻게 지나는 간다. 올 겨울을 연길의 시민들이 어떻게 넘길지 깝깝하지만 하여튼 어떻게 해서든지 수도물은 공급될 것이다. 중국에 살려면 "인내"와

"순응"을 배워야한다. 이런 사회모습이 가능할 수 있는 것은 중국에는 아직도 언론이 독자적 사회세력을 형성하고 있지 않기 때문이다.

그런데 우리나라처럼 언론세력이 정치세력을 능가하는 권력이 되었을 때 과연 더 나은 사회모습이 도래하는가? 인류사는 이와 같이 극단의 시계불알이다. 중용은 없다. 나는 이명박 이후 시대의 언론이 설치는 세상보다는 중국의 현실이 더 나을 수 있다는 생각을 해보기도 한다. 공산당은 그래도 공익에 대한 우선의 원칙을 지킨다. 우리나라 언론은 국가를 자기 주머니 속에서 주무를 수 있다고 생각한다.

노무현이 언론권력을 애매하게 키워놓았고 이명박이 그 권력을 극대화시켰다. 우리나라 보수정권은 이명박에게 두고두고 감사할 것이다. 그러나 한국의 언론횡포는 몇년의 역사밖에 지니지 않은 것이다. 과연 이러한 홍루몽이 얼마나 유지될 수 있을 것인가?

연길지역에는 목욕문화public bath culture가 발달되어 있다. 소위 공중목욕탕이라는 것이 있는 것이다. 중국에는 원래 공중목욕탕(중국말로는 꽁꽁위츠公共浴池, 꽁꽁짜오탕公共澡堂)이라는 게 없었다. 사실 우리나라에도 조선왕조시대에 공중목욕탕은 존재하지 않았다. 공중목욕탕이라는 것은 "온돌"이 없는 일본문화에서 발달한 것이다. 밤에 목욕탕에 가서 몸을 데우고 타타미방에서 이불을 뒤집어 쓰고 자는 것이다.

일본에서는 목욕탕을 "센토오錢湯"라고 하는데, 돈을 내고 가는 동네 목욕탕이라는 의미에서 에도시대 때부터 내려오는 이름이다. 센토오의 유래는 일본에는 화산지역이 많아 온천이 발달했기 때문에 그런 곳에 센토오를 만들어 장사하는 사람들이 많았고, 또 그런 센토오는 외지 사람들이 모이기 때문에 남녀구분 없이 들어가는 혼탕이 많았다. 그러니까 우리나라 목욕탕문화는 일본사람들이 일제강점기 때 전해준 것이다.

그런데 일본의 센토오라는 것은 대체로 오후 6시부터 밤 12시까지 밤시간에 깨끗한 물을 제공하는 것이 원칙이다. 우리나라처럼 하루종일 열지 않는다. 일본에서 아침 새벽 일찍부터 갈 수 있는 목욕탕은, "아사부로朝風呂"라 하여 아침시간에만 하는 특수목욕탕이 따로 있다. 일본에 아사부로는 많지 않다. 내가 살던 니시와세다에서 아사부로를 할려면 우에노까지 가야 한다. 우에노시장에는 유명한 아사부로가 있다.

한국은 이러한 일본문화를 제대로 계승하지 못했다. 아사부로와 오후 센토오를 짬뽕하여 하루종일 여는 식으로 발전시켰는데, 이렇게 되면 막상 도시생활에서 가장 긴요하게 욕탕을 이용할 수 있는 오후 7시 이후에는 물이 더러워져서 탕의 물을 유지할 수가 없다. 그래서 우리나라 목욕탕은 대개 오후 6·7시면 문을 닫는다. 그러나 실상 도시생활에서 목욕하고 싶은 시간은 저녁시간이다. 일제강점기부터 한국사람은 아침목욕을 더 선호했던 것이다. 그러니까 한국은 아사부로 전통이 계속 주류를 이루고 있는 것이다. 나도 어릴 때는 부모님을 따라 꼭 새벽에 목욕탕을 갔다.

그러니까 공중목욕탕의 원조는 일본이고, 그것이 한국에서 묘한 발전을 이루었는데(때밀이가 있다든가, 사우나를 짬뽕한다든가, 이태리타올이 있다든가 하는 것은 일본에 없는 한국 목욕탕문화이다) 이 한국 목욕탕제도가 중국의 똥뻬이 지역으로 수입된 것이다. 그렇게 한국과 왕래가 빈번했던 대만만 해도 공중목욕탕이 없다. 연변대학에는 한국보다 한 술 더 떠서 대학캠퍼스 안에 거대한 공중목욕탕이 있다. 운동장만한 스페이스에 학생들이 와글거린다는데, 욕탕물이 잘 관리가 될 것 같질 않아 나는 별로 가고 싶은 생각이 나질 않았다.

연변대학 내에 있는 학생센터. "연대학생복무중심延大學生服務中心"이라는 커다란 간판이 맨 오른쪽에 달려 있다. 이 안에 온갖 학생을 위한 편의시설이 들어가 있다. 이 안에 큰 목욕탕이 있는데 학생증이 있어도 15원을 받는다. 외부의 호텔목욕탕도 25원밖에 안 하는데 비싼 편이다. 나같이 학생증이 없으면 18원을 받는다. 그래서 나는 이곳을 이용하지 않았다. 연대의 문제도 모든 학생시설이 너무 상업화되고 있다는 것이다. 소박한 미니말리즘minimalism의 지혜가 부족하다. 한국대학의 나쁜 영향인 듯하다.

그러다 보니 결국 두 달 가까이 목욕을 하지 못했다. 몸이 군실거려 참을 수가 없다. 구순을 훨씬 넘기신 두계 이병도선생님을 내가 민족문화추진회에서 이계황국장님과 함께 뵈온 적이 있었다. 모습이 아주 깨끗하고 정정하셨다. 내가 선생님께 건강을 어떻게 그렇게 아름답게 유지하시냐고 여쭈니깐, 선생님께서 이렇게 말씀하시는 것이었다: "난 매일 물수건으로 몸을 밀어 맛사지를 해요. 늙으면 구석구석 뭐가 끼는데 그걸 물수건으로 밀면 오히려 부담이 없고 개온해요. 그리고 소식小食을 하지요."

그래서 나도 저녁에 물수건으로 몸을 닦는 것으로 목욕을 대신했는데, 한계에 도달한 것이다. 그래서 사람들에게 물어보니 "인푸따사銀浦大厦"라는 곳에 좀 고급스러운 목욕탕이 있다는 것이다. 목욕탕은 작고 물이 빨리 순환될수록 좋은데, 중국에는 목욕탕 물을 완벽하게 주인측이 콘트롤하는 시스템만 있다. 손님이 탕의 물을 틀거나 조정할 수 있는 그런 목욕탕은 어디에도 없었다.

그러니까 아침에 담어 놓은 물을 하루종일 이놈 저놈 다 들어갔다 나오는 것이다. 따라서 중국목욕탕은 물이 넘치는 법이 없다. 하루종일 동일한 양의 물이 고여있는 것이다. 물이 더러워지는 것은 말할 것도 없지만 오후에는 물이 식어 미지근하다. 그러기 때문에 탕을 크게 만든다. 그리고 물이 더러워지는 것을 캄프라치하기 위하여 화학성분을 집어넣기도 한다.

인푸도 예외가 아니었다. 거대하긴 운동장만큼 거대하고 천정 높이가 로마 시스틴성당만큼이나 높다. 그래도 뜨거운 열탕 온도가 43°는 유지되었다. 그곳에서 몸을 불려 때를 씻는데 칼국수 만드는 것보다 더 많은 때가 밀렸다. 하수구가 막힐 지경이었다. 어차피 샤워에서 나오는 물은 남이 쓰던 물이 아니니깐 몸을 깨끗이 씻는데는 별 문제가 없었다.

탕에 앉아 있는데 옆에 한 다섯살 정도되는 꼬마가 앉아 있었다. 그 아버지가 나에게 인사를 시킨다. 물론 나를 알 리가 없다. 그리고 내가 쓰던 대야를 빌려가면서 아이에게 정중하게 인사하고 가져가게 한다. 나는 중국에서 아버지가 아들에게 공중도덕질서를 가르치는 모습을 처음 보았다. 나는 하도 감동하여 그 아버지 청년에게 나를 소개하고 당신의 그러한 태도가 자식에게 미칠 좋은 영향을 설명해주고 당신 아들의 전도를 축복한다고 말했다.

중국사회의 최대문제는 공중도덕public morality의 의식이 희박하다는 것이다. 학교에서도 교실에 학생들이 있다 나가면 교실바닥이 지저분해진다. 내가 대학원 강의를 하는 과기루科技樓 건물은 세미나실이래서 외부인들도 쓰는 모양인데, 내가 갈 때마다 나의 조교들이 30분전에 가서 대청소를 해야만 한다. 시골장이 파한 것처럼 쓰레기가 교실에 더미로 쌓여있다. 치우는 사람도 없다.

식당에도 잿털이가 없다. 사람들이 담배를 안피우기 때문에 잿털이가 없는 것이 아니다. 담배는 누구나 식당에서 마음대로 피운다. 그런데 어찌하여 잿털이가 없는가? 중국식당에서는 담배 잿털이는 그냥 바닥에 털라고 권유한다. 자유롭게 담배를 피우고 아무렇게나 내던지고, 발로 비벼 끄면, 일어나는 대로 바닥청소를 하겠다는 것이다. 그런데 바닥청소가 제대로 될 리가 없다. 바닥은 담뱃불자국 천지가 된다. 우리나라가 아무리 개판일 때도, 옛날 자유당시절에도 이런 분위기는 없었던 것 같다.

연길사람들은 맥주를 심하게 마신다. 그런데 맥주 값이 좋은 물 값보다 싸다. 한 사람이 한자리에서 평균 열병은 마신다는 느낌이 든다. 그것도 작은 병이 아닌 댓자병이다. 유리병이 깨지는 것은 다반사, 그것을 치우는 점원도 빗자루질을 제대로 못한다. 중국인들은 일상생활 속에서 질서감이라는 것을 배우지 못한다. 과연 중국의 미래가 어디로 갈 것인지 …. 나는 목욕탕의 젊은 아버지와 아들의 모습에서 가냘픈 희망을 보았던 것이다.

연변대학에 핀 코스모스. 내 심미적 감각에는 연변대 행정가들이
이 코스모스 한 송이의 지혜를 배워야 할 것 같다.

10월 19일, 일요일.

안개꼈다. 날씨가 흐렸다. 기다리는 비는 오지 않는다

새벽에 물이 나온다. 밀렸던 빨래를 후딱 해치웠다. 물의 고귀함을 알겠다. 내 딸 미루가 요르단 사막에서 사는데, 한국에 오면 사람들이 수도물을 마구 틀어놓고 사는 행태를 못견뎌한다. 사막생활에서 그만큼 물 한방울의 절실함에 익숙해 있기 때문이다. 거기 베두인 사람들은 대변을 보고도 밑닦는 것을 사막의 뜨거운 모래로 해결한다고 하니 그 얼마나 물이 소중한지를 알 수 있다.

아침 9시 반에 다시 물이 끊어졌다. 이 건물 관리인이 커다란 빨간 프라스틱 물독을 갖다주고 물을 받아 쓰라고 한다. 올 겨울의 연길은 물빈곤의 연길이 될 것 같다. 평소 연길은 물이 풍요롭기로 유명한 곳인데 왜 하필 내가 온 해에 이런 불편을 겪어야 하는지 모르겠다.

나의 막내딸 미루가 최근에 그린 그림. 코끼리는 자연에 있어야 할 텐데 아무것도 없는 빈방에 있는 것이 오묘한 느낌을 자아낸다. 엄마 품을 파고드는 새끼의 모습, 웬지 전체 톤에 적막과 고독이 깔려있다. 내 딸 미루는 국제적으로 활동하는 예술가인데 "행위예술가"처럼 인식되어 있지만 그렇게 국한시켜 규정할 수는 없다. 미루의 예술에는 반문명적인 시각이 깔려있고, 사람들이 안 보려고 하는 문명의 심층 구조를 파헤친다. 그의 작품은 mirukim.com을 통해 볼 수 있다.

10시경 드디어 내 방의 유일한 난방시설인 라지에타에 물이 차는 소리가 들리기 시작했다. 독자들은 아마도 내가 무슨 소리를 하는지 감이 없을 것이다. 여기는 난방이 개인이 주관하고 컨트롤할 수 있는 그런 시스템이 아니다. 전 도시를 몇 개의 구역으로 나누어 더운 물이 하나의 시스템으로 순환한다. 각 방의 히터는 라지에타형인데 더운 물이 돌아가는 과거의 히터형이다.

전 도시의 난방을 중앙에서 정부가 관장하는 것이다. 땅 속을 거대한 온수 파이프가 다니면서 각 건물을 다 덥히고 다닌다는 것이 좀 이해가 어렵지만 이것은 사회주의국가의 한 특색이기도 한 것이다. "국민의 생활난방"을 국가가 책임지는 것이다. 이 히터는 한번 들어오면 24시간 동안 몇 달을 돌아간다. 그 거대한 시스템이 움직이기 시작하고 있는 것이다.

나는 내 방 라지에타의 쿨렁거리는 소리를 들으며 "공산주의가 소리없이 움직이고 있다" 이렇게 노트에 썼다. 연변대는 다행히 연변대만의 보일러로 공급된다고 한다. 연변대학에는 보일러가 두 개 있어 난방시스템이 두 구역으로 나뉘어져 있다. 내 방은 3층이래서 난방이 잘 들어오는 편이다. 조교들이 사는 7층은 난방도 잘 안들어오고 물도 더 잘 안나온다.

보일러는 석탄보일러이다. 그래서 학교에 큰 굴뚝이 두 군데 있다. 여기서 나오는 연기 때문에 겨울은 아무래도 매연의 기운이 심한 편이다. 창 턱에 새카맣게 먼지가 앉기는 하지만 그래도 악질적인 먼지는 아니다. 석탄연기 먼지니까. 연길의 겨울은 매캐하다고 했지만, 그래도 공기가 나쁜 편은 아니다.

이 날 『광개토대왕비문』을 세밀하게 해석했다. 그리고 『위지동이전』을 비롯해서 중국정사에 나오는 조선관계기사를 탐독했다.

요르단의 베두인족. 2008년 4월 26일 촬영

10월 20일, 월요일. 흐림

난방 물이 들어오는 과정은 며칠이 걸리는 것 같다. 라지에타의 쿨렁거리는 소리가 심해 나는 공기를 뺄 생각을 했다. 만반의 준비를 갖추어 라지에타 꼭지를 틀었는데 과연 새카만 녹물이 쏟아져 나오면서 바람이 심하게 빠진다. 여러 차례에 걸쳐 공기를 뺐다.

그러나 아직도 라지에타는 더운 기운이 없다. 쿨렁거리기만 할 뿐이다. 사회주의는 가동되기가 어려운 것이다. 자본주의보다는 스타트하는 데만도 엄청난 시간이 걸린다. 인류의 20세기 사회주의실험은 시동을 걸다가 픽 꺼져버리고만 엔진 같다는 느낌이 든다.

연변대 난방보일러 굴뚝

오늘 저녁 진란옥陳蘭玉선생과 어법語法에 관한 공부를 했다. 교재는 『국제 한어교사어법 교학수책國際漢語敎師語法 敎學手冊』이라는 책인데, 양 위링楊玉玲이라는 사람이 편저자로 되어 있다. 아주 훌륭한 어법교과서이고, 내가 원하는 "쥐싱리엔시句型練習"를 가르쳐주는 텍스트였다. 그리고 진란옥교수는 중국어 어법에 관하여 매우 명료한 인식을 가지고 있는 훌륭한 학자였다.

우리는 언어학에 관하여 많은 대화를 나누었다. 내가 자오 위앤르언趙元任, 1892~1982선생, 리 황꿰이李方桂, 1902~1987선생 같은 분들의 강의를 직접 들었다니깐 놀랜다. 리 황꿰이 강의는 대만대학에서, 자오 위앤르언 강의는 하바드대학에서 들었다. 자오 위앤르언선생의 따님도 하바드 음대 민속음악교수였는데, 그 따님과는 자주 교류하였다. 자오 위앤르언은 중국언어과학의 창시인이라고 말할 수 있는데, 서양인들의 언어에 대한 생각, 그 자체를 혁신시킨 천재 중의 천재였다.

자오 위앤르언은 럿셀이 중국에 왔을 때, 그의 강연 전체를 통역하면서 전국을 투어 했는데, 가는 곳마다 그 지역 방언으로 통역했다고 하니 자오 위앤르언의 천재성은 말할 길이 없다. 자오는 중국인으로서 두번째로 하바드대학 교수가 된 사람이며, 미국 언어학학회 회장까지 지냈으니 중국언어학의 위상은 이런 학자 한 명의 위상으로 일본식민지학자들이 주물럭거린 한국말 언어학과는 처음부터 다른 궤도를 달렸다. 나의 인상으로 말하자면 자오 위앤르언은 정말 너무도 멋있게 생긴 사나이였고 대석학의 풍모의 극치였다. 이런 분들을 직접 만날 수 있었다는 것은 내 인생의 행운 중의 행운이었다.

"빠쯔쥐把字句"를 일례로 들면 나는 "빠把"라는 것은 목적어에 해당되는 것을 앞에 놓을 때 쓰는 것인 줄, 단순하게 생각했는데, 그렇질 않았다. 빠구문은 특정한 사람이나 사물에 대하여 어떤 동작을 베풀거나 변화를 발생시킬 때 사용한다. 위치의 이동, 소속관계의 전이轉移 혹은 형태의 변화와 같은 일정한 변화를 발생시킬 때 사용하는 구문인 것이다.

"她已經把錢包放在卓子上了. 그녀는 이미 지갑을 책상 위에 놓아버렸다." 의 경우, 지갑의 위치가 변했기 때문에 사용할 수 있는 것이다. "她常常放衣服在沙發上"이라는 표현은 어색하다. 의복의 위치 이동이 발생했음으로 "她常常把衣服放在沙發上. 그녀는 항상 의복을 소파위에 놓는다"라고 표현해야 옳다.

나의 중국어의 문제점은 이런 구형에 관해 명료한 의식이 없다는데 있다. 진란옥교수는 나의 버릇을 많이 교정해 주고 그 이유를 가르쳐 주었다. 중국어는 문법이 없는 듯이 보인다. 아무렇게나 배열해도 의미가 통하기 때문이다. 그러나 중국어는 한 구문, 한 구문마다 독특한 용례의 법칙이 있다. 함부로 어길 수 없는 규칙이 있다. 중국어는 케이스 바이 케이스로 익히는 수밖에 없다. 훌륭한 수업이었다.

10월 21일, 화요일. 흐리지는 않지만 맑지는 않다

　　그저께 백두산 산삼을 한 뿌리 먹었다. 그런데 오늘 아침 대변이 원자폭탄처럼 터져나왔다. 산삼이래야 어차피 식물뿌리인데 뭐가 그렇게 대단한 명현瞑眩이 있겠는가마는, 대변이 그렇게 많이 시원하게 나왔다는 사실 하나만으로도 명현이라 해야 할 것 같다. 온 몸이 텅비고 가뿐하게 날아 갈 것만 같다. 그런데도 하체가 단단한 느낌이 든다. 하초가 실한 것이다. "명현"이란 본시 눈앞이 캄캄하고 어지럽다는 뜻인데, 이렇게 기분 좋은 명현이면 대단한 명현이 아니겠는가!

　　학교 앞 대학성건물 코너 3층에 "화덕피자炭烤披薩"라는 새로운 음식가게가 열렸다. 그리고 며칠 전부터 개장반액세일이라는 선전문구가 붙어있었기 때문에 한번 가보기로 했다. 여기 연길에 온 후로 서양음식을 한번도 못 먹어 봤기 때문에 구미가 땡기기도 했다. 게다가 반값 세일이라니 과감하게 한번 시도해보기로 했다.

올라가 보니, 한가롭게 사람이 없었는데 종업원들만 여럿 있었다. 그 중 나이가 조금 들어뵈고 뚱뚱한 여자가 하나 있어 주인장이냐고 물으니 그렇다고 한다. 나이가 기껏해야 마흔도 채 되어보이지는 않았다. 조선족여인이었다. 그래서 나는 한국에서 초빙되어 온 연변대학 객좌교수라고 날 소개하고, 오랫만에 핏자를 먹어보고 싶어 들어왔으니 한번 잘 만들어 달라고 부탁했다. 그래서 조교들과 함께 핏자 2개와 파스타 한 접시를 시켰다.

그랬더니 그 주인이 직접 만드는데 매우 품새가 어색했다. 우선 간판과는 달리 화덕이 장작가마가 아니고 까스가마였는데, 설치해 놓은 모양을 보아도 아주 얄팍한 가마였다. 얄팍하다는 뜻은 화기의 축적이 없는 간이가마라는 것이다. 게다가 핏자 판을 만드는데 그 밀가루 반죽이 전혀 숙성이 되지 않은 반죽을 펴놓고 있었다. 하여튼 주문한 핏자가 나왔는데 꼴이 우스웠다. 사실 파스타는 그런대로 먹을만 하다고 생각했다.

그런데 핏자가 생긴 것이 꼭 우리나라 호떡만하게 만들어 놓았다. 그리고 숙성된 반죽도 아니었고, 얹혀놓은 치즈의 퀄리티도 말씀이 아니었다. 보리개떡 위에 캐첩을 발라놓은 정도의 맛이었다.

그래서 주인을 불러다가 충고를 했다. "서울에 가면 동숭동에 잘 되는 핏자집이 하나 있소. 피쩨리아 오Pizzeria O라는 집인데, 그 집에 가서 한번 잡숴보시면 알겠지만, 핏자 반죽은 우선 숙성이 되어야 합니다. 그리고 신장개업을 했으면 인심이 풍성해야 합니다. 여기는 돈없는 대학생들을 상대로 하는 장사인데 이렇게 점포를 차려놓고 학생들이 안오면 안되지 않습니까? 그러니 우선 밀가루 반죽이야 돈이 얼마 안드는 것이니 싸이즈가 지금 만드시는 것의 두 배정도는 되어야 핏자의 제 규격이라 할 수 있지요."

나는 신장개업한 집이 걱정이 되어 핏자에 관한 나의 지식을 총동원하여 조목조목 개선할 구석을 일러주었다. 그 인테리어만 해도 그냥 한국 돈으로 환산해도 3~4억이 든다고 했다. 나는 내가 지적해주는 것을 집주인이 매우 고맙게 생각하는 줄로 생각했다.

그랬더니 이 여자가 화를 벌컥 내면서 다음과 같이 말하는 것이다. "난 서울에서 배운 국제규격에 쓰여져 있는 대로 크기도 만든 것이고, 당신이 말하는 것처럼 정통을 고집 안해도 아무 상관없어요. 망해도 상관없다구요. 난 술집을 해서 돈을 많이 벌었는데, 이 집 망해먹어도, 먹구 살 길이 많아요. 걱정할 필요 없이유. 난 망해도 좋단 말이요."

내 평생, 나의 성의에 대한 반응으로서 이렇게 무식한 답변은 처음 들어 보았다. 이 여자의 반응은, 나의 말 속의 무엇이 그의 자존심을 건드렸든지 간에, 의외였고 사악한 것이었다. 나는 손님이고, 그 여자는 신장개업을 해서 손님들에게 써비스를 제공해야만 하는 주인의 입장이다. 그리고 나는 교수이며 친절하게 나의 염려되는 생각을 전해주었을 뿐이다. 교수의 한마디는 학생들의 인식에 영향을 끼친다. 전혀 다른 의도가 없었다.

"망해 먹어도 좋다. 나는 돈이 많은 여자다! 이까짓것 아무 것도 아니다!"

아니 이게 한 인간이 입에 담을 이야기인가? 그 주인여자가 나를 알고 모르고를 둘째 치고, 어떠한 손님이든, 손님에게 할 말은 절대로 아닌 것이다.

이 날 핏자집에서 있었던 이 사건은 내가 연변조선족사회를 바라보게 만드는 시각을 바꾸어 놓은 거대한 사건이 되고 말았다. 공동화되면서 퇴폐적인 분위기, 극도의 소비주의·향락문화로 치닫고 있는 연변자본주의의 첨단을 말해주고 있었다. 더구나 그녀가 선택한 업종이 "핏자"라는 사실에 특수성이 있는 듯 했다.

더욱이 놀란 것은 내가 나오는데, 돈을 142위앤이나 받는 것이다. 파스타는 28위앤이었지만, 호떡 같은 엉터리 핏자가 56위앤, 58위앤이었다. 세일기간이 지났으니 온 값을 다 내놓으라는 것이었다. 그런데 보통 여기 대학가에서 중국음식은 50위앤을 넘는 음식은 찾아보기가 힘들다. 그런데 핏자는 58위앤이라도 "싼 가격"이라는 것이다.

첨단 서양문화는 그렇게 가격이 비싸도 사람들이 몰린다는 것이다. 이 여자는 술집을 해서 무슨 돈을 그렇게 벌었는지는 모르지만, 하여튼 자신있게 개업을 한 것이다. 그리고 나 같은 사람의 충언을 "개소리 지랄마라! 어차피 난 장사 잘 해먹을 자신이 있다"라고 호언할 만큼, 퇴폐적인 사회적 분위기가 이미 연길사회에 장착되어 있다는 것을 방증하는 것이다.

허세虛勢, 부화浮華, 실질없는 모방, 서구적인 냄새에 대한 동경, 이런 가치가 이 사회를 좀먹고 있는 것이다. 상업도덕이 없다라고 말하기 전에 그 여자는 이미 인간성이 말살되어 있는 것이다. 그리고 아마도 그런 여자가 망하지 않고 돈을 잘 번다면, 연변사회는 "자치주"로서의 아이덴티티를 상실하고 해체의 일로를 걸어갈지도 모른다. 한국에 가서 돈을 벌어 연변에 돌아와 장사한다는 사람들의 멘탈리티가 대강 이런 악질적인 해체과정에 기여하는 상황이 많은 것이다. 그들은 한국의 가장 악질적인 상업문화를 배워와서 여기서 허세를 부리는 것이다. Alas!

저녁 6시에 교수대상 강의가 있었다. 나는 『노자』 제2장을 강의했다. 『노자』 제2장은, 제1장이 우주론, 인식론, 언어관을 말하고 있는데 비해, 노자의 미의식 그리고 가치의 세계에 대한 근원적인 사유가 표출되어 있다. 제1장이 "진眞"을 주제로 하고 있다면 제2장은 "선善"과 "미美"를 주제로 다루고 있다. 그런데 강의중에 노자의 반문화철학Counter-culturalism적 사유를 말하는 가운데 우연히 브로델의 이야기가 튀겨나왔다.

프랑스 애널학파the School of *Annales*의 거장, 브로델Fernand Braudel, 1902~1985의 자본주의 성립에 관한 색다른 이론을 말하게 된 것이다. 브로델에 의하면 칼 맑스가 말하는 잉여가치론 따위로는 자본주의가 성립하지 않는다는 것이다. 자본주의는 발생자체가 그런 쪼잔한 잉여가치에서 생기는 것이 아니라 "해적놈들의 폭리"에서 생겨났다는 것이다. 다시 말해서 시장경제의 "교환의 논리"가 지배하는 영역에서는 먹어봤자 쪼잔한 이익이라는 것이다. 공장제 수공업에서 무슨 자본이 축적된 것도 아니다. 자본의 축적이란 기실 "반시장contre-marché, anti-market"의 논리에서 생겨난 것이다.

반시장이란 경쟁과 규범이 아니라 독점과 지배가 힘을 행사하는 곳이며, 시장경제와는 반대되는 별세상이다. 이런 별세상은 이미 산업혁명 이전부터 존재했다. 『맹자』의 「공손추하」(2b-10)에 보면 "농단壟斷하는 천장부賤丈夫"의 이야기가 나오는데 권력과 결탁하여 특수한 독점위치를 차지하는 상황은 어느 문명에도 있었다.

그 별세상에 참여할 수 있는 사람들은 권력과 결탁하여 특별한 물류를 장악할 수 있는 특수 권력계층이었다. 이러한 원거리 무역에서 자본주의적 과정이 뚜렷하게 나타났다. 15~18세기의 원거리 무역은 아무나 참여할 수 없는 사업이었고, 그로 말미암아 엄청난 이익이 소수의 거상들에게 집중되었고 자본이 빠른 속도로 축적되었던 것이다.

지금도 자본주의자는 제조업을 하는 자들의 논리 속에서는 찾아볼 수 없다. 자본주의는 현재도 해적놈들이 다 장악하는 것이다. 대기업이 생겨나는 것도 물류를 장악하기 위한 필연성 때문이다. 지금은 그런 구차스러운 방법을 동원하지 않아도, 금융사기꾼들의 폭리에 의하여 세계자본주의 시장이 돌아가고 있는 것이다. 중국의 자본주의는 부패에 의한 폭리 때문에 형성되어가고 있는 것이다. 하여튼 이런 문제를 이야기하면서 나는 중국의 미래에 관한 우려를 표명하였다.

나는 브로델을 역사학을 전공하는 나의 조카 김인중金仁中(숭실대 역사학과 교수)을 통해서 아주 일찍부터 알고 있었다. 인중이는 프랑스혁명전후사를 전공하였고, 나와 토론할 때마다 브로델이라는 인물의 역사철학의 위대함에 관하여 이야기하였다.

브로델을 이해하는데 가장 핵심적인 개념이 "장기지속longue durée"이라는 말이다. 나는 브로델의 "지속"이라는 개념이 서양철학의 "존재"라는 개념을 극복할 수 있는 열쇠를 제공한다고 생각한다. "지속"은 역사학자들에게 너무도 리얼한, 진실한 개념일 수밖에 없는데, 이 지속을 철학적인 영역으로 차원을 바꾸어 생각하면 그것은 모든 "존재의 특권"을 허물어버릴 수 있다.

한마디로 지속은 변화와 불변이라는 대립을 해소시킨다. 모든 것은 변화속에 있다. 역사 그 자체가 시공 속에서 일어나는 변화일 뿐이다. 토인비 같은 역사학자도 변화하는 역사 속에서 불변의 그 무엇을 찾으려 했을지 모른다. 맑스도 변화하는 역사 속에서 불변의 법칙을 찾으려 했다. 단계적으로 발전하는 역사도식을 지배하는 어떤 불변의 법칙을 찾아내려 했던 것이다.

변화에 대하여 우리가 "불변"이라고 부르는 것은 기실 "지속"일 뿐이다. 다시 말해서 시간 속에서 "덜 변하거나, 느리게 변하거나, 또는 변해가면서 어떤 항상성을 유지하거나" 하는 것을 우리는 지속이라 부른다. 지속의 특징은 시간 속에 있다는 것이다.

브로델을 이해시키기 위하여 나는 연변대 교수님들에게 이와 같이 말했다:

"선생님들, 오늘 이 자리에 어떻게 오셨죠? 자아! 걸어오셨나요? 차 몰고 오셨나요? 아~ 참, 식사는 하고 오셨나요? 그리고 가족이나 친지들과 교통하기 위한 수단으로 스마트폰을 가지고 계시겠지요? 자아~ 한번 생각해봅시다. 밥과 자동차와 스마트폰의 역사를! 그런데 이 세 가지는 여러분의 오늘의 현존재태를 구성하는데 있어서 빼놓을 수 없는 현재의 사건입니다. 그런데 이 현재의 사건들이 가지고 있는 시간은 모두 다르다는 것입니다.

연길에서 스마트폰을 쓰기 시작한 것은 10년 정도이겠지요. 그리고 여러분들이 타시는 자동차는 한 100여 년의 역사를 가진다고 봅시다. 그런데 밥은 고조선을 훨씬 더 거슬러 올라가겠지요. 밥도 쌀인지, 보리인지, 수수인지 뭐 이런 것을 따져보면 시간이 좀 복잡해지겠군요.

이렇게 보면 스마트폰은 단기지속에 속하는 것이고, 밥은 장기지속에 속하는 것입니다. 그런데 역사가들은 단기지속의 변화만을 역사로 착각하는 경우가 허다해요. 그러나 실상 역사의 진정한 동력은 장기지속에 있는 것이지요.

프로이드식의 표현을 빌리면 단기지속은 역사의 표층의식이라고 한다면 장기지속은 역사의 무의식, 아라야식이라고도 부를 수 있는 것입니다."

브로델은 "밥"과 같은 장기지속의 인간영역을 "물질생활"이라고 부른다. 그는 이 물질생활을 탐구해 들어간다. 그 탐구로부터 여태까지 우리가 보지 못했던 새로운 역사의 구조를 밝혀내고, 그 구조 속에서 자본주의라는 히드라의 위상을 규정해 들어가고 있는 것이다. 브로델은 심오하지만 너무도 상식적이다. 그래서 우리에게 너무도 많은 것을 새롭게 일깨워준다.

강의가 끝나고 났는데 김석종총장이 나에게 세계한인무역협회연길지회(OKTA)라는 조직의 회장인 허재룡許在龍이라는 사람을 소개한다. 인품이 매우 건실하게 보이는 사람이었다. 그러니까 여기 조선족경제인들의 상공회의소 비슷한 기관의 대표였다. 허 회장 본인은 인쇄업자였다. 나는 책을 만드는 사람이기 때문에 인쇄업에 관해 잘 안다. 인쇄업은 정말 폭리가 불가능한 사업이다. 착실한 사람이 아니면 살아남을 수 없는 영역이다.

우리는 학교 앞 카페 모닝커피로 가서 이야기를 나누었는데, 그는 현재 연변자치주 227만 인구의 35.8%가 조선족이며 그나마 이 퍼센트가 30% 이하로 떨어지면 자치주의 성립여건이 되지 않는다고 우려를 표명했다. 연길시는 아직 50%가 조선족이지만 본시 조선족이 개발한 아름다운 외곽마을들이 모두 한족漢族마을로 변하고 있다고 개탄했다.

어떻게 해서든지 사람들이 연변으로 다시 모여들게 만들어야 하는데, 지금 연변의 조선족은 모두 한국이나 북경으로 빨려나가고 대신 유입되는 조선족은 대부분 흑룡강성에서 내려오거나 하는데, 실상 기층의 경제는 산동사람들이 올라와서 장악해가고 있다고 말했다. 사실 여기 조선족들이 한국에서 일하는 만큼만 일하면 여기서 돈을 더 벌 수 있다고 했다. 그런데 여기서는 프라이드를 내세우고, 깡폼만 잡고 막일을 하지 않는다는 것이다.

그래서 **연길의 조선족들은 금식기를 가지고 한국에 나가서 밥빌어먹고 있고, 한족은 여기에 쪽박차고 와서 금캐간다고** 말했다. 그는 나에게 강연을 부탁했다. 연길의 사람들이 도올선생님을 잘 알기 때문에 한번 강의든는 것을 열망하고 있다는 것이다. 생각해보니 여기 동포들에게 직접 강의를 해준다는 것은 귀한 기회라고 생각하였다. 그래서 쉽게 응낙했다. 그들은 의외라는 듯이 서로를 쳐다봤다.

때: 10월 31일(금요일) 오후 2시 30분
제목: 연변조선족 경제인의 가치와 이상
곳 : 대주주점大洲酒店 2층

오는 사람들을 미리 통제하지 말고, 자연스럽게 많이 모일 수 있는 기회를 만들어 달라고 신신당부했다. 중국에서는 내 강의를 주관하는 사람들이 항상 표를 발부하든지, 통제시스템을 작동시켜 내 강의 분위기를 망쳐놓고 만다. 자연스럽게 많은 사람이 모이도록 선전만 하고 통제는 하지 말아달라고 했다. 청중은 항상 스스로 자신을 통제할 능력이 있으니 제발 그 능력을 믿어달라고 당부했다. 아마도 경제인들의 모임이니까 내가 요구하는 것을 쉽게 실현

해줄 수 있을 것 같기도 했다. 여기 연변사람들이 자연스러운 분위기에서 많이
들을 수 있으면 좋겠다.

World-**Okta** 2014년 추계 경제 무역 세미나
도올선생님 초청 특강

金容沃，是代表当代韩国的思想家，被人们敬称为"梼杌先生"。梼杌先生出生于书香四溢的传统学者家庭，平生专注研磨东西方哲学，通过多达70卷的著作，引领了韩国的知性史。他在高丽大学生物系、韩国神学大学神学系、高丽大学哲学系、国立台湾大学哲学研究所、日本东京大学中国哲学研究所就读并获得学位，且在美国哈佛大学获得博士学位。

梼杌先生曾任高丽大学哲学系教授，在抗议韩国独裁政权后，自隐为自由思想家，并从事电影、舞剧、韩国传统音乐、戏剧、武术、爵士乐等多种艺术活动。曾历经6年苦读毕业于圆光大学医学部，并深入研究中医学。梼杌先生在KBS，MBC，EBS等韩国主要电视台向韩国大众讲授中国古典10余年，创下文化节目最高收视率，受到男女老少的欢迎，为了将中国古典文化融入到韩国人的人生观，做出了很大贡献。人们便亲切地尊他为"国师"。梼杌先生中国古典韩文译注被认定为该领域学术界最具权威性的著述。

주최:(사)연변 무역협회
후원:연변주상무국, 연길시상무국, 연변조선기업가협회, 연변과기대 AMP총동문회, 연변한국인상회,
　　나무잎사랑조학회, 연변대학여성종신교육총동학회, 연변진달래애심협회
장소:개원호텔
일시:2014년 10월31일

2014년 10월 31일 연변무역협회 강연 포스타. 기록으로 여기 남겨둔다.

10월 21일

10월 22일, 수요일. 맑음

비도 안오고, 참 걱정이다. 계속 화창하여 아름답게 느껴지기만 했던 날씨가 이제는 나의 걱정으로 변했다. 히터가 며칠 동안 계속 쿨렁거리고 뜨듯하지는 않더니, 오늘 아침에야 비로소 뜨듯해진다. 히터 작동하는데만 한 나흘이 걸린 것이다. 나는 또다시 갈흙색의 쇳물을 뽑아내며 라지에타 바람을 완전히 제거하였다.

이제 방이 한기가 사라지고 안온해졌다. 24시간 히터가 들어오는 연변은 저 소련의 도시들을 생각하면 천국과도 같다. 소련의 도시들도 난방시스템을 국가가 통제하기는 마찬가진데 난온暖溫한 기운이 거의 없었다. 나는 EBS 독립전쟁사를 찍는 동안 너무 고생을 했었다.

10시 30분, 리홍군교수로부터 전화가 왔다. 무주군수를 했던 김세웅金世雄이라는 사람이 날 꼭 만나겠다고 한다는 것이다. 나는 너무도 반가웠다. 김세웅은 밑바닥에서 산전수전 다 겪으면서 군수까지 올랐기 때문에 아주 진취적이고 생각이 건전했다. 무주군청에서 구두닦이를 했던 소년이 그 군청의 장까지 되었다는 사건은 우리 역사의 건강한 쏘시알 모빌리티social mobility를 상징하는 것이다. 나는 그를 인간적으로 매우 사랑했다.

태권도공원 문제를 놓고도 그와 나는 생각이 하나로 통했다. 그 후 전주에서 국회의원으로 당선되어 서울로 진출했는데, 너무 바른말을 잘하고, 그의 존재가 이질감을 던졌는지, 선거과정에 문제가 있다고 트집을 잡혀서 국회의원직을 상실하고 말았다. 나는 그의 탈락을 너무도 아깝고 아쉽게 생각한다. 그에게 실수도 있었겠지만 그와 같은 인물을 존중해주고 키워주는 우리 사회의 분위기가 있었으면 좋겠다. 그는 위인爲人이 너무 호방豪放하여 디테일에 취약할 수가 있다. 나는 그가 왜 연변에 오는지 궁금했다. 요즈음 뭔 일을 하면서 살고 있는지 궁금했다. 주변에서 명멸하는 사람들의 궤적을 내가 다 추적할 수는 없다. 그러나 문득 생각이 날 때 그리운 존재라면 그 존재는 나의 감성에 깊은 뿌리가 있는 것이다. 그래서 2시 반에 조안커피에서 만나자고 했다.

그런데 이게 웬일인가! 조안커피에 나타난 사람들은 전혀 나의 의식에 의미있던 사람들은 아니었다. 전직 군수가 아닌, 현직 군수였던 것이다. 어떻게 나를 알고 찾아왔는지 감사는 하지만 너무 의외의 사건이었다. 나는 군수님, 그리고 무주군청의 사람들과 무주의 태권도공원에 관한 이야기를 나누었다. 나에 대한 존경심이 있었기 때문에 나를 찾아주신 훌륭한 분들이었다. 그러나 내가 요즈음 무주의 정황에 관해 너무 몰랐기 때문에 별로 도움이 될 수 있는 말씀을 전할 수 없었다. 감사합니다. 편안히 귀국하시기를!

2005년 12월 30일, 나는 전국태권도지도자 송년회에서 무주태권도공원 유치1주년 기념강연을 했다. 강연제목은 "태권도와 인류의 미래"였다. 나는 한국태권도에 관해 할 얘기가 많다. 나의 저술 『태권도철학의 구성원리』(1990)는 한국태권도계에 던진 문제작으로 지금도 읽히고 있다. 나 자신 월남파병 전에 이미 유단자생활을 한 사람으로서 한국의 태권도역사와 같은 운명을 걸어왔다. 나는 태권도공원이라는 아이디어와 그 당위성에 관한 소스를 제공한 사람 중의 하나이지만, "태권도공원"이라는 개념을 처음부터 거부했다. 그만한 예산과 시설투자를 한다고 한다면 그것은 당연히 세계적으로 고등한 인정을 받을 수 있는 "세계무술대학대학"을 만들어야 한다고 주장했다. 상업적인 공원이 아니라, 세계무술의 메카가 될 수 있는 권위있는 학술기관이 되어야 한다고 주장했다. 이 세계에는 학식 높은 무술인이 많다. 그들을 흡수하는 문명교류의 장을 만들어야 한다고 역설했으나 나의 설은 전혀 채택되지 않았다. 한국의 관료주의는 구원한 계획을 수립할 줄 모른다. 얄팍한 오늘의 성과만을 생각하니 과연 그것이 무슨 창조적 기반을 형성할 수 있겠는가! 한예종(한국예술종합학교)과 같은 한무종(한국무술종합학교)이 왜 불가능하겠는가!

10월 23일, 목요일. 맑음

심양가는 길

드디어 심양瀋陽가는 날이 왔다. 심양하면 나는 소현세자 생각이 먼저 떠오른다. 조선왕조의 중흥을 꾀할 수 있는 위대한 성군의 자질과 자격을 가졌던 인물, 그와 관련된 고사들이 나의 의식의 스크린을 스쳐간다. 그런데, 이 날은 연길에서 심양으로 가는 직행비행기가 없다. 그래서 나는 장춘長春을 통해 심양을 가야만 했다. 그런데 장춘에서 심양가는 비행기가 연결이 잘 안 된다. 그리고 그 구간은 고속전철이 있기는 한데 전철타느라고 2시간 이상을 소비해야 한다.

그래서 리우 치 회장은 장춘공항으로 직접 편안한 승용차를 대겠다고 했다. 4시간 이상이 걸리지만 그게 더 편할 것이라고 해서 그렇게 하기로 결정했다. 중국에서는 국내에서도 비행기를 타는 과정이 너무 번거롭다.

연길에서 장춘까지 타고간 비행기

장춘이라는 도시를 생각할 때, 우리는 위만주국의 수도, 그러니까 일본이 만주사변으로 동북3성을 집어먹고, 그 허황된 대동아공영권이라는 꿈의 중심으로 만들어간 도시라는 것을 연상하지 않을 수 없다. 실제로 장춘을 가보면 일본의 꿈이 얼마나 야무졌나 하는 것을 실감할 수 있다. 애신각라 부의愛新覺羅·溥儀는 여기서 위만주국의 괴뢰황제로 부임하여 1932년부터 1945년까지 14년을 생활했다. 그 황궁이 현재도 위만황궁박물원僞滿皇宮博物院으로 남아있다. 그리고 위만주국의 8대기구(치안부·사법부·경제부·교통부·흥농부·문교부·외무부·민생부)였던 팔대부八大部 건물이 신민대가新民大街 부근으로 남아있다. 일제시대 때 지은 외관이 굉위宏偉한 건물들이 즐비한 도시이다.

연길에서 장춘까지는 비행기로 가야 한다. 비행기는 정말 타고 싶질 않다. 또 엑스레이 검사대에 라이타가 걸려서 고생을 했다. 나는 담배를 안 태우니까 라이타가 걸릴 일이 없는데 어떻게 내 세면주머니 속에 라이타 하나가 들어 있었던 모양이다.

내가 도착했을 때의 장춘공항 모습

5시 장춘에 도착했다. 무통과 왕수란王淑蘭이 마중나왔다. 우선 장춘에서 저녁을 먹고 가자고 했다. 나는 4시간을 가야할텐데 밥을 먹고 떠나면 7시가 넘어야 장춘을 떠날 수 있다. 그것은 참 어리석은 짓이다. 과감하게 그냥 가자고 했다. 날 대접하는 사람들은 "식사"를 우선시하는데, "식사"는 가장 경시해도 좋은 문제이다. 상황에 따라 식사는 최후에 고려해야 할 사항이다. 식사는 편의에 따라 적당히 해결할 수 있다. 문제는 시간과 피곤의 문제이다. 식사로 시간을 까먹고 피곤을 가중시키는 어리석은 계획을 사람들은 "대접"이라는 개념 속에 집어넣는다.

장춘에서 심양으로 가는 길은 정말 위대한 만주벌판이었다. 요동의 위대함을 절감할 수 있는 기회였다. 그러나 아무것도 보이지 않았다. 날이 이미 저물었기 때문이었다. 그런데 새까만 허허벌판에 타오르는 불길이 있다. "싱싱즈후어星星之火, 커이랴오위앤可以燎原"이라는 마오의 구절이나 펄 벅의 『대지』의

장춘에서 심양까지 타고간 차

장면들이 연상된다. 추수가 끝난 대지를 불사르는 것이다. 밤새 탄다.

10시경 심양에 도착했다. 나는 심양시내로 진입하기 전에 혼하渾河를 건넜다. 소현세자가 혼하에서 낚시를 즐겼다는 『심양일기』의 실제 장면들을 연상케 했다. 그는 여기서 조국의 미래를 낚고 있었을 것이다.

심양瀋陽(지금은 간자체 때문에 모두 "沈陽"이라고 쓰지만 이것은 본명이 아니다)이라는 지명은 심하瀋河의 북쪽이라는 뜻에서 유래된 것이다. 이 심하가 바로 지금의 혼하渾河이다. 시내 한복판을 유유히 흘러내리고 있는데 이 혼하도 결국 우리민족의 성지인 백두산에서 발원한 것이다. 백두산에서 발원하여 무순을 지나 심양으로 내려온 혼하는 요동만으로 빠져나가는데, 그 하구에 영구시營口市가 있다.

내가 도착했을 때의 심양의 야경. 맞은편으로 심양역이 보인다.

모택동동상이 서있는 시내중심

나는 사실 EBS 다큐멘타리 10부작 『도올이 본 한국독립전쟁사』를 찍을 때 무순撫順을 거쳐 단동丹東으로 내려간 적은 있으나, 그때도 심양 팻말만 보고 가지 못하는 것을 아쉬워했었다. 그러니까 심양에 온 것은 내 생애 처음이었다. 나는 심양이 어떤 도시인지, 전혀 감이 없었다. 요녕성의 성회省會(성의 수도. 행정기관 소재지. 전성全省의 경제·문화 중심)라는 것도 몰랐고, 그곳이 유서 깊은 고도古都라는 것도 몰랐다. 솔직히 말해서 심양이라 하면 일제시대를 배경으로 "만주 봉천 운운"하는 코메디언의 우스꽝스러운 발언이나 만화 속에 언급되는 변방도시와도 같은 인상밖에는 갖질 못했다.

일례를 들면 평범한 한국인에게 "북경과 심양"을 비교하라 하면, 북경이야 말로 유서 깊은 고도요, 심양은 초라한 시골 같은 곳이라고 생각하는 사람이 대부분일 것이다. 그러나 실상인즉 그 반대다. 실제로 역사를 따져 올라

시내 한복판을 굽이치는 훈허渾河(혼하). 연암의『열하일기』에 보면 "혼하는 아리강阿利江 혹은 소료수小遼水라고도 하는데, 백두산에서 발원하여 사하沙河와 합쳐져 심양의 동남부를 감돌아 태자하太子河를 만나고, 또 서쪽으로 흘러 요하遼河와 합쳐져 삼차하三叉河가 되어 바다로 들어간다"고 썼다. 꽤 정확한 기술이다. 연암이 말하기를 요하遼河도 일명 구려하句驪河라 했고 심양도 본시 조선땅이라고 했는데(瀋陽, 本朝鮮地。) 그의 문제의식이 명료했다는 것을 알 수 있다. 우리 민요 "아리랑"의 근원을 파고들어가면 이 혼하와 관련있을지도 모른다.

가면 심양은 북경보다 훨씬 더 화려한 역사를 지니는 고도이다. 문화적 배경이 훨씬 더 심원하고 광범하다고 할 것이다. 고구려를 생각할 때 우리가 잘못 생각하는 것과 똑같은 오류를 범하게 되는 것이다. 이것이 우리가 가지고 있는 "중원중심사고"의 오류이며 폐해이다.

심양의 역사는 11만년 전의 구석기시대로 거슬러 올라 가는데, 7200년 전 신석기 시대로부터 현재의 시 북부지역에 매우 번화한 문명을 이루고 살았다는 것이 증명된다(신락유지新樂遺址). 춘추·전국시기에는 연나라燕國의 주요한 거점이었으며, 진한시기秦漢時期에 이곳은 후성侯城이라 불리었다. 고조선, 현도군, 고구려, 선비의 거점이기도 하였다.

당나라, 요·금시기에는 심주瀋州라 불리었다. 13세기초 요·금의 전란 때 이곳은 폐허가 되었고, 원나라 때 성곽을 중건했는데 1296년 심주를 "심양로瀋陽路"라고 개칭했다. 심하의 북쪽에 있다하여 붙인 이름인데, 심양이라는 명칭은 1296년부터 시작되는 것이다. 명나라가 건립된 후에 1386년에 "심양로"라는 명칭이 "심양중위瀋陽中衛"로 바뀐다.

명나라 때에만 해도 심양은 전략적인 주요 요충지대로 간주했을 뿐 도시로서의 대규모 공사는 이루어지지 않았다. 그런데 누루하치努爾哈赤가 후금의 수도를 이곳 심양에 정한 후로부터 대규모의 토목공사가 시작되었고, 홍타이지皇太極(청태종)가 계위한 후로 1634년에 심양을 "머우커 뚠謀克敦"이라고 고쳤는데, 만주어로 "흥성할 도성興盛之城"이라는 뜻이다. 그래서 "성경盛京"으로 불리게 되었다.

청나라 군대가 산해관을 넘어 1644년에 북경에 정도한 이래로 심양은 동북

옛 서울역을 연상케 하는 심양(봉천)기차역

지역의 통치중심으로서 계속 발전한다. 1657년, 청조는 심양을 북경의 배도陪都로서 중시하여 계속 확대시켰고 여기에 예禮·호戶·병兵·형形·공工의 5부아문五部衙門을 설치하였고, 그 치하에 봉천부奉天府를 설치하였던 것이다. 그래서 성경에서 봉천奉天으로 이름이 바뀐 것이다.

봉천이라는 뜻은 황제의 조서가 나갈 때에 "하늘을 받들고 운세를 이어 황제는 이와같이 조칙을 내리노라. 奉天承運, 皇帝詔曰"라고 하는데 그 첫 두 글자를 따서 봉천이라고 한 것이다.

1912년 3월 원세개가 중화민국대총통에 취임하고 북양정부가 성립하면서

"심양"이라는 이름이 최종적으로 확정되었다. 그러나 위만주국이 성립하면서 다시 "봉천시奉天市"가 되었고, 1945년 8월 일본이 패망하고 위만주국이 사라지면서 "심양시"라는 명칭을 회복하게 되었다.

심양은 현재 인구 천만이 넘는 대도시이다. 서울과 맞먹는 대도시이다. 나는 혼하를 건너 시내 한복판으로 진입하면서 충격에 휩싸였다. 연길이라는 어설픈 시골도시의 광경에 눈이 익어서 그런지, 심양이라는 고도의 품격은 한층 더 역력했다. 서울의 거리보다도 일반적으로 보이는 건물이 더 아취가 있었고, 고도의 전통감각이 더 살아있다는 느낌을 주었다.

야경의 연길에서 느끼는 천박한 네온싸인 선조명이 사라지고 은은한 면조명의 고상한 색깔톤이 아주 조화롭게 도시를 물들이고 있었다. 고품격의 세련된 도시였다. 북경보다도 훨씬 더 유럽풍의 고상함이 배어나오는 도시였다. 나는 정말 심양이 이렇게 품위있는 곳인줄은 몰랐다. 공기가 연길만큼 깨끗하진 못했으나 북경처럼 매연이 심하지는 않았다.

나는 심양 기차역 앞에 있는 화평구和平區 중화로中華路 6호 샹그릴라 계열의 호텔, 상무반점常務飯店, Traders Hotel, Shenyang에 10시 20분에 도착했다. 리우 치劉奇 회장이 기다리고 있었다. 2층 식당 향궁香宮에서 가볍게 먹고 잠자리에 들었다. 나는 이불을 두개 덮어야 한다니간 군말 않고 즉각 오리털이불을 하나 더 가지고 왔다. 나는 이불 두 개를 덮고 아주 편안하게 꿈나라로 갔다. 1732호실이었다.

심양에서 자고 일어난 첫 새벽, 호텔 창문 밖으로 보이는 시내광경

10월 24일, 금요일. 하루종일 안개가 낀 흐린 날씨

아침에 연변대의 조교, 고명문高明文군이 밤새 침대칸 열차를 타고 도착, 합류했다. 오늘은 날씨도 흐리고 해서 시내에 있는 고궁故宮을 보기로 했다. 중국에 남아 있는 양대황궁兩大皇宮 중의 하나이며 세계문화유산의 하나이다. 우선 호텔을 나서니 앞에 보이는 심양역이 낯익다.

일제시대 때 그토록 많은 조선인들이 다녀갔던 봉천역 건물이 그대로 남아 있는 것이다. 옛 경성역 비스름하게 생겼는데 훨씬 더 정갈한 모습이다. 난 어릴 때 우리동네 사람들이 봉천역에서 어린애를 잃어버렸다는 둥 하는 이야기를 수없이 들었다. 서울역 구역사는 사적으로만 남아있지만 이 심양역은 일본인들이 지어놓은 그 모습대로 기능하면서 아름다운 외관을 유지하고 있었다.

한참을 지났는데 남운하南運河라는 개울(훈허로 들어간다)가에 루쉰공원이 자리잡고 있는데(1981년 조성, 면적 43,000m²) 앞에 앉아 있는 루쉰 동상이 참

루쉰아동공원魯迅兒童公園 앞에 있는 남운하南運河

멋드러지다. 츠앙파오를 입었는데 왼손 두째 세째 손가락 사이에는 담배가 꽂혀 있다. 당시 담배는 필터가 없었는지 니코친 흡수용 일자 파이프에 담배가 꽂혀있다.

아마도 루쉰은 파이프담배를 안 피웠던 모양이다. 의자에 앉아 왼다리를 오른다리 위에 꼬아 올렸는데 하늘을 응시하며 명상에 잠겨있다. 루쉰미술학교 조소과 출신, 리우 이劉毅의 작품이라고 한다. 동상 뒤에는 기와를 얹은 하이얀 가림벽이 있는데 거기에는 양쪽으로 싯구가 새겨져 있다.

血沃中原肥勁草
寒凝大地發春華
橫眉冷對千夫指
俯首甘爲孺子牛

이 시를 보면 두번째 줄 끝자인 "화華"와 네번째 줄 끝자인 "우牛"가 운이
맞질 않는다. 그러니까 앞의 두 줄과 뒤의 두 줄은 각기 다른 시에서 따온
것이다. 이것을 하나의 시로 해석하면 안된다. 앞의 것은 "무제無題"라는 시
로서 쑨 원孫文의 아들 쑨 커孫科, 1891~1973의 비분을 주제로 한 시이고, 뒤의
두 줄은 루쉰이 문학논쟁에 휘말려 좌·우파 졸개지식인들로부터 협공을 당할
때 쓴 "자조自嘲"(1932년)라는 시에서 따온 것이다.

"쑨 커의 비분"이라 한 것은 1932년 중화민국 남경정부의 권력투쟁을 배경으로 한 것이다. 이때 쑨 커는 9·18사변 이후에 남경정부의 행정원 장직을 맡고 있었는데 장개석과 왕 정위가 힘을 합쳐 쑨 커를 축출한다. 쑨 커는 권력에서 소외되자 1932년  1월 22일 비분에 젖어 자신의 부친의 무덤인 중산릉으로 달려가서 서럽게 통곡하였다. 여기 첫 시는 바로 이 사건을 배경으로 지어진 것인데, 루쉰은 이 시를 일본의 진보적인 여성지식인인 코우라 토미高良富, 1896~1993(죤스홉킨스대학 심리학박사. 인도 시인 타고르와 우정이 깊었다)에게 보내는 편지 속에서 증시贈詩로서 언급한 것이다.

앞의 두 줄은 해석이 어렵지 않다. 내 이름 속에 있는 "옥沃"자가 들어가 있는데 이것은 "기름지게 한다" "비옥하게 한다"라는 타동사로 쓰인 것이다.

血沃中原肥勁草
寒凝大地發春華

민중이 흘린 붉은 피
중원을 기름지게 하고 질긴 잡초를 강건케 한다.
추위가 대지를 꽁꽁 얼려도
봄이되면 어김없이 꽃은 피어난다.

문제는 다음 두 구절이 해석이 어려운데 제일 마지막의 "유자우孺子牛"는 『좌전』에 출전이 있다. 제경공齊景公이 아들이 여섯이 있었는데 경공은 유독 막내아들 도茶(투Tu)를 사랑했다. 그가 어릴 때 그를 위하여 소가 되겠다고 그를 등에 태우고 엉금엉금 기어 다녔는데, 경공은 끈을 입에 물고 아들은 그 끈을 잡고 이랴이랴 했다. 그런데 그만 그 아들이 넘어지면서 끈을 잡아당겨 경공의 잇빨이 하나 부러지고 말았다. 경공은 잇빨이 부러져 피가 나는데도 아무렇지도 않은 듯 계속 엉금엉금 기어 다녔다.

사실 제경공의 이러한 행태가 "임금이 인민을 위하여 봉사한다"는 뜻을 정확히 내포하는 것은 아니지만 미래를 담당할 어린이들을 위하여 기꺼이 자기를 죽이고 봉사하는 사람이 되겠다고 하는 뜻으로 모택동도 인용한 바 있고 해서, "유자우孺子牛"라는 뜻은 "인민을 위해 기꺼이 봉사하는 사람"이라는 뜻으로 승화되었다. 그러면 후 두 줄은 이렇게 번역이 된다.

橫眉冷對千夫指
俯首甘爲孺子牛

천만의 간악한 소영웅들이 나에게
손가락질을 해도
나는 눈썹을 치켜뜨고
그들은 차갑게 무시하리라
고개 숙여 기꺼이
어린이를 위한 소가 될 뿐

고궁은 심하의 북쪽 심하구沈河區의 한복판에 자리잡고 있다. 고궁을 중심으로 발전한 도시이니까 당연한 일일 것이다. 고궁을 싸고 있는 외곽문이 보인다. 대서문大西門은 회원문懷遠門이라 했고 대동문大東門은 무근문撫近門이라 했으니, 청나라를 만든 초기 개창자들의 정신의 건강함이 잘 드러나 있다. 먼 지역을 회유하고 가까운 지역은 쓰다듬어준다는 뜻이다. 청조를 일으킨 사람들도 부분적으로는 고구려의 후예들이고, 고구려의 정신과 문물을 이어받았다. 이들의 흉회, 도량 또한 크고 넓다.

심양고궁으로 가는 길목에 있는 대서문인 회원문懷遠門. 고궁은 대서문과 대동문을 잇는 대로의 중간쯤에 남향으로 자리잡고 있다. 연암 박지원은 1780년 7월 10일부터 14일까지 닷새 동안 이곳에 머물면서 「성경잡지盛京雜識」를 썼다. 그러나 연암은 「잡지」 속에서는 소현세자의 이야기를 하지 않는다. 왜 그랬을까? 그 이유를 생각해보는 것도 재미있는 일이다.

고궁의 건축물들은 크게 동로東路, 중로中路, 서로西路의 3대 부분으로 나
뉜다. 청태조 누루하치努爾哈赤가 동로부분을 완성하였고, 누루하치를 계승
한 청태종 홍타이지가 중로中路부분을 완성하면서 대청제국의 틀을 정립하
고 향후발전의 웅지를 굳혔다. 그러니까 고궁은 후금後金 천명天命 10년(1625)
부터 짓기 시작하여 청나라 숭덕崇德 원년(1636)에 일차 완성을 보았다.

이때 홍타이지는 칭제전례를 거행하였고 대금大金이라는 국호를 대청大淸
으로 바꾸고, 천총天聰이라는 연호를 숭덕崇德으로 바꾼다. 1년 전인 1635년

심양고궁은 사진찍기가 매우 나쁘다. 조감이 불가능하다. 특별히 높은 곳이 없기 때문이다.
이 사진은 내가 조교의 등목을 타고 찍은 것이다. 이 광경은 서로축西路軸을 보여주는데 왼쪽
으로 문소각이 보인다. 저 뒤에 솟은 누각은 봉황루가 아니라 뒷켠의 작은 망루이다.

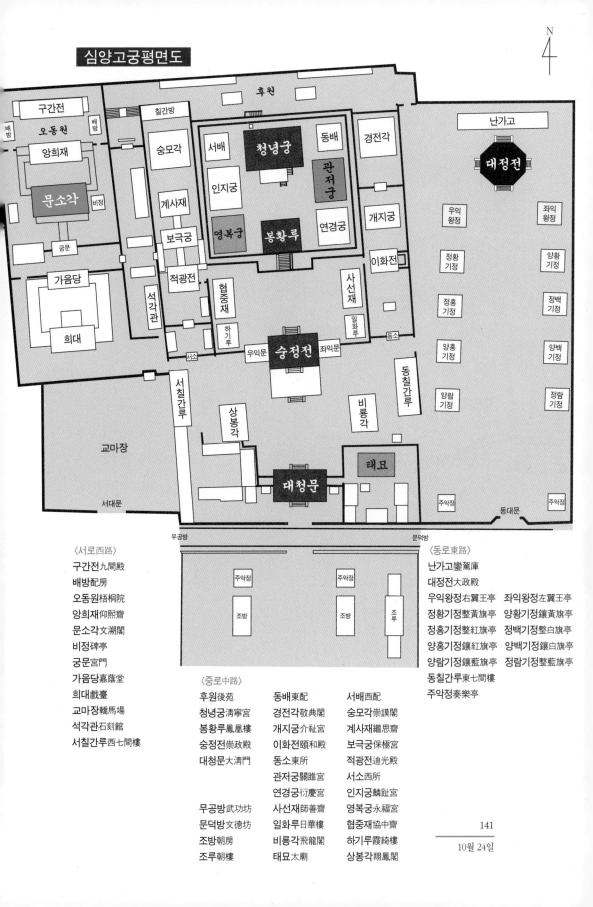

심양고궁평면도

N

후원

구간전 九間殿

배방 配房

오동원 梧桐院

칠간방

난가고

앙희재 仰熙齋

숭모각

서배

청녕궁

동배

경전각

문소각 文溯閣

인지궁

관저궁

대정전

비정 碑亭

계사재

궁문 宮門

보극궁

영복궁

봉황루

연경궁

개지궁

우익
왕정

좌익
왕정

가음당 嘉蔭堂

적광전

이화전

정황
기정

양황
기정

석각
관

협중재

사선재

정홍
기정

정백
기정

희대 戱臺

하기
루

일화루

양홍
기정

양백
기정

교마장

서칠간루

우익문

숭정전

좌익문

동소

양람
기정

정람
기정

동칠간루

상봉각

비룡각

서대문

서칠간루

대청문

태묘

동대문

주악정

주악정

무공방

문덕방

주악정

주악정

〈서로西路〉

구간전九間殿
배방配房
오동원梧桐院
앙희재仰熙齋
문소각文溯閣
비정碑亭
궁문宮門
가음당嘉蔭堂
희대戱臺
교마장轎馬場
석각관石刻館
서칠간루西七間樓

조방

조방

조루

〈중로中路〉

후원後苑
청녕궁淸寧宮
봉황루鳳凰樓
숭정전崇政殿
대청문大淸門

동배東配
경전각敬典閣
개지궁介祉宮
이화전頤和殿
동소東所

서배西配
숭모각崇謨閣
계사재繼思齋
보극궁保極宮
적광전迪光殿

관저궁關雎宮
연경궁衍慶宮
사선재師善齋
일화루日華樓
비룡각飛龍閣
태묘太廟

서소西所
인지궁麟趾宮
영복궁永福宮
협중재協中齋
하기루霞綺樓
상봉각翔鳳閣

무공방武功坊
문덕방文德坊
조방朝房
조루朝樓

〈동로東路〉

난가고鑾駕庫
대정전大政殿
우익왕정右翼王亭   좌익왕정左翼王亭
정황기정整黃旗亭   양황기정鑲黃旗亭
정홍기정整紅旗亭   정백기정整白旗亭
양홍기정鑲紅旗亭   양백기정鑲白旗亭
양람기정鑲藍旗亭   정람기정整藍旗亭
동칠간루東七間樓
주악정奏樂亭

141

10월 24일

음 10월 13일에 여진女眞이라는 족명도 "만주滿洲"로 바꾸었다. 이후로는 스스로 만족滿族이라 불렀다. 그리고 "대금한국大金汗國"을 "대청제국大淸帝國"으로 바꾸었다. 이때부터 정식으로 명나라와 분정항례分庭抗禮하여 천하를 다투게 된다.

입관入關하여 북경으로 궁을 옮긴 후에도 계속 확장하여 서로西路의 건축물들이 건륭 40년(1783)에 완성됨으로써 오늘의 장관을 갖추게 된 것이다.

청태종 홍타이지의 모습. 얼굴을 자세히 뜯어보면 덕의德義가 있는 큰 인물이라는 것을 알 수 있다. 숭덕 원년(1636) 4월 을유일, 그가 즉위식을 올렸을 때 각지에서 하객들이 몰려 배례를 했는데 조선에서 온 사신 나덕헌羅德憲과 이곽李廓은 배례를 하지 않았다. 형제의 맹약은 맺었으나 군신의 맹약은 맺은 바 없다는 유교적 명분에 따른 행동이었다. 조선사신을 죽여야 한다는 것이 청조의 주장이었으나 홍타이지는 너그럽게 그들을 풀어주고 조선국왕 인조를 책망하는 편지를 보낸다. 조선은 이를 묵살한다. 그래서 홍타이지가 친정親征을 감행하여 삼전도의 항복에까지 이르게 된다. 나는 이 비극이 너무도 황당한 조선 조정의 외교감각이 저지른 실정의 결과라고 생각한다. 병자호란은 인조가 일으키고 그 누는 우리 국민이 뒤집어쓴 것이다.

그러니까 심양고궁은 청나라가 북경을 접수하기 전에 이미 자기들의 국가체제를 정비하면서 그 중심으로서 궁궐을 지은 것이다. 그러니까 북경고궁을 흉내내어 지은 것도 아니고, 또 북경고궁을 차지한 후에도 그것의 별궁개념으로서 심양고궁을 생각한 것도 아니다. 오히려 북경의 고궁보다 더 오리지날한 원래의 청나라 초창기의 건강한 모습을 담지하고 있는 본궁이 바로 이 심양고궁인 것이다. 북경의 고궁보다 심양의 고궁이야말로 청나라의 모태, 근원, 발원이라는 것을 알 수 있다. 이 심양고궁은 기본적으로 제3대 황제 세조 순치제가 북경을 접수하기 전에 제1대 태조 누루하치와 제2대 태종 홍타이지皇太極가 산 곳이라는 것을 알 수 있다.

조선을 침략하여 항복을 받고 소현세자를 데려간 사람이 홍타이지였으므로 소현세자는 많은 시간을 이 심양고궁에서 보냈다는 것을 알 수 있다. 소현세자가 심양에 왔을 때(1637년 4월 10일 도착) 이미 지금 우리가 볼 수 있는 심양고궁의 모습이 완성되어 있었다(동로·중로). 소현세자는 이 궁안에 머무르지는 않았고 그 앞에 있는 객관客館인 심양관소瀋陽館所에 머물렀다. 4월 10일의 광경을 보면 소현세자가 탄 가마는 궁을 들어갈 수가 없었다. 여행을 쭈욱 같이 해왔으나 태종의 가마행렬은 궁안으로 들어가고 소현세자와 세자빈의 가마는 들어갈 수 없다고 하여 가마를 버리고 말을 타고 관소로 향했다. 좀 슬픈 광경이 아닐 수 없다.

그러나 관소의 대접은 융숭했다. 그날 밤부터 태종과 8왕이 모두 사람을 보내어 관소를 파수보게 하였다. 소현세자의 관소는 지금 찾아볼 수가 없다. 그러나 세자는 비교적 자유롭게 홍타이지의 궁궐을 드나들었다. 소현세자는 인품이 높아 홍타이지皇太極와 도르곤(예친왕睿親王 도르곤多爾袞. 『심양일기』에는 구왕九王이라고 표기되는 사람이 바로 도르곤이다)의 깊은 사랑을 받았다.

처음에는 필담으로만 대화를 했는데 나중에는 영민한 소현세자가 만주말을 배웠을 것이다. 소현세자가 심양에 도착한 후, 불과 두어 달 되었을 때(5월 26일 기사, 중간에 윤달이 끼어있다), 태종이 소현세자를 자기 침소로 불렀다. 장막을

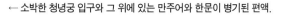

← 소박한 청녕궁 입구와 그 위에 있는 만주어와 한문이 병기된 편액.

가운데 치고 예를 행하는데 그런 것도 다 생략하고 직접 친근하게 손을 마주잡고 대한다. 소현세자가 자리에서 일어나 이와 같이 말한다: "천리 밖의 객이 되어 특히 황상의 가슴으로부터 우러나오는 성실한 관대를 받음에 감배感拜하옴을 이길 길 없사옵니다." 청제가 말한다: "괜찮다."

세자가 다시 말한다: "언어가 불통하여 황상이 말씀하시나 제가 능히 살피지 못하고, 또 제가 생각이 있어도 능히 스스로 진술하지 못하니 답답하나이다. 言語不通, 皇上有言, 我不能省; 我有所懷, 不能自陳, 無任沓沓." 그러니까 태종이 "그건 그렇다"하고 대답한다. 그리고 말한다:

청나라 황실 사람들의 건실한 삶의 모습을 나타내주는 간소한 궁궐모습. 다섯 칸이며 일체 외부장식이 없다. 이것이 청녕궁淸寧宮인데 이곳에서 홍타이지는 침거寢居하였고, 이곳에서 최후를 마쳤다. 1643년 음 8월 9일, "단좌무질이종端坐無疾而終"이라 했으니, 좌탈한 셈이다. 이곳에서 조회가 아닌 중요회합을 가졌으며 또 중요한 빈객을 청하여 연회를 베풀기도 하였다. 소현세자도 여기서 홍타이지를 만나곤 했다.

"그대의 말에 뜻이 숨어 있으니 내가 이미 그것을 헤아렸노라." 그리고 잔치를 베풀어 술 3배를 나누고 헤어졌다.

청태종의 인간적 자세는 이와 같이 의젓하고 말할 수 없이 인간적이다. 두 사람이 만난 곳은 지금 고궁 안 청녕궁清寧宮이었다. 우리는 그 두 사람 술 3배를 나눈 자리를 지금도 그대로 볼 수 있다. 우리는 역사에서 굴욕적인 삼전도의 항복, 그리고 세 왕자가 볼모로 잡혀간 것, 삼학사의 피살, 이러한 등등의 비극적인 몇 줄로서 역사상을 다 도배질 해버리고 만다. 세자가 볼모로 잡혀갔다고 하면 황량한 만주벌판에서 벌벌 떨다 온 것으로 생각한다. 구체적으로 소현세자의 삶이 어떠했는지를 전혀 알지 못하는 것이다.

소현세자는 청태종과 함께 혼하에서 물고기를 잡고 같이 사냥도 즐기고, 같이 수영도 한다. 그리고 아버지 문병 차 두 차례나 귀국하기도 한다. 그리고

이곳이 청녕궁의 내부이다. 마주 보이는 곳, 그러니까 서벽의 정중앙에 제사신위祭祀神位가 놓여있다. 민간에서 "조종판자祖宗板子"라고 부르는 것인데 홍타이지는 이 민간제사를 지켰다. 상제常祭와 대제大祭가 있었는데 대제는 융중했다. 민간에서는 춘추로 한 차례씩 지내거나, 추동계절에 한 차례 지내기도 했다. 복잡한 국가전례로서가 아니라 소박한 자기 안방에서의 "제사," 즉 신령의 보우를 홍타이지는 선호했던 것이다. 고구려풍습의 일단을 추론해볼 수도 있을 것이다.

청태종이 죽은 후에는 너무도 슬프고 그가 그리워서 그의 능에 수차례 참배한다. 소현세자가 참배한 소릉昭陵이 지금 시내 황고구皇姑區 성정부省政府 뒤에 아름답게 자리잡고 있다.

고대궁전은 일반적으로 외조外朝와 내정內廷으로 나뉜다. 혹자는 이를 칭하여 "전조후침前朝後寢"이라고 한다. 앞서 언급한 청녕궁은 내정의 센터로서 홍타이지의 생활공간중심이었다. 이 숭정전崇政殿은 청녕궁 앞에 자리잡고 있는데, 외조의 중심이며 황궁의 정전正殿이며, 조회가 열리는 곳이다. 대규모의 집회는 동루의 대정전大政殿에서 열렸으나 일상적 사무는 모두 이곳 숭정전에서 이루어졌다. 홍타이지의 집무실(辦公室)이었다. 지금 이 "정대광명正大光明"이라는 흑칠금자편액 밑에 있는 보좌는 홍타이지가 앉아있던 곳인데 그 밑으로 두 단의 계단이 있고 그 밑에 다시 3단계단이 있다. 이것을 "폐陛"라고 한다. "폐하"라는 표현은 여기서 왔다. 이 아름다운 "전중지전殿中之殿"은 홍타이지 시대의 것은 아니고 건륭 12년(1747)에 건륭황제의 지의旨意에 따라 다시 지어진 것이다. 북경고궁의 건청궁乾淸宮의 것을 축소제작했다고 한다. 숭정전은 금란전金鑾殿이라고도 부른다.

심양고궁 산책

청태종이 세상을 뜨자 또 그의 동생 도르곤이 소현세자를 잘 돌봐준다. 태종의 사후 그의 아들 복림福臨이 바로 이 고궁에서 황위에 올랐는데, 그가 바로 순치제順治帝 세조世祖이다. 나이가 불과 6살이었다. 우리나라 수양대군 같으면 바로 찬위를 했을 것이다. 그러나 도르곤은 주공周公과 같은 덕성이 있는 인물이었다. 순치황제를 잘 받들어 중원을 통일하는 대업을 완성한다.

장성한 순치제. 순치제는 6살에 북경 자금성에 입성하여 태화전의 주인이 되었다.

우리는 명나라를 만주 여진족이 쳐서 멸망시킨 것으로 아는데 실 사정은 전혀 그런 내용이 아니다. 명나라는 청에 의하여 멸망한 것이 아니라, 명나라 자체의 부패와 해체과정을 통하여 자멸했던 것이다. 더이상 왕조를 지탱할 수 있는 능력이 없었다. 통치 대신들이 모두 충직한 환관만도 못한 녀석들이었다. 정치가 유실된 것이다. 그리고 두 비적이 반란을 일으키어 이합집산을 하면서 세력을 신장시켰는데 그가 바로 이자성李自成과 장헌충張獻忠이었다. 이자성은 사람피를 군마軍馬에게 마시게 했고, 장헌충은 인육人肉을 식량으로 했다.

우리가 조선왕조를 통하여 그렇게 받들어 모신 숭정연호의 주인 장열제莊烈帝의 최후는 너무도 초라했다. 이자성이 대순왕大順王이라 자칭하고 북경을 육박했을 때, 북경의 수비군은 다 도망가고 없었다. 자금성 성문에서 작은 충돌이 있었지만 천자 측근의 환관이 성문을 열어 적에게 항복했다. 그래도 장열제는 피해 도망을 갈 수도 있었지만 임금된 자가 어찌 궁을 버리고 도망 갈 수 있겠느냐 하고 백관을 소집해도 입궐하는 자가 아무도 없었다.

숭정제는 경산에 올라 봉화가 치솟아 하늘을 태우고 있는 것을 보고 "누가 우리 백성을 이토록 괴롭히는가!"라고 개탄했다고 한다. 숭정제는 경산에서

일단 자금성으로 돌아와, 태자와 영왕永王, 정왕定王(셋 다 어린 소년들이었다) 세 아들에게 평복을 입히고 피신하게 한다. 허리끈을 몸소 매주며, 지금부터는 말투도 바꾸고, 늙은 사람을 만나면 할아버지라 부르고, 장년을 보면 아저씨라고 부르라고 간곡히 타일렀다고 한다. 명왕조 왕통에 대한 미련은 있었던 것이다.

황후 주씨는 이때 스스로 목을 매어 죽는다. 장열제(=숭정제)는 칼을 빼들고 수녕궁에 들어가 열다섯 살 난 장평공주長平公主에게 "너는 어찌하여 내 집에 태어났더냐!"하면서 칼을 내리쳤다. 그리고 곧 여섯 살 난 소인공주昭仁公主가 있는 소인전으로 들어가, 그 어린 딸을 찌른다. 어린 소인은 죽었으나 15세의 장평은 살아있었다. 찌른다고 찔렀지만 자기 친딸에게 칼이 깊게 들어갈 수가 없었던 모양이다.

장평공주는 팔에 상처를 입었을 뿐 죽지 않았다. 시녀들이 공주더러 도망치라 권했지만 공주는 이렇게 말하며 듣지 않았다:

경산에서 내려다 본 자금성

자금성 뒷쪽 신무문神武門에서 바라본 경산景山

"부황父皇께서 나에게 죽음을 주셨는데, 내 어찌 감히 삶을 훔치겠는가! 더욱이 적이 들이닥치면 반드시 궁권宮眷(황족)을 찾을 터이니 내 끝내 숨기 어려우리라!"

그러나 시녀들이 공주를 억지로 궁궐 밖으로 끌어냈다. 그리고 난리통에 목숨을 부지하였다. 청나라 세상이 된 다음해에 그녀는 청조에 자수하여 불문佛門에 들어가게 해달라고 청하였다. 청조는 공주에게 보통 여자처럼 살 것을 권한다. 공주는 주세현周世顯이라는 청년과 결혼한다. 청나라 사람들은 이렇게 대처가 너그러웠다. 불필요한 사원私怨을 만들지 않았던 것이다.

두 딸을 죽였다고 생각한 숭정제는 미치광이 같은 심정이었을 것이다. 이제 마지막이구나 하고 경산에 올랐다. 그 꼭대기에는 황제의 장수를 기원하여 세운 수황정壽皇亭이라는 정자가 있었다. 숭정제는 그곳을 죽을 자리로 정했다. 이미 흰 수의를 입고 있었다. 왼발은 맨발이고, 오른발에는 빨간 신을 신었다. 관을 벗고 긴 머리를 얼굴 앞으로 늘어뜨리고 목을 매어 죽었다. 흰 옷의 깃에 쓰여 있던 유조遺詔는 다음과 같다:

> "짐, 등극하여 17년, 하늘의 죄내리심을 맞이하며, 적에게 땅 잃기를 세 차례, 역적은 곧 경사京師를 칠 것이다. 모두 제신諸臣들이 나를 그르쳤기 때문이다. 짐, 죽어서도 지하地下의 선제先帝를 뵈올 면목이 없구나. 그래서 머리로 얼굴을 가린다. 적이 나의 시신을 갈기갈기 찢으려 한다면 마음대로 하게 하라. 문관文官은 모두 살해해도 좋다. 다만 능침陵寢만은 파괴하지 말라. 나의 백성은 한 사람도 상해하지 말라."

이 유조를 읽어보면 선제를 "지하의 선제"라 한 것이 재미있다. 중국인들에게는 천당은 존재하지 않았던 것이다. 숭정제는 마지막까지 망국의 책임을 신하에게 전가했다. 명나라의 권력은 끝내 사대부와의 갈등을 극복치 못했다. 서로가 서로에게 타자였다. 영락제가 방효유를 참살할 때부터 이미 국론은 분열되고 통치권력은 도덕적 정당성을 상실했다.

실제로 민간에 전하는 바에 의하면 숭정제는 누각에서 죽은 것이 아니라 누각 올라가는 길에 있는 이 나무에 목을 매고 죽었다 한다. 그래서 사람들이 이 나무를 역사적 유물로 보호하고 있다. 숭정제의 죽음을 지켜본 것은 내시 왕승은 한 사람이었는데, 그가 자결하였으므로, 결국 숭정제의 최후를 목격한 사람은 아무도 없는 셈이다.

황제의 장수를 비는 수황정에서 명의 마지막 황제는 이렇게 고독하게 죽어갔다. 이 경산(만수산萬壽山이라고도 한다)에서 황제와 함께 순사한 것은 오직 왕승은王承恩이라는 환관 단 한 명밖에 없었다. 명왕조는 이렇게 쓸쓸하게 276년으로 멸망했다(1644년).

산해관의 수장 우 산꿰이吳三桂, 1612~1678는 장열제로부터의 구원의 명령과 북경 함락의 비보를 잇달아 받았다. 진퇴양난에 빠진 우 산꿰이는 북경을 회복하고 반란군을 일소해야만 한다고 생각하여 청조에 사정을 호소하고 원군을 요청한 것이다. 도르곤은 명나라 수장守將 우 산꿰이의 요청에 의하여 산해관을 넘은 것이다. 도르곤은 도착하자마자 먼저 우 산꿰이의 항복을 받았다. 청군은 우 산꿰이를 앞장 세우고 북경으로 향했다. 이 모든 과정을 소현세자는 도르곤 옆에서 지켜보았던 것이다. 도르곤은 소현세자를 교육시키기 위해서 이 역사적 장면을 보여주었던 것이다.

북경에 입성한 이자성은 옥좌에 앉아 대순황제라 자처하고 명明의 백관을 소집하니, 거의 전 관료가 고분고분 출두하여 새로운 관직임명을 받았다고 한다. 쓸개빠진 놈들만 고관자리에 있었던 것이다. 이자성의 부대는 그 동안에도 북경시내의 약탈을 일삼았는데 부녀자폭행, 기물파괴 등 시민이 입는 피해는 이루 형언할 수도 없었다.

청군이 내려온다는 소식을 듣고 이자성은 스스로 정예부대를 이끌고 청군을 요격하러 나갔다. 청군을 명군明軍 수준으로 오해한 것이다. 8기조직의 기병부대에 포위당해 철저히 격파되었다. 이자성은 간신히 쩔쩔매며 북경으로 도망해 돌아와서 보이는 금은 모두 싸가지고 달아났다. 15년간 약탈만 해온

유적流賊의 생태에서 한 치도 벗어나지 않은 인물이었다.

　도르곤은 세조를 받들고 북경궁내로 들어왔다. 이 때 소현세자도 그 곁에
있었다. 소현세자는 자금성에 이렇게 멋있게 입성한 것이다. 도르곤은 자금
성에 도읍을 정하고 명明의 중앙·지방 관료들에게 귀순을 권면하는 한편, 군
을 파견, 이자성과 장헌충 두 비적을 철저히 추적하여 가차없이 목을 베어
버렸다. 일단 화북이 손쉽게 평정되었다.

　심양고궁은 약 6만m²의 면적을 차지하고 있는데 이것은 북경고궁의 10분의
1에 해당되는 작은 규모의 것이다. 그러나 내가 보기에는 규모가 작다해도

봉황루에서 숭정전 방향을 바라본 모습

자금성보다 오히려 더 아기자기하고 건물양식이나 배치가 더 오리지날하며 여진족들의 풍습을 잘 반영하고 있다. 위압적이기만 한 북경고궁보다는 매우 인간적인 삶의 터전인 것이다. 건물은 90여개가 되며, 독립된 정원이 20여개, 그리고 가옥 칸수는 300여칸이 된다. 정말 볼 것이 많다. 북경고궁은 악성매연 때문에 이미 단청 색조를 유지하기가 어려울 정도인데, 여기 심양고궁은 그래도 진솔한 모습이 그대로 잘 보존되어 있다.

심양고궁은 정문에 해당되는 대청문大淸門(중로에 있다)에서 보면, 북경고궁이 오문午門으로부터 신무문神武門까지 한 축one axis의 일직선 배열인데 반하여, 세 축three axis 병렬로 되어 있다. 이 세 축을 서로西路, 중로中路, 동로東路라고 부른다(p.141 건물배치도 참조). 이렇게 크게 세 칸 구역이 나란히 배열되어 있는 이런 구조에서는 당연히 중로中路가 제일 먼저 생긴 건축군일 것 같은데 실상 이 고궁의 오리지날한 최초의 건물군은 동로였다. 그러니까

이곳이 바로 북경 자금성의 정문인 오문午門에 해당되는 심양황궁의 정문, 대청문大淸門이다. 자금성의 오문에 비하면 그 모습이 너무도 소박하고 아름답다. 아니, 인간적이라 말해야 할 것 같다. 이 문은 천총天聰 초년(1627)에 지어졌는데 보통 "대문大門"이라고 불렀다. 1636년에 홍타이지가 개원칭제하면서 대청문大淸門으로 개명되었다. 전부 5칸 건물인데 가운데 3칸이 문으로 사용된다. 가운데 큰 문이 있고 양옆으로 동·서익문翼門이 있다. 가운데 어도는 황제만 다닐 수 있고 양방의 익문으로 관원, 궁녀, 태감이 다닌다. 이 문 앞에서 문쪽으로 등을 보이는 것은 대죄가 된다. 남면이 되기 때문이다.

동로가 최초의 궁궐이었는데 그 뒤로 중로와 서로가 차례로 증축되어 나간 것이다. 동로는 청태조 누루하치 때 이미 완성된 것이고, 중로는 청태종 홍타이지 때 정교하게 지어진 것이다.

그러니까 중로 건물군까지 북경입성 전에 완성된 것이다. 그리고 서로는 건륭 40년(1783년)에 완성된 것인데, 거기에는 희대戱臺, 가음당嘉蔭堂, 문소각文溯閣, 앙희재仰熙齋, 구간전九間殿이 배열되어 있다. 서로는 그 성격만 보아도 후대의 문화시설인 것을 알 수 있다.

그렇다면 이 심양고궁에서 우리가 가장 중시해서 보아야 할 오리지날한 건물군은 바로 동로東路 널찍한 공간에 자리잡고 있는 대정전大政殿과 십왕정十王亭이다. 이 대정전과 십왕정이야말로 청조의 성격을 가장 잘 드러내는, 세계역사상 유례가 없는 특이한 왕궁구조라고 할 것이다. 대정전은 쉽게 이해해서 우리나라의 왕이 앉아 있는(이 경우는 누루하치가 앉아 있었다) 근정전과 대차가 없는 본궁本宮이다.

그러면 우리나라의 경우 근정전 앞에 정1품–종1품으로부터 정9품–종9품에 이르는 품계석이 있어 신하들이 그 돌 옆에 나란히 앉는 것으로 되어 있다. 이것은 확연히 전제군주의

가운데 있는 것이 대정전이고, 그 양옆으로 10왕정이 나란히 서있다. 이 사진은 10왕정의 모습을 다 드러내고 있질 못하다. 이 가운데 길의 끝에서 찍어야 10왕정이 다 보일텐데 그렇게 멀리 갈 시간이 없었다.

왼쪽으로 3개의 왕정王亭이 보인다: 우익왕정右翼王亭, 정황기정整黃旗亭, 정홍기정整紅旗亭

군신관계를 나타내고 있다. 그러나 십왕정十王亭은 대정전 좌우로 5개씩, 총 10개의 작은 궁전이 한 뜰에 같이 자리잡고 있는 것이다. 10개의 건물에 10왕이 들어 앉아 있기 때문에 이것을 10왕정이라 하는 것이다.

다시 말해서 의결사항은 대정전의 황제가 일방적으로 품계석에 앉은 신하들에게 하달하는 것이 아니라, 10왕이 같이 대정전에 모여 토의하여 합의하고, 각 왕에게 보고되는 사항은 각기 그 계통에 따라 해당되는 왕정王亭으로 들어가는 것이다. 형식적으로 볼 때 이것은 우리가 생각하는 왕궁의 개념과는 너무도 다른 것이다. 이 십왕정을 이해하기 위해서는 만주족의 풍속을 이해해야 한다. 이것은 아마도 고구려 문명의 전승과도 관계가 있을 것이다(고구려 5부제도). 우리가 만주족의 여성복장을 "치파오旗袍"라고 하고, 만주인을 "치르언旗人"이라고 하는데, 이것은 모두 만주족(=여진족=금나라계열)의 팔기八旗 제도에서 유래되는 명칭이다.

심양고궁 전체건물을 통틀어서 이 동로의 십왕정 중심에 있는 대정전大政殿은 가장 아름답고, 가장 먼저 지어진 건물이며, 가장 오리지 날한 청나라 여진족의 기풍을 전하고 있다. 이 건물의 높이는 21m이며 크게 전정殿頂, 전신殿身, 전기殿基의 3개 부분으로 나뉜다. 전정 최고처에는 2m가량의 5색유리보정이 있고 쌍층지붕은 8각으로 되어있다. 그래서 "8각전八角殿"이라고 하기도 하고 "8방정八方亭"이라 고도 한다. 중간에는 2중으로 둘러친 32개의 붉은 기둥이 있는데 남측 전문殿門 밖 두 기둥에는 금으로 된 용이 휘감고 있어 사람의 눈길을 끈다. 이 두 마리의 용은 중간에 있는 화염보주火焰寶珠를 서로 낚아채려고 달려드는 모습을 하고 있어 그 다이내믹한 느낌을 강렬하게 전하고 있다. 뿐만 아니라 각 기둥의 꼭대기에는 사자도 아니고 소도 아닌 상모위맹相貌威猛의 수면이 조각되어 있다. 하부는 2m 높이의 수미좌식須彌座式 전석대기磚石臺基이며 4면으로 석계가 만들어져 있는데 정남의 석조운룡폐로石雕雲龍陛路는 황제만이 다닐 수 있다. 씨족공동체의 수장이 각 수령들과 의논하고 중요사안을 결정하던 움막터 같은 것이 이렇게 화려한 건축물로 발전한 것이다.

　　고구려도 그렇지만 여진족은 수렵민족이었다. 고구려 벽화의 다이내믹한 장면은 말타고 동물을 몰며서 활을 쏘는 장면이다. 사냥은 반드시 "몰이"의 기술이 필요한데, 몰이는 몇 개의 그룹으로 나뉘어 구역을 정해서 몬다. 이 구역을 담당하는 한 군의 사람들을 깃발로 표시했는데, 이 깃발은 황黃, 백白, 홍紅, 람藍의 4색이 있었다.

　　원래는 10사람을 한 조로 하는 것을 하나의 "니우루牛錄"라고 불렀다(니

대정전 내부의 모습. 천정이 가려 안 보이지만 그 도안이 심히 아름답다. 보좌와 병풍이 있고, 그 앞에는 글씨가 걸려있는데 안쪽의 횡서는 "태교경운泰交景運"이라는 것이고, 양쪽으로 걸려있는 글씨는 다음과 같다. 상련上聯은 "신성상승황도개국굉유일심일덕神聖相承悅睹開國宏猷一心一德"으로 되어있고, 하련下聯은 "자손시수장회소정영조복세복년子孫是守長懷紹庭永祚卜世卜年"으로 되어있다. 선조의 개기창업開基創業의 공덕을 송양하면서 후세의 사군嗣君들이 조업祖業을 수성守成하여 영원히 전하겠다는 심지를 표명한 것이다. "태교경운泰交景運"의 "태교"는 『주역』의 태괘泰卦에서 온 말로 하늘과 땅이 잘 소통되듯이 왕과 신하가 마음이 통하여 하나가 되어 국가의 대운이 잘 풀려나간다는 뜻이다. 이 글씨는 건륭황제가 1757년에 직접 쓴 것이다.

우루는 만주어 "큰화살"의 의미). 이 한 니우루에 한 대장이 있는데 그를 "어쩐額
眞"(만주발음)이라고 불렀다("주主"라는 뜻). 이러한 사냥방법을, 누루하치는 여진
족을 통일해가는 과정의 군사·행정조직에 그대로 적용했다. 300명의 군사를
한 "니우루牛錄"로 소속시키고, 5개의 니우루를 하나의 "지아라甲喇"로 묶었
다(한 지아라에 1,500인이 있다). 5개의 "지아라"를 하나의 "꾸산固山"으로 묶었다
(한 꾸산에 7,500인이 있다). 초창기에는 4개의 꾸산이 있었고, 이 꾸산을 황·백·
홍·람의 4깃발로 구분했다. 한 꾸산은 한 종류의 깃발만을 사용했기 때문

에 "1기一旗"라고 불렀던 것이다. 후금 건국 전 1년(1615)에 4기를 확대재편하여 8기로 늘렸다. 새로 늘린 깃발은 가생이를 딴 색깔로 테두리를 둘렀는데, 황·백·람색의 깃발에는 홍색의 테두리(=양鑲)를 두르고, 홍색 깃발에는 백색의 테두리를 둘렀다.

그래서 단색기의 4꾸산을 정황기整黃旗(원래 "정整"이었는데 나중에 한인들이 "정正"으로 표기함), 정백기整白旗, 정홍기整紅旗, 정람기整藍旗라 했고, 신편 4꾸산을 양황기鑲黃旗, 양백기鑲白旗, 양홍기鑲紅旗, 양람기鑲藍旗라 불렀다. 이 한 기의 대표를 왕王이라 하는데, 그 왕은 만주말로는 "뻬이러貝勒"라고 한다. 이 4정四整 4양四鑲의 8기八旗가 8왕八王이 된다. 여기에 좌우익 왕정王亭을 보태 십왕정十王亭이 있게 된 것이다.

8기제도는 "이기통병以旗統兵"의 원칙뿐 아니라 "이기통인以旗統人"의 원칙에도 모두 적용되었다. 후금의 국중의 남녀노소 귀족평민 할 것 없이 모든 사람이 반드시 이 8기 중의 하나에 소속되지 않으면 안되었다. 이 8기는 군사조직이면서 동시에 행정조직, 사회조직, 생산조직으로 발전되었다. 즉 8기가 곧 국가였다. 누루하치는 8기의 뻬이러가 추대한 "한왕汗王"(=칸)이었다. 누루하치는 정·양황기 2기만 갖고, 나머지 6기는 모두 자식과 조카에게 나누어주어 통솔케 하였다. 군대를 일으킬 때도 8기가 공동 분담하였고, 전리품도 공동 분배하였고, 파티도 8기가 나누어 하였다.

이러한 군정합일軍政合一, 공치국정共治國政의 이상은 초창기의 융성시기에 강력한 리더십이 있으면 잘 돌아가지만 그렇지 않으면 위험해진다. 홍타이지는 중앙집권을 강화하기 위하여 내삼원內三院(내국사원內國史院, 내비서원內秘書院, 내홍문원內弘文院)을 설치하였고, 또 이·호·예·병·형·공의 육부六部와 도찰

정황기整黃旗　　정백기整白旗　　정홍기整紅旗　　정람기整藍旗

양황기鑲黃旗　　양백기鑲白旗　　양홍기鑲紅旗　　양람기鑲藍旗

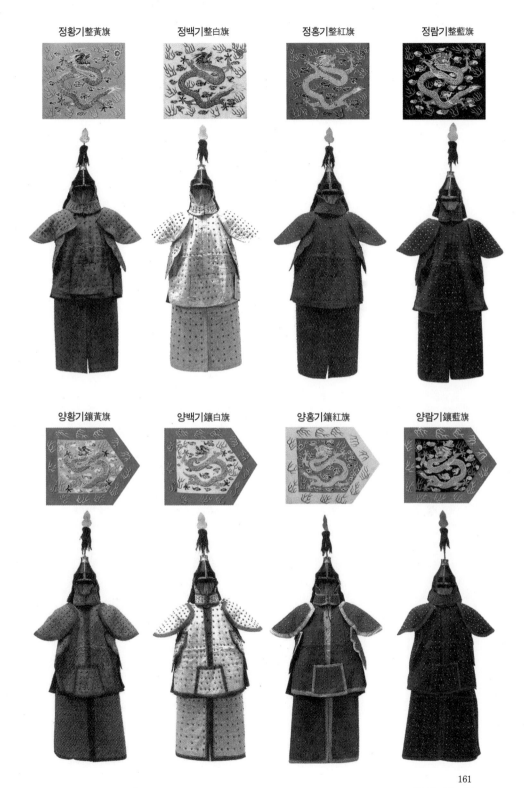

원도찰원院都察院, 이번원理藩院 2원을 설치하였다.

이렇게 하여 8기왕공귀족의 세력을 약화시켰다. 그러나 이러한 8기의 뻬이러 세력은 청말까지 남아 국가화합을 방해하고 부패의 온상으로 작용했다. 십왕정十王亭의 배열은 동쪽에 좌익왕정·양황기정·정백기정·양백기정·정람기정이 늘어서 있고 서쪽에는 우익왕정·정황기정·정홍기정·양홍기정·양람기정이 차례로 자리잡고 있다.

대정전大政殿에는 만문滿文으로, "amba dasani yanun"이라고 쓰여져 있는데 "큰 정무의 아문"이라는 뜻이다. 대정전은 초기에는 "독공전篤恭殿"이라는 이름으로 불리기도 했다. 대정전은 국가의 융중隆重한 경전慶典이 열리는 곳이었고 군신동취君臣同聚의 장소이기도 했다.

대정전 현판과 그 밑에 두 용기둥. "대정전"과 함께 그 옆으로 만문滿文으로 "amba dasani yanun"이라고 쓰여져있다. "아문衙門"이라는 것은 관서官署의 호칭인데 본래 "아문牙門"이라고 쓰였다. 남북조시대 때 그 이름이 등장하여 당나라 때 보편화된 명칭이다. "이빨문牙門"이란 맹수의 이빨을 상징하는데 정의롭고 공평한 공인의 판결을 의미한다.

중로中路는 대청문大淸門으로 시
작하여 숭정전崇政殿, 봉황루鳳凰
樓, 청녕궁淸寧宮이 일직선으로 배
열되어 있는데 아마도 숭정전이 홍
타이지皇太極가 일상적으로 임조臨
朝하던 곳으로 고궁에서 가장 중심
되는 건물일 것이다. 그 뒤에 봉황
루는 3층 누각건물인데 당시 성경

숭정전 현판글씨와 그 밑에 있는 대문

盛京에서 가장 높은 건물이었다. 뒤에 청녕궁은 홍타이지가 생활하던 곳이다.
그의 침실이 있다. 양 옆 대칭으로 여인들이 살던 건물들이 있다.

홍타이지의 집무실이며 심양고궁의 실제적인 정무센터인 숭정전崇政殿 전경. 다섯 칸으로 되어있는 소박한 건물인데
가운데 3칸이 본전의 문이다. 이 본전의 가운데 문은 홍타이지만이 드나들 수 있다. 본전 옆으로 3칸짜리 집들이 양쪽
으로 붙어 있는데, 이것을 좌익문左翊門, 우익문右翊門이라고 한다. 평상시 이 좌·우익문으로 신하들이 드나든다.
그 위치가 신하들이 전례시에 서있는 곳이기도 하다. 황제가 퇴근할 때는 뒤로 나있는 북문으로 나갔다. 동북지역의
극히 보편적인 맞배지붕의 가옥형식이며 높이는 12m이다. 이 건물의 내부는 146쪽에 소개되었다.

이 3층의 봉황루鳳凰樓는 내정內廷과 외조外朝를 가르는 경계선상에 있으면서도 내정에 속하는 황제식구들의 프라이비트 스페이스 private space이다. 예로부터 만족(여진족)은 높은 산지구에 거주했던 종족이었다. 그리고 추장의 주택은 가장 높은 성채에 자리잡고 있어 항상 전체를 요망瞭望할 수 있었다. 심양고궁은 이런 풍속이 남아있어 삶의 공간이 기타 정무공간보다 높은 곳에 자리잡고 있다. 북경 자금성은 "전고궁저殿高宮低"(전殿은 공적, 궁宮은 사적 공간)인데 반하여 심양고궁은 "궁고전저宮高殿低"의 특색을 지니고 있다.

내정으로 가려면 이 봉황루를 통하지 않고서는 안된다. 그래서 봉황루는 높은 계단 위에 높은 담으로 둘러쳐져 있다. 만일의 경우 대피의 시간을 벌 정도로는 군사적 방비의 구조를 지니고 있는 것이다. 답답한 사적 공간에 갇혀 세월을 보내는 후비后妃들에게는 시원하게 트인 봉황루는 관경납량觀景納涼의 명소였다. 청태종은 이곳에서 제왕 뻬이러貝勒들을 소집하여 역사 강론하는 것을 즐겼다고 한다. 위대한 통치자의 취미라 할 것이다. 귀빈들은 이곳에 초대받게 되면 시 한 수 남기는 것이 예였다. 심양 최고最高의 자리였다.

동쪽 관저궁關雎宮에는 청태종이 애틋하게
사랑했던 신비宸妃 해란주海蘭珠가 살았는데
몽고 커얼친부科爾沁部의 여인이었다. 그런데
청태종의 또 하나의 비였던 장비莊妃는 해란
주의 친여동생이었다. 그리고 중궁황후中宮

皇后는 한 집안의 친고모였다. 그러니까 한 집안의 고모와 두 자매가 다 홍타이지에게 시집왔다. 이들 습관은 혼례에서 항렬을 따지지 않았다. 이들은 다 사이가 좋았을 것이다. 그리고 역사적으로 여진족과 몽골사람들이 얼마나 가까운 혈연관계를 유지했었는지를 알 수 있게 한다. 그리고 언어도 의사가 통할 수 있는 영역이 상당히 넓었던 것 같다.

봉황루에서 북쪽으로 바라보면 정면으로 청녕궁이 있고 그곳에는 홍타이지와 그의 정배인 황후가 같이 살고 있다. 그 청녕궁 앞에 동서로 두 채씩 네 채의 집이 서로 마주보고 있는데, 이 네 채의 집은 완전히 동일한 양식의 5칸집이다. 동쪽으로 관저궁關雎宮, 연경궁衍慶宮, 서쪽으로 인지궁麟趾宮, 영복궁永福宮이 있다. 동이 서보다, 북이 남보다 서열이 높다. 관저궁이 제일 서열이 높다는 것을 알 수 있다. 이름도 『시경』첫 수를 붙인 것을 보면 이 관저궁의 여인을 홍타이지가 얼마나 사랑했는지 알 수 있다. 관저궁의 해란주는 "동대복진東大福眞"이라 불렀는데 복진은 만주말로 부인이라는 뜻이다. 해란주는 정말 총기 있고 정숙하고 사리분별이 명료한 아름다운 여인이었던 것 같다. 소현세자와도 대화하기를 좋아했고 격없이 대해주었다.

해란주는 1634년 10월 홍타이지에게로 시집왔는데 당시 나이가 26세였다. 그의 여동생은 10년전에 홍타이지에게 시집왔는데 당시 14세의 나이였다. 그러니까 장비보다 두 살 위인 언니가 매우 늦게 시집온 것이다. 그런데 해란주는 특별한 품위가 있었던 여인이었던 것 같다. 태종은 그녀를 평상적인 벗으로서 사랑했다. 감정이 아주 잘 융합되었던 것이다. 그런데 시집온 후 3년이 지나 옥동자를 낳았다. 1637년 7월 초파일이었다.

당시 소현세자는 홍타이지에게 축하하는 전문箋文을 올렸다. 그런데 그만

해란주가 기거하던 침실. 관저궁의 내부는 매우 소박하고 정갈하다. 그러니까 작은 한 마당에서 황후와 4명의 후비가 같이 살았던 것은 여진족이 비록 거대 궁궐을 지었다고는 하나 옛 부족촌락에서 일부다처의 한 가정이 단란하게 살았던 모습을 그대로 옮겨놓은 것이다. 이들이 북경 자금성으로 갔을 때는 황제는 건청궁乾淸宮에, 황후는 곤녕궁坤寧宮에 별도로 살아야 했다. 이들의 삶 그 자체가 싸늘해지는 것을 느꼈을 것이다. 이 심양고궁의 사적공간은 온돌시설도 되어있어 따뜻했고, 가마솥도 걸려 있었다. 밥을 직접 지어먹을 수 있는 시설도 한 건물 안에 있었다. 인간적인 오두막집이었던 것이다. 북경고궁을 갔어도 심양고궁의 따스한 추억을 그리워했을 것이다.

그 옥동자는 몇 개월 후 요망夭亡하고 만다. 해란주는 너무 상심이 커서 가슴병이 들어 3년을 앓다가 1641년 9월 어느 날 사경을 헤맨다. 그때 홍타이지는 산해관 밖에서 전투를 하고 있었는데(소현세자·봉림대군도 이 전투에 참가했다) 소식을 듣고 닷새를 말을 몰아 심양까지 도달한다. 사람도 지쳤고 말도 지쳤다. 홍타이지가 도착하여 대청문을 들어설 즈음, 해란주는 숨을 거두고 만다. 죽기 전에 한 순간이라도 보고 싶었건만 그녀는 이미 음양이 상격相隔한 세상으로 떠난 뒤였다.

홍타이지는 비통 속에 시름시름 앓으면서 두 해 버텼다. 1643년 9월 21일, 홍타이지는 하루종일 분망하게 정사를 보고 난 후 청녕궁에서 휴식을 하였다. 정좌한 채 좌탈하고 만다(端坐而崩). 청태종 홍타이지는 가슴이 뜨거운 사람이었다. 진실로 평범한 한 여인을 사랑할 줄 아는 인간이었다. 하이란주에 대한 향심은 제왕의 허울을 벗어버린 진정실의眞情實意의 사랑이었다. 순치제는 하이란주의 여동생 장비의 소생이다.

도르곤은 6살난 순치의 제위를 뺏을 수 있는 충분한 위치에 있으면서도 수양대군과 같은 짓을 하지 않았다. 영락제가 조카 건문제의 제위를 찬탈하고 방효유方孝孺와 그의 구족을 멸절시킨 사건은 결국 명나라가 해체의 일로를 걷게 되는 씨앗이 되었다. 수양대군이 단종을 죽이고 사육신을 모질게 희생시킨 그 사건이 결국 조선왕조의 훈구와 사림, 보수와 진보라는 끈질긴 갈등요소의 디프 스트럭쳐를 만들었다. 도르곤은 형 홍타이지의 위대한 인품을 잘 알았고, 6살 난 순치가 얼마나 힘들게 생겨난 형의 씨인가를 잘 알았다. 도르곤은 자기를 죽이고 순치를 잘 보좌하여, 태조─태종─세조(순치) 3대의 안정된 통치기반을 구축시켰다. 이 3대의 축적으로 비로소 청나라라는 새로운 제국이 탄생할 수 있었던 것이다. 순치의 아들이 그 유명한 강희대제이다.

서로의 건축물 중에서 문소각文溯閣이 있다. 청 고종 건륭제乾隆帝는 성세공덕盛世功德을 만세에 빛내게 하기 위하여 세상의 모든 책을 모아 『사고전서』를 만든다. 그리고 그것을 7부를 만들어 7지방에 분저分貯시킨

다. 1) 자금성의 **문연각**文淵閣 2) 원명원圓明園의 **문원각**文源閣 3) 열하행궁의 **문진각**文津閣 4) 성경황궁의 **문소각**文溯閣 5) 양주揚州 대관당大觀堂의 **문회각** 文滙閣 6) 진강鎭江 금산사金山寺의 **문종각**文宗閣 7) 항주杭州 성인사聖因寺 **문 란각**文瀾閣. 문연, 문원, 문진, 문소각을 북사각北四閣 혹은 내정사각內廷四閣 이라고 하고, 문회, 문종, 문란각을 남삼각南三閣 혹은 강남삼각江南三閣이라고 한다. 심양고궁의 문소각은 1781년에 짓기 시작하여 1783년에 완성되었다. 그 리고 『사고전서』를 보관하기에 이상적인 구도로 지어졌다.

대청문 오른편에 있는 태묘太廟사진을 찍고, 이화전頤和殿에서 열리고 있는 전시를 보고 나왔다. 고궁을 나와 라오관똥차이꾸안老關東菜館이라는데서 간 단히 요기하다.

문소각의 내부. "성해연회聖海沿迴"(문명의 바다가 이에 따라 휘돈다)라는 글씨가 위에 쓰여져 있다. 문소각이 건성建成된 후에 73세의 건륭황제가 4번째(마지막)로 성경고궁을 왔다. 직접 수장된 『사고전서』를 둘러보며 이렇게 시를 썼다: "늙어 겨우 사고 안에 전서를 모았구나. 끝내 공을 이루었으니 행복감이 이보다 더할 수는 없도다. 老方四庫集全書, 竟得功成幸莫如。"

『사고전서』는 건륭황제가 직접 주관하여 만든, 중국역대의 모든 서적을 경經·사史·자子·집集이라는 도서분류방식에 의거하여 편찬, 하나의 전서로 만든 전대미문의 대문화사업이다. 원나라가 중국인학자들을 개똥 취급한 것에 비한다면 청나라 통치자는 중국학인을 문약文弱에 빠지게 했다고는 하지만, 이 문화사업을 통해 중국문명 본류의 주인임을 확인했고, 또 청나라 고증학의 발흥을 가져왔으며 근대학문의 발전에도 엄청난 영향을 끼쳤다.

문소각文溯閣이란 이름은 "소간구본溯澗求本"(근원을 캐들어간다)의 의미이며 건축형식은 절강성 영파에 있는 범씨范氏의 저명한 장서루인 천일각天一閣을 본뜬 것이다. 외관은 2층으로 되어있고 매 층이 6칸으로 되어있는데 서쪽 한 칸은 실제로 반칸이다. 『주역』 중에 "천일생수天一生水, 지육성지地六成之"라는 말이 있는데 수극화水克火의 원리를 적용하여 관념적으로 화재를 방지하고자 했다. 그래서 칸수가 지육地六의 6칸이 되어야 했던 것이다.

건물을 보면, 용봉龍鳳의 도안이 없고 금색이나 홍색을 쓰지 않았다. 모두 흑색, 녹색, 남색을 썼는데 수水의 상징에 근접한다. 그래서 건물이 청신담아淸新淡雅한 의경意境을 풍긴다. 그 내부구조는 3층으로 되어 서가가 아주 정교하게 제작되어 있는데 『사고전서』「고금도서집성」을 일목요연하게 분류하여 진열할 수 있는 구조를 갖추고 있다.

이 문소각의 책들은 청나라가 망하고 북양정부시대, 장학량시대, 위만주국시대, 민국정부, 그리고 6·25전쟁(포화가 이곳까지 미칠 것을 우려함)을 거치면서 기구한 운명의 족적을 남기지만 일제가 가져가지도 않았고 훼손되지도 않았다. 그러나 원각에 남아지지는 않는다.

태묘라는 편액을 보면 옆에 예쁜 만주 말이 병기되어 있다. 청조가 사라지면서 만주말도 사라지고 그 글씨도 사라졌다. 한글을 지키고 있는 우리 민족이 얼마나 위대한가!

태묘太廟는 대청문 오른쪽에 위치하고 있는데 지반이 높다. 존귀함을 나타낸 것이다. "태묘"는 황제의 조상들을 제사지내는 종묘인데, 1636년 홍타이지가 개원칭제 했을 때 태묘를 건립하지 않을 수 없었다. 그런데 당시 태묘는 대동문인 무근문撫近門 밖 5리에 있었다. 그 태묘에는 태조 누루하치와 태후 예허나라葉赫納拉(홍타이지의 생모)의 신위와 그 4대 선조 부부의 신위가 있었다. 순치가 북경으로 천도하면서 태조의 신위는 북경태묘로 가져갔고, 4조의 신위만 남겨놓았는데, 순치 4년(1647)에는 4조신위도 북경태묘로 가져가고 말았다. 지금 이 태묘는 건륭황제 때 다시 지은 것이며(1783), 신위는 다시 가져올 수 없었지만 태조로부터 옹정에 이르는 다섯 조대의 옥보옥책玉寶玉册을 봉공하였다. 1783년부터는 심양궁에 들어가는 황제는 제일 먼저 여기서 행례行禮를 하고 들어갔다. 외관도 일률적으로 황색만을 고집하여 존귀함을 나타내었다.

요녕성박물관

　오후 2시에 심하구瀋河區에 있는 요녕성박물관에 갔다. 나의 기대를 초월하는 위대한 박물관이었다. 나는 상해박물관을 갔을 때 깊은 인상을 받았는데 그 박물관보다 요녕성박물관은 더 넓고 깊었다. 요하문명遼河文明의 무궁한 깊이를 느끼게 해주는 심오한 박물관이었다. 무엇보다도 그 분위기가 따스했다. 이 박물관은 원래 똥뻬이박물관東北博物館이라고 불렸는데 고궁박물관을 대만으로 이전당하고 난 후, 신중국에서 제일 먼저 개관한 대규모 박물관이다 (1949년 7월 7일 개관). 그러한 저력을 과시할만큼 이 요하지방은 문명의 깊이가 축적되어 있는 곳이었다. 진실로 우리의 똥뻬이에 대한 관념을 혁명시키고도 남을 그 살아있는 유산이 바로 이 박물관이었다.

　이 박물관은 2008년 부로 국가일급박물관이 되었다. 오늘 내가 가본, 시부대로市府大路에 있는 이 박물관은 2004년 11월 12일 새로 개장한 신관인데 건축 총면적이 3만 1천여평방미터이고, 소장품이 진귀한 물건만 11만 5천여

한 도시의 문화수준은 그 도시의 박물관이 대변하고 있다. 박물관이야말로 문명의 현주소이며 바로메타라 할
수 있다. 전람면적이 총 8,500여 평방미터에 달하는 이 요녕성박물관은 매년 수십 종의 학술저서와 전람도록을
출판하고 있으며 귀중본 10만여 책의 예술·역사류 도서도 소장하고 있다. 문물보호와 과학연구실험실을
갖추고 있고 동시통역시설이 되어있는 학술세미나장도 있다. 요녕성권역 대학들의 역사, 문물, 고고학 관련학과의
학술성과, 그리고 국내외박물관의 성공경험을 흡수하여 독특한 전시를 계속 진행하고 있다. 요녕성박물관의
핵심은 뭐니뭐니 해도 요하문명遼河文明의 발굴·전시의 중심이라는 데 있다.

점을 넘는다. 홍산문화옥기紅山文化玉器, 상주商周시대의 청동기, 요대遼代의 도자기, 역대 비지碑志, 역대 화폐, 명청 판화, 고지도, 명청 회화, 진당송원晉唐宋元 회화, 명청 자기, 근현대 회화, 고대격사자수古代緙絲刺繡, 역대 불교조상佛教造像 등 소장품의 퀄리티가 이만저만한 수준이 아니었다.

연길에서는 문화인이 대접받는 상황이 별로 없다. 내가 "대접"이라고 말하는 것은 빽이 안통하는 것에 대한 서운함을 말하는 것이다. 아니, 빽을 써줄 생각을 하는 사람이 근본적으로 없다는 얘기다. 조선족 자치주인데도 문화시설을 활용하는 문화인이 좀 특권을 발휘할 생각을 하는 사람이 아무도 없다는 것이다. 교수들에게도 뭘 부탁할 수가 없다. 원리원칙대로 서로가 방임한다. 주정부에 빽을 쓴다는 것은 상

상도 못한다. 연변은 진짜 공산주의 평등사회인 것이다.

한국에선 내가 어느 문화시설에 나타나면 그래도 인간적인 편의는 잘 봐준다. 나의 행위가 창조적인 문화적 행위라는 것을 인정해 주기 때문이다. 그러나

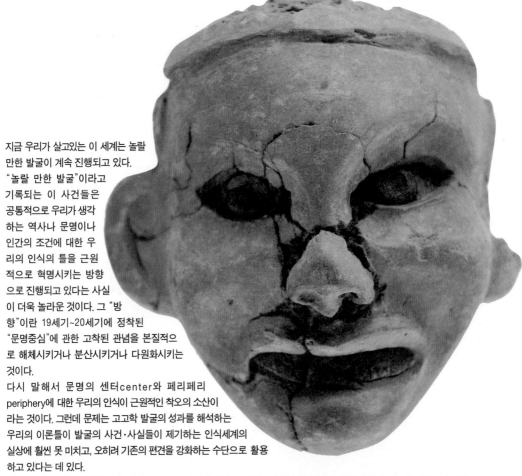

지금 우리가 살고있는 이 세계는 놀랄 만한 발굴이 계속 진행되고 있다. "놀랄 만한 발굴"이라고 기록되는 이 사건들은 공통적으로 우리가 생각하는 역사나 문명이나 인간의 조건에 대한 우리의 인식의 틀을 근원적으로 혁명시키는 방향으로 진행되고 있다는 사실이 더욱 놀라운 것이다. 그 "방향"이란 19세기~20세기에 정착된 "문명중심"에 관한 고착된 관념을 본질적으로 해체시키거나 분산시키거나 다원화시키는 것이다.

다시 말해서 문명의 센터center와 페리페리 periphery에 대한 우리의 인식이 근원적인 착오의 소산이라는 것이다. 그런데 문제는 고고학 발굴의 성과를 해석하는 우리의 이론틀이 발굴의 사건·사실들이 제기하는 인식세계의 실상에 훨씬 못 미치고, 오히려 기존의 편견을 강화하는 수단으로 활용하고 있다는 데 있다.

여기 보이는 이 토기얼굴은 높이가 22.5cm, 너비가 23.5cm 되는 여인의 얼굴인데 거의 실물사이즈에 가깝고 눈에는 청옥靑玉을 박아 그 생동감이 말할 수 없이 강렬한 기운을 발한다. 이것은 1983년, 요녕성 능원시凌源市 우하량牛河梁 유지에서 발굴된 것인데 다음 페이지에 있는 사진이 그 터의 모습이다. 이 터의 여러가지 출토물로 볼 때 이곳은 제사 지역이 분명하므로 여신묘女神廟라고 부른다. 이 묘는 해발 670m의 우하량의 주량정부主梁頂部에 위치하고 있으며 지세가 높은 산파에서 좌북조남坐北朝南의 신비로운 터에 자리잡고 있다.

그런데 이 우하량의 여신상은 최소한 BC 3500년 이상을 거슬러 올라갈 수 있으며, 이 시대는 중국문명으로 치면 하은주 삼대夏殷周三代를 뛰어넘는 삼황오제三皇五帝의 시대이며, 우리 단군檀君보다 훨씬 더 빠른 시대의 생생한 기록인 것이다.

곰이 쑥과 마늘을 먹고 단군엄마가 되었다고 하는 신화보다 훨씬 더 빠른 시기에 만들어진 여신묘의 주인공의 얼굴을 보라! 면부에는 붉은 채색을 가미했는데 튀어나온 이마와 광대뼈, 높지 않은 코와 옆으로 퍼진 얼굴형과 크게 벌어진 입의 형태가 모두 보편적 몽골리안의 특징을 지니고 있다. 오관의 비례가 조화되어 있으며 두정에도 전통적 한국여인의 두발과 같은 모습이 있다. 눈에서 발하는, 산골의 용담수 같은 심수深邃한 빛깔, 그리고 있는 듯 없는 듯한 오묘한 미소는 이 소상을 "당골엄마Goddess Tangol"라 부르기에 족하다. 이 당골을 만든 문명이 바로 홍산문화이며 고조선의 발원지인 요서遼西지방이라는 사실을 우리는 상기해야 한다. 이것은 홍산문화를 빌어 고조선을 입증할 수 있다는 논거이기에 앞서 ↗

하·은·주 삼대라는 중원중심사고를 깨버려야 한다는 당위성을 제시하는 것이다. 여기 실린 사진은 요녕성박 물관에 전시된 여신두상을 찍은 것이다. 이 정도의 고도의 사실성과 추상성을 갖춘 문명의 수준을 우리는 신화적 고문명의 일반논리에 의하여 무차별하게 해석해서는 아니 될 것이다.

중국에서는 날 알아보는 사람이 없다. 당연한 일이다. 중국에서 좀 특수한 대접을 얘기하거나 요구한다는 것 자체가 아직도 문화혁명의 열기 속에서 두 드려 맞아야 할 엘리트의식의 잔재라고 비판받아야 할지도 모르겠다. 중국 에서 도대체 누가 날 알아주겠는가!

그런데 심양은 달랐다. 리우 치 회장이 내가 가는 곳마다 안배를 다 해놓은 것이다. 연변에서는 그러한 안배를 해줄 사람도 없겠지만, 안배가 통하리라는 생각을 서로가 하지 않는다. 모든 문화시설은 방치된 채로 돌아갈 뿐 아무도 주인의식을 가진 사람이 없다. 책임을 질 사람이 있어야 봐주고 말고 할 것이 아닌가? 심양은 연변 지역이나 집안 지역의 분위기와는 전혀 다른 별도의 문 명세계였다. 인간적인 문화가 살아 숨쉬는 곳이었다. 우선 이 박물관의 놀라운

위의 무덤은 홍산문화의 한 적석총 현실玄室의 모습을 발굴당시 모습 그대로 재현한 것이다.

이 묘는 홍산문화 우하량 제5지점 중심대묘인데, 묘 주인은 노년남성이다. 이 노년남성은 반듯하게 하늘을 보고 누워있는데, 배장품陪葬品이 격조높은 7개의 옥기玉器이다. 머리 양쪽으로 넙적하고 둥근 옥벽玉璧이 놓여있고, 두 손은 장수를 상징하는 신령한 동물형상의 옥귀玉龜를 잡고 있다. 오른쪽 팔목에는 옥탁玉鐲(팔찌)을 끼었고, 가슴에 또 하나의 옥고玉箍가 놓여있고 그 위에 거대한 구름형상의 옥패玉佩가 놓여있다. 그 옥패가 바로 아래 사진이다. 이 옥의 고귀한 형상들로 보아 이 무덤의 어른은 홍산부락의 대수령의 한 사람이었을 것이다. 이 사람은 BC 3,000~4,000년 시대권의 사람이며 단군보다 훨씬 선배의 인간이다. 조선의 역사나 중국의 역사나 에집트의 역사를 이제 동일한 출발로 보는 새로운 문명관, 참신한 인간관을 정립해야 할 때가 되지 않았는가? 21세기 고고학은 새로운 인간을 말해야 한다.

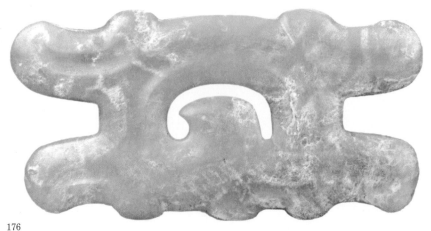

사실은 입장료가 없다는 것이다.

"베니스의 찬란함威尼斯之輝, Splendor of Venice: From Renaissance to the Golden Age"이라는 특별전시회가 열리고 있었는데 베니스공국의 역사와 문화, 예술을 잘 소개하는 짱짱한 전시였다. 지앙 양姜洋이라는 큐레이터가 나를 안내해주었다. 연길에서 "베니스공국의 역사와 문화"라는 소재의 특별전시회를 할 이유도 없고, 해봤자 별로 갈 사람이 없을 것 같다. 그런데 흘러가버린 서구역사의 중요한 측면을 말해주는 특별전시회를 이렇게 많은 사람들이 흠상한다는 것은 심양이라는 도시의 높은 격조를 말해주는 것이다.

지금은 "베니스"라고 하면 이탈리아의 한 낭만적인 도시, 캐널과 미술과 건축과 음악의 박물관 같은 도시로만 생각하지만 역사적으로 베니스는 독자적인 정치, 문화를 가진 공국이었고, 서로마제국이 멸망한 후에도 계속 아이덴티티를 유지했고 14·15세기에는 베니스공화국the Republic of Venice의 지배영역에 속해 있었다.

베네치아가 이탈리아왕국Kingdom of Italy로 병합된 것은 1866년의 사건이었다. 나는 나에게 친절을 베푼 큐레이터 지앙 양에게 나의 『중용』중문판을 난초를 쳐서 선사했다. 내가 난초를 치고 시를 써서주니까 너무 좋아한다. 문끼文氣가 향기를 발할 수 있는 그런 도시 분위기에 내가 들어와있다는 것을 나는 처음 실감했다.

베니스전이 끝나자 심양대학 고고학과 박사반 학생이며 본 박물관 큐레이터인 마 후에이馬卉가 전관을 세밀하게 안내했다. 그리고 사진을 마음대로

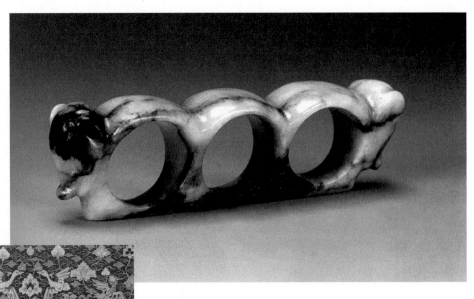

↑위의 옥기 역시 능원시 우하량 제16지점에서 출토된 옥기인데 형태가 오묘하다(BC 3,000~4,000년 사이). 길이 9.2cm, 높이 2.8cm, 너비 1.8cm인데 세 손가락을 끼면 잘 들어간다. 권위의 상징으로 낀 옥반지일지도 모른다. 양쪽으로는 짐승머리가 조각되어 있는데 긴 언굴, 큰 귀, 삐죽 나온 입이 특징인데 돼지형상에 가깝다. 제작된 형태가 매우 정세精細하고 하단이 평직平直하며, 전체 조형이 신기新奇하고 별치別致가 있다. 하단에 작은 구멍이 나있는 것으로 보아 이것을 패옥으로 찼을 가능성도 있다.

←이것은 요녕성박물관에 전시되어 있는 격사자수의 정품으로서 북송北宋시대의 것이다. 이것은 『자란작보紫鸞鵲譜』라 이름하는 것이다. 희랍시대로부터 중국은 비단의 나라로 알려져 있었다. 여기 "격사緙絲kesi"라는 것은 중국의 수공예로서 경선經線을 먼저 고정시키고 그것을 상하로 조정하면서 다양한 색깔의 위선緯線을 집어넣어 문양을 만드는 기술인데, 복잡다단함의 극치를 보여주고 있다. 자색을 바탕으로 하고 화문은 남색, 백색, 등색橙色을 주조로 하면서, 다양한 새, 다양한 화훼를 수놓았는데 그 은은함과 자연스러움, 대칭성의 조화는 빈 공간을 허용하지 않으며 이루 다 말할 수 없는 오묘한 아취를 풍기고 있다.

찍게 해주었다. 귀한 사진을 잔뜩 찍었다. 중국에서 이런 대접을 나는 처음 받아보았다. 집안박물관에서 수모를 당했던 것을 생각하면 눈물이 날 지경이었다. 심양만 해도 이미 국제사회의 상식이 통하는 코스모폴리탄 시티였다.

이것은 요遼나라(916~1125년) 도자기의 한 전형을 보여주는 매우 특수한 예라 할 것이다. 모든 문화는 자기의 관습에 맞는 생활 이기를 창조해낸다. 거란족은 마배민족馬背民族이다. 우리는 기마민족이라 말하지만 마배민족이라는 표현도 쓴다. 말등에서 생활이 이루어진다는 뜻이다. 말타고 다닐 때 가장 필요한 것이 물과 술인데 이것의 용기는 세계적으로 다 피낭기皮囊器였다. 성서에 나오는 "가죽푸대"가 그것이다. 그런데 가죽푸대에 넣은 물이나 술은 곧 변질된다. 그래서 거란족은 이 가죽푸대형태의 그릇을 백자로 만들었다. 이 백자물그릇은 제량식提梁式과 천공식穿孔式 두 종류가 있는데 위의 것이 제량식이고 아랫것이 천공식이다. 다 말등에 매달기 편한 구조이다.

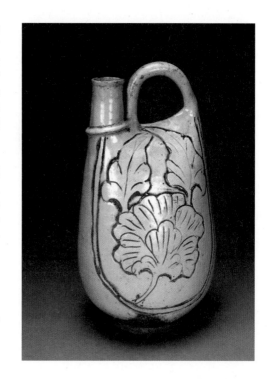

이 요대도자기는 1930년 도자기학자인 이문신李文信이 손잡이형태가 수탉의 벼슬모양이라고 하여 "계관호鷄冠壺"라고 이름지었다. 그 이후로 계관호라는 명칭으로 불리운다. 이것은 실용적으로 쓰인 생활용기이며 말의 몸라인에 맞춰 제작되었다. 윗 제량계관호의 문양은 고려청자나 조선초기 분청자기에 등장하는 문양 비슷한 느낌을 준다.

"동북공정"이니 하는 그런 쪼잔한 감정이 전혀 없었다. 박물관 사람들의 언행이 매우 양반스러웠고(이런 표현이 "반동"일지는 모르지만 이제 중국은 양반스러운 "품격"을 배워야 한다), 나와 같은 문화인을 마음껏 대접해주었다. 물론 이러한 모든 안배가 리우 치 회장의 훌륭한 인덕이 배경이 된 탓도 있을 것이다. 나는 요녕성박물관의 전시를 마음껏 흠향하였다.

박물관 전시를 실컷 보다가 늦게 내려오니 사고 싶은 책이 가득한 1층서점이 문을 닫아 버렸다. 아쉬워서 발을 동동 굴렀다.

그랬더니 마 후에이가 다시 문을 열게 하여 재료를 살 수 있도록 안배해주었다. 집안박물관과는 달리, 요녕성박물관은 도록을 엄청 많이 만들어 놓았다. 나는 필요한 도록들을 수십 권 거의 다 샀다. 그리고 마 후에이에게 내 책을 선사했다. 그녀가 위대한 고고학자가 되기를 축원했다. 그녀는 지금 세계적인 권위가 있는『문물文物』잡지에 실릴 논문을 쓰고 있다고 했다. 키가 훤출하고 서글서글한 매력이 있었다.

너무 지쳤다. 하루가 순식간에 지나갔다. 저녁초대를 모두 취소시켰다. 그리고 호텔로 돌아가서 씻고 호텔에서 먹었다. 시앙꿍香宮이라는 호텔 2층식당에서 제공하는 뻬이징 카오야北京烤鴨는 너무도 맛있었다. 호텔에서 먹은 것은 다 리우 회장이 계산하니깐 마음대로 먹을 수 있었다. 이 호텔 자체가 5성급의 최고급호텔인데 딴 곳을 갈 이유가 없었다. 나는 너무 감복해서 호텔 주방장을 불러 책을 싸인해 주었다. 그리고 썼다: "今天一饌無等好。謝謝。"

피곤해서 자는데 킹싸이즈 침대가 쿨렁거린다. 오히려 고급침대래서 그런 모양이다. 오리털 베개를 허리에 베고 잤다. 그냥 곯아 떨어졌다. 허리에 무리가 없었다. 다행이었다.

10월 25일, **토요일**. 흐림

명명덕 강의

7시에 호텔 아침을 먹으면서 커피를 석잔 마셨다. 아주 오랫만에 제대로 된 양식 브렉퍼스트를 먹으니 기분이 좋다. 샹그릴라계열의 이 따환띠엔은 국제수준의 제대로 된 호텔이다. 커피를 많이 마신 것은 대변을 원활히 하기 위한 것이다. 덕분에 장을 비우는데 성공했다.

오늘은 강의를 하는 날이다. 직장이 텅 비어야 강의가 잘된다. 하초에 힘이 있어야 목소리의 울림이 생기는 것이다. 사실 내가 심양에 온 주된 명분은 리우 치 회장이 전개하고 있는 중국사회 도덕회복운동의 본부에서 강의를 하기 위한 것이었다.

리우 치 회장은 김우중 회장이 대우재단을 시작한 것처럼, 문화사업에 헌신한다. 요녕성 공자학회 부회장이기도 한데 그는 자신의 전통문화사업조직을 만들었다. 그는 시내에서 서남쪽으로 떨어져 있는 철서구鐵西區 국공1가國工

명명덕전통문화예술배훈학교의 아담한 모습. 단층으로 지었다는 것도 리우 회장의 소박한 삶의 자세를 잘 말해주고 있다. 들어서면 "대재공자大哉孔子"라는 글씨가 목각되어 있는데, 리우 치 회장이 공자는 일생을 통하여 "균균, 화和, 안安"을 추구했으며, 인仁과 예禮와 중용中庸을 창도했으며, 맹자가 말한 대로 진정한 "성지시자聖之時者"였다고 자기 말로 써놓았다. 그리고 공자를 대사상가, 정치가, 교육가로서 말했을 뿐, 종교적 리더로서 말하지 않았다. 아래 사진은 "특대희신特大喜訊"(특별히 기쁜 대소식)이라 써놓고 나의 강연을 소개했다.

一街 11호에 독립학교 건물을 지었다. 명명덕전통문화예술배훈학교明明德傳統文化藝術培訓學校라는 사회교육센터를 만들었다. 아담한 건물에 사람들이 모여 유교경전과 사상에 관한 공부를 하는 것이다.

우리나라로 치자면 평생교육원 비슷한 것 같기도 한데, 그런 것보다는 훨씬 더 신선하고 독자적인 느낌을 주는 곳이다. 우리나라 같으면 이렇게 공부를 하는 곳에 별로 사람이 안 모일 것 같다. 그런데 중국에는 이런 사회교육에 대한 열망이 들끓고 있다. 문화혁명이래 너무도 이러한 모임이 탄압되었고, 정보유통체계가 천편일률화 되어 국민들 스스로가 배움이 부족하다고 느끼고 반성하는 자가 많은 것이다. 이런 교육장소에 사람들이 잘 모이는 것이다.

그런데 대강 이런 곳에 와서 이야기하는 사람들은 학문적인 논리의 바탕을 가지고 이야기하는 것이 아니라 대체적으로 상식적인 이야기, 웃기는 이야기, 내용 없이 즐기면서 들을 수 있는 도덕적인 교훈 이야기, 그런 이야기들을 줄줄 말한다. 북경의 중앙 CCTV에서 운영하는 "빠이지아지앙탄百家講壇"이라는 프로그램이 있다. 그곳에 나오는 사람들은 엄청난 인재들인 모양인데, 물론 게중에는 탁월한 학자도 있겠지만, 대부분은 의미없는 말들을 마구 쏟아놓는 연사들이다.

중국과 같이 그토록 거대한 인재풀이 형성되어 있는 나라에서 어떻게 그렇게 연사들의 수준이 빈곤한지 이해하기가 어렵다. 이것은 중국사회가 앞으로 극복해야 할 과제를 암시하는 것이기도 하다. 중국에는 내실있는 학자들도 많이 있다. "박학樸學"의 전통을 이어가고 있는 실력자들도 적지 않다.

그런데 이들은 너무 중국사회 일선에서 소외되어 있다. 학문을 깊게 해서 그 경지를 대중적 삶 속에서 소통될 수 있는 언어로 다시 되씹어내는 학자가 너무 부족한 것이다. 학문과 사회적 담론의 괴리가 너무 심한 것이다. 사실 한국사회에도 이런 괴리의 문제는 똑같이 있었다. 그런데 이런 괴리감을 좁히는 데 나의 EBS노자강의는 획기적인 역할을 했다. 그 뒤로 그러한 담론양식이 보편화되었고 국민들의 교양의 바탕이 되어갔다. 지금은 나 말고도 좋은 강의를 하는 교수들이 많이 있다.

명명덕 강의. 열망이 있었고 배움에 대한 희열이 있는 자리였다. 회원들은 지적 호기심에 가득차 있었고, 한국에서 온 선비라는 사실을 특별하게 생각하고 있었다. 왜냐하면 중국사람들에게 있어선 한국은 유교적 도덕을 삶 속에서 구현하고 있는 나라였다. 다시 말해서 "동방예의지국"이라는 과거의 인상이 아직도 남아있는 것이다. 사실 우리민족이 구현해야 할 것은 "도덕"이지 "이념"이 아니다. 새로운 미래의 "역사"를 창조해야지 과거를 조작해서는 아니 된다.

여기서는 아직도 "목소리 큰 놈이 장땡이다." 아무말이나 재미있게 떠들면 되고, 쉴새없이 연결하면 된다. 중국에는 고전이 풍부하고 그것은 대중과 공유될 수 있는 어휘들이다. 『주역』이고 『음부경』이고 뭐 이런 경전의 몇 마디를 틈새틈새에 집어넣어 구라를 그럴듯하게 땜빵하는 것이다. 그런데 이런 사람들일수록 중국경전을 알지 못한다. 일본에는 "라쿠고落語"라는게 있다. 하여튼 재치있게 씨부렁거리는 것이다. 중국에도 "시앙성相聲"이라는 것이 있다. 그냥 웃기는 말을 씨부렁거려대는 것이다.

내가 보기에 중국의 CCTV "빠이지아지앙탄"은 일종의 시앙성相聲의 현대화가 아닌가 하는 생각이 든다. 시앙성의 "대사大師"도 아닌, "소가小家"들의 이야기는 들어주기가 괴롭다. 내가 북경에 갔을 때, 빠이지아지앙탄에 한번 출연해 볼 생각이 있냐는 청이 있어서 그 프로를 스타디해보고 좀 정이 떨어졌다. 우선 무대의 세팅이 내가 소화하기 힘든 형태였다.

그 전체시스템을 내가 원하는 식으로 리세팅해줄 리도 만무하다. 청중은 많이 동원되었으나 자리가 헤벌어져 있다. 연사와 최전선 청중의 거리가 너무 멀다. 내 강의는 진지하고 우수한 대학생들을 한 200명 모아 밀도있는 강의실에서 하면 좋겠다고 했지만 말이 잘 통하지 않았다.

지금 내가 중국에서 유명해지는 것이 장땡은 아니다. 바탕이 없이 유명해지는 것은 좀 불안하다. 유명해지면 유명해지는 것만큼 부작용도 생겨난다. 나이가 들어가면서 나는 소박한 삶에 더 깊은 관심을 가지게 되었다. 역사에 얼마나 진실을 남기는가 그것만이 중요한 것이다. 나의 텔레비전강연은 사람들이 웃고 울고 즐기지만 결코 시앙성이나 라쿠고는 아니다.

그것은 어디까지나 학문적 지식과 논리와 가치를 전하는 새로운 방식이다. 그래서 나의 강의는 분위기가 잘 형성되지 않으면 실패할 때가 있다. "시앙성 따스相聲大師"처럼 아무데서나 웃길 수 있는 그런 유희가 아닌 것이다. 그래서 함부로 무대에 서기가 두려운 것이다.

나는 명명덕학교에서 오전·오후로 강의를 했다. 하루종일 강의를 해달라는 것이다. 토요일 주말에 하루종일 강의를 듣는 사람이 많은 것이다. 오전

강의는 좀 터프했다. 우선 내가 강의장 분위기를 자유스럽게 만들어 달라고 했는데, 그토록 부탁을 했어도 중국사람들에게는 "자연스러움"이라는게 통하질 않는다. 내가 높은 강단에 혼자 올라가서 강의를 해야하고, 사람들은 줄을 맞춰 지정석에 앉아야 한다. 그리고 명수도 철저히 제한된다. 내 강의를 듣고 싶은 사람이 많았다는데, 너무 많이 올까봐 발표發票하여 제한시켰다는 것이다.

내가 말하려는 주제는 "공자사상의 핵심"인데, 그럼 "인仁"에 대해 이야기해야 할 것이다. 그럼 필연적으로 『논어』에 있는 "인"과 관련된 구절들을 인용하면서 그 상관적 의미를 해설하고 해석할 수밖에 없다. 그러면 강의가 진부해지고 재미가 없어진다. 그래서 나는 서두를 "한문해석학Chinese Classics Hermeneutics"이라는 주제로 잡았다. 이것은 어려운 학술테마가 아니라, 『논어』라는 텍스트를 어떻게 해석해 들어가는가, 그 텍스트와 우리의 인지구조 사이에 존재하는 "해석interpretation"의 문제를 구조적으로 파헤치는 것이었다.

『논어』라는 텍스트는 과연 누가 어떻게 만들었나? 그것을 쓰고 편집한 자들은 어떤 관점에서 그 텍스트를 만들었는가? 우리는 지금 이 텍스트를 어떻게 읽어야 하나? 이러한 나의 분석방식은 중국인들에게는 매우 생소한 것이다. 기독교인들이 그냥 『성서』를 외우듯이, 『논어』를 분석의 대상으로 생각하지는 못했던 것이다.

오전에 한 2시간 30분 정도 이야기할 수 있는데 물론 중간에 쉬는 시간이 있었다. 그런데 앞에 한 여자가 앉아있어, 내 강의가 쉴 시간이 되면, 또 끝날 때가 되면 종을 친다는 것이다. 나 같은 학자가 내 학술강의를 진행하는데 옆에서 종을 친다? 하여튼 묘한 분위기였다. 이것은 그만큼 중국사회의 교양의 장이 아직 자율적 질서를 자리잡지 못하고 있다는 증명이기도 하다. 여기 와서 강의하는 사람들의 공통적인 문제가 시간조절을 못한다는데 있었는지도 모르겠다. 하여튼 다른 세상이다.

나는 『논어』 제1장, 3구절을 해석하는 것으로써만 2시간 반을 채웠다. 『논어』 한 장의 해석이 그토록 많은 이야기를 함축할 수 있다는데 청중들은 놀란 것 같았다. 거기에 앉아있던 사람들은 매우 엄선된 사람들이었기 때문에 그런지, 내가 봄에 연길에서 만난 청중과는 질감이 달랐다.

그들은 내 얘기를 그렇게 재미있게 듣는 것 같지는 않았지만, 흐트러진 자세가 없이 날 잘 따라왔다. 나중에 알고 보니 심양시정부의 부시장도 바로 내 앞에 앉아 있었다는 것이다. 하여튼 나는 그들이 종을 치기 전에 강의를 끝냈다. 그들은 바로 그곳에서 점심을 먹는다. 이렇게 점심먹고 또 강의 듣고 하는 프로그램이 한국에는 별로 없는데 여기는 다반사인 것 같다. 리우 회장이 그런 써비스를 제공하는 것이다.

명명덕에서의 점심식사. 왼쪽으로부터 리우 자오웨이 교수님, 나, 쑨 위시앙 교수님, 리우 치 회장.
김치까지 특별히 준비해놓았는데 나는 젓가락이 가지 않았으나 두 원로 교수님들께서는 맛있게 잡수셨다.

    나는 특별한 점심을 대접받았는데 그곳에는 노인교수 두 분이 동석했다.
나는 사실 이 두 분이 내 강의내내 앞줄에 앉어 계셨기 때문에 좀 힘들었다.
나는 말랑말랑한 젊은 사람들이 앞에 앉어있는 것을 좋아한다. 물론 연로하
신 분들 중에서도 오히려 내 강의를 깊게 이해하고 공감하시는 훌륭한 어른
들이 많다고 나는 생각한다.

그런데 이런 어른들조차도 내 강의를 듣는 표정이 굳어있기 때문에 내 강의가 잘 소통되고 있는지를 가늠하기가 어렵다. 그래서 이 세상에서 제일 하기 어려운 강의가 70이상의 노인들께서 앞줄에 꽉 앉아 있는 강의라고 할 것이다. 그것도 여성 아닌 남성!

그런데 식사 중에 말씀을 나눠보니 두 분이 다 사계의 대가인 것을 알게 되었다. 한 분은 리우 자오웨이劉兆偉 교수님이신데 심양사범대학 은퇴교수로서 중국교육사 분야의 대가였다. 인문학 분야에서 최고 급수의 교수님으로 추대받는 분이었다. 그리고 또 한 분은 쑨 위시앙孫玉祥 교수님이신데 현재 요녕성 중화전통문화연구회 회장직을 맡고 계신 중국전통사상의 대가였다. 나는 좋은 생각이 떠올랐다. 두 분의 포스가 보통 범상한 분들이 아닌데, 내 강의를 듣고 앉어만 계신다는 것이 영 내 마음에 걸렸던 것이다.

오후 시간이 시작되자마자 나는 청중들에게 식사 잘 하셨냐고 묻고, 부드러운 분위기를 조성하면서, 내 얘기만 듣는 것보다는 여기 나보다 더 훌륭하신 대가 두 분의 말씀을 들어보는 것이 좋겠다고 하면서 먼저 리우 자오웨이 교수를 소개했다. 물론 청중들은 나보다도 이 두분에 관하여 더 잘 알고 있다.

그러나 같은 춤꾼이라도 어느 춤판에서 춤을 추느냐에 따라 전혀 스토리가 달라질 수 있다. 내가 깔아놓은 춤판에서 춤을 추는 것은 격이 다를 수도 있는 것이다. 나의 예상은 적중했다. 내 중국말은 아무래도 낯선 이방인의 중국말이다. 유창한 언변의 중국말이 내 강의 서두를 장식하기 시작했다. 박수가 터져나왔다. 리우 교수는 달변가였고 엄청난 괴력을 지닌 육성을 지니고 있었다.

리우 자오웨이劉兆偉 교수

"여러분! 도대체 지금 중국에서, 한국에서 오신 이 분처럼 청중들의 가슴을 울릴려고 노력하는 분이 계십니까? 나는 이 분의 강의를 들으면서 그분의 방대한 지식에도 놀랐지만 무엇보다도 자기가 알고 있는 것을 청중들의 가슴에 전할려고 저토록 애타게 고생하시는 학자를 처음 봤습니다. 저도 평생 강의를 해보았기 때문에 이 분의 심정을 잘 이해합니다. 중국철학의 세계는 광막한 세계입니다. 그러나 이분처럼 그 세계의 진리를 오늘 우리 가슴에 의미있도록 만드는 분을 처음 봤습니다. 제가 어렸을 때 뵈웠던 대가들의 강의를 듣는 기분이었습니다. 여러분, 이 선생님의 말씀에 귀를 기울여 보십시오. 가슴이 두근거리지 않습니까?"

하여튼 이러한 내용의 말씀으로 열변을 토하시는데 나도 놀랐다. 나에게 참으로 도움이 될 수 있는, 여기서 벌어지고 있는 담론의 장場의 핵을 꿰뚫고 있었다. 리우 교수는 참으로 위대한 인격이었다. 다음에 쑨 위시앙 교수는, 학생들에게 처음에는 어려웠겠지만 학생들이 이 분의 강의를 잘 따라왔다고 말하면서 우리는 이미 고지를 점령했다고 말했다. 함께 전진할 뿐이라고 말했다:

"공자가 '학學'이라고 말했을 때, 그것이 기존의 카리큘럼을 배우는 것이 아니라 바로 카리큘럼을 창조하는 과정이었다고 말씀하시는 이 선생님의 주장은 우리가 공자를 이해하는데 필요한 논리의 핵심을 뚫고 있습니다. 그리고 '붕朋'자를 우리의 일상적 개념의 '친구'로 해석하지 않고 공자의 삶의 의지에 공감하는 모든 방면의 '동지同志'로 해석한 것은 진실로 감명이 깊었습니다. 도올선생의 사상은 우리 중국공산당 사상과 조금도 어긋나지 않습니다. 오히려 김선생님의 사상은 공산주의보다 더 진보적입니다. 여러분들! 김선생님의 강의를 가슴으로 잘 들어보시기 바랍니다."

쑨 위시앙孫玉祥 교수. 근세 20세기를 대변한 중국의 철학자 머우 쫑산牟宗三은 서양인들은 존재의 공포의식 속에서 원죄라는 개념을 만든데 반하여 중국인들은 우환의식을 주체의 기본가치로 삼았다고 말했다. 『주역』「계사」하에 "『역』을 만든 사람은 우환이 있었을 것이다. 其有憂患乎"라고 말하고 있다. 공포의식에서 종교의식이 태어나고 우환의식에서 도덕의식이 태어난다. 쑨, 리우 두 교수님은 우환의식이 몸에 배인 따르언大人이었다.

더 이상의 위대한 조연은 있을 수 없었다. 명강의라는 것은 절대 혼자서 다 하는 것이 아니다. 적절한 재원을 적시에 활용하는 것, 그것은 명강의의 비결 중에 하나이다. 나는 고려대학 교수시절부터 내 강의를 한국의 살아있는 문화유산을 한 몸에 지니고 있는 많은 분들에게 개방했다. 1980년대 고려대학만 해도 매우 보수적인 인문학의 전통이 있었지만 그만큼 무게가 있었고 교수들의 인품이 모두 굵직굵직 했다. 보수적이긴 했어도 교수들의 자율적 권위는 철저히 지켜졌다. 나는 불과 34세의 나이에 고려대학교 부교수가 되었고(37세에 정교수가 됨) 문과

대학에서는 지극히 애띤 모습이었으나, 노교수님들은 젊은 교수인 나를 귀여
워해주시고 이해해주셨다.

나의 해맑은 얼굴을 보라! 두 분의 지원을 받아 강의분위기가 너무 상쾌해졌다. 오후에 나는 유감없이 나의 베스트를 발휘했다.
심양에서의 첫 번째 강의가 성공적으로 되었기 때문에 나를 기다리고 있던 다른 강의들이 잘 풀려나갔던 것이다.

　　내가 내 강의시간에 초대한 사람들은 당시 대학 분위기에서는 상상도 못할
그런 사람들이었다. 나는 내 강의 속에 판소리의 공연자리도 만들었고 춤판도
벌였고 온갖 예인·장인을 다 초청했다: 정권진(판소리 완창), 김죽파와 양승희
(가야금산조), 김명환(소리북), 김용배 사물놀이, 김금화, 공옥진(병신춤), 김동규
金東奎(지관. 『인자수지人子須知』의 번역자), 김해숙(함동정월산조), 백대웅(국악이론의
대가), 권도원(한의학), 김두철(물리학자), 뚜 웨이밍杜維明(하버드대 중국철학교수),
함석헌 선생 등등의 거물이 내 강의 속에 초대되었고, 공연을 했고 그들이 지닌
문화유산에 관해 토론을 벌였다.

나는 한국의 서원들이 건물만 빈 채로 보존할 것이 아니라 실제로 전통적 학과의 "대학원대학" 같은 것으로 활용되는 방안을 항상 꿈꾸어왔다. 나는 1982년 귀국한 이래 그 꿈을 실현하기 위하여 매 여름방학마다 대학원 학생들을 안동 하회 병산서원에 데리고 가서(유씨종택의 협찬을 얻음) 그곳에서 고전강독을 했다. 이 사진은 1984년 7월 뚜 웨이밍杜維明 교수가 바쁜 일정에도 불구하고 일부러 나의 만대루晩對樓강의에 참석하여 학생들과 세미나 하고 있는 모습이다. 뚜 웨이밍 교수는 이 체험을 "병산일숙屛山一宿"이라는 엣세이로 발표하였다.

고대 서관 2층의 교실에서 강의하고 있는 김금화. 1984년 6월. 그때만 해도 "만신"에 대한 호기심이 많았기 때문에 학생들이 복도까지 메꾸었다. 교단에도 빼곡히 앉아있다. "정말 귀신이 보입니까?" "정말 인간의 미래를 예언할 수 있습니까?" "정말 특별한 힘이 있으십니까?" "칼 위에 올라가서 춤을 추면 맨발이 버히지 않습니까?" 등등의 질문이 쏟아졌다. 김금화는 말했다: "귀신이 보일 때도 물론 있지요." "영력이 오르면 미래가 보여요." "인간의 힘은 무한하지요." "왜 발이 안 버히겠어요? 어떤 때는 발밑에 저격저격 하지요." 순수의 시대였다.

나는 심양에 있을 동안 이 두 분, 유조위, 손옥상교수님의 은공을 많이 입었다. 우리는 같은 동지적 입장이 된 것이다.

강의 분위기가 일전했다. 모든 사람들의 표정이 밝아졌고, 집중력의 변화가 생겼다. 나는 오후 2시간을 질의문답 형식으로 진행하였다. 온갖 질문이 다 쏟아졌다. 나는 그 모든 질문에 적절하게 대처하는 슬기를 마음껏 과시했다. 나의 특기는 일방적인 강의보다는 쌍방적인 대화에 있다. 소크라테스식의 변증술dialectic이라는 것도 알고보면 "개방된 토론open debate"을 통해서 우리가 사용하는 개념들의 정의를 명료하게 하고, 불필요한 논리적 부정합성

不整合性logical inconsistency을 제거하는 것일 뿐이다. 1980년대 내가 동국대 중강당, 광화문 미도파 페스티발 앙상블 강당에서 강의했던 시절의 열띤 분위기를 연상시켰다. 대성공이었다. 여인들의 얼굴이 마치 부처님의 설법을 듣고 환희歡喜하여 신수봉행信受奉行 하려는 모습과도 같았다.

강의가 끝나고 리우 회장이 참석자들에게 주는 선물로 사놓은 내 책 『중용』의 싸인회가 열렸다. 거기에 참석하는 사람들 200명분의 책을 어제 밤에 내가 미리 싸인해 놓았던 것이다. 글귀나 그림, 장소, 일시, 내 싸인을 어제 200권에다가 붓펜으로 다 써 놓았던 것이다. 그리고 오늘은 단지 거기에 받아가는 사람의 이름만 쓰면 되었다. 200여명의 싸인을 하는데 한시간 이내로 끝날 수 있었

다. 사람들은 내 강의를 듣고 내 정성스러운 싸인을 받어가니 얼마나 좋았겠는가? 내가 생각해도 한국에서 하기 어려웠던 "복무服務"를 여기서 한 것이다. 중국사회에 작은 진실이라도 남겨 놓으려면 이런 방법 밖에는 없었다.

이날 저녁 리우 회장이 날 하야트호텔 27층 꼭대기에 있는 최고급 중식당으로 날 초대했다. 여기서는 하야트를 "쮠위에지우띠엔君悅酒店"이라고 부르는 것 같다(그냥 하야트는 카이위에凱悅라고 하는데 그랜드 하야트는 쮠위에君悅라고 한다). 심양 군열주점은 시내 한복판 화평구和平區

청년대가青年大街 288호에 위치하고 있었는데, 건물을 그렇게 건실하고 품위 있게 잘 지었을 수가 없다. 중국공인들의 손솜씨는 아직도 살아있다고 보아야 한다.

지하실에서 차를 대려는데 어느 패밀리가 주차스페이스를 차지하고서 나갈 듯 하더니만 문을 열고 막 쓰레기를 버린다. 깡통, 과자부스러기, 그리고 담배 꽁초를 막 비벼대면서 나가지도 않고 서있다. 들어올려는 사람이 항의해도 "뿌꾸안不管"(관심없다)이다. 중국사람의 공중도덕 의식은 너무도 큰 문제 같다. 그래도 지금 한국인들은 고급백화점 지하주차장에서 바닥에 쓰레기를 버리지는 않을 것이다. 중국인들이 식당에서 바닥에 담배꽁초를 내버리는 것을 당연시하는 것과 이런 행위는 그들의 일상적 삶의 공간 속에서 연결되어 있다는 것을 깨달아야 한다. "퍼블릭 루드니스public rudeness," 중국의 가장 큰 문제가 아닐 수 없다.

하야트 27층 신봉천에서 내다본 심양의 야경

27층 꼭대기의 반점이름은 "신봉천新奉天"이었다. 심양 중심가도의 야경이 한 눈에 들어오는 이런 방을 예약하는데는 많은 돈이 들었을 것 같다. 이 책을 읽는 사람 중에서 재정적 여유가 있는 사람은 한번 그 식당에서 "카오야烤鴨"를 시식해보기 바란다. 내가 먹은 카오야 중에서는 최상의 품격이었다. 주방을 식당 한가운데 유리로 비치게 만들어 놓았다. 모든 것이 보이는 그대로이다. "추스廚司"(요리사)들이 깨끗한 흰옷 까운을 입고 요리한다.

다양한 요리가 너무도 품격이 높다. 이날 나를 초대한 명명덕학교의 모든 스태프들이 행복해했다. 자기들이 소기한 바 몇 배의 성적을 내가 올렸다는 것이다. 그래서 심양에서 만든 최고급 "빠이지우白酒"를 한 잔 건배하자고 했다. 나도 분위기를 타서 한 잔을 홀짝 마시고 나니 자제할 길이 없었다. 스트레이트로 다섯 잔을 들이켰다.

신봉천 내부. 숙련된 셰프들이 산해진미를 만들고 있다.

나는 주방장을 불러 내 책을 싸인해 주면서 이렇게 썼다: "瀋陽古都風彩奧, 今晚華餐盡五味."(심양고도의 품격이 오묘한데, 오늘밤 화려한 만찬은 오미를 다 하였네). 주방장의 이름은 장 쭝취앤張中全이었다.

기분 좋다고 독주를 들이킨 것이 역시 실수였다. 호텔로 오는데 바로 잇몸이 부어올랐다. 나는 잇몸에 알콜이 닿으면 부어오른다. 때때로 괜찮기도 하지만 예외가 거의 없다. 기실 내 생활이 너무 피곤하고 여유가 없기 때문일 것이다. 호텔로 오는 길에 약국에 들려 항생제를 샀다. 중국에서는 처방전이 없이도 항생제를 살 수 있다고 한다. "아목시실린 캡슐Amoxicillin Capsules 阿莫西林膠囊" 50개가 들은 한 곽을 샀다.

우리나라 약국도 항생제를 살 수 있던 시절이 더 좋았다. 약국파동은 약사들 자신이 자초한 어리석은 짓이다. 지금은 병원의 노예가 되어버렸다. 박경리의 『김약국의 딸들』과 같은 낭만적 분위기는 옛 이야기가 되어버렸다. 동네의 3차의료기관 노릇을 하던 시절의 약국이 진짜 약국인 것이다. 그것은 해방 후 한국적 현실 속에서 내재적 필요에 따라 자연스럽게 발전한 것이다. 그것을 서구적 제도에 맞추어 하루아침에 바꾸는 것은 참으로 어리석은 짓이다. 처방전제도로 하면 항생제를 덜 소비하게 된다고 했는데 지금 옛날보다 항생제를 더 소비한다. 그리고 의료·제약회사의 상호이윤추구의 결탁체계가 더 강화되었다.

한국의 토착적 실정에 맞게 형성되어온 약국문화를 "한약조제"니 하는 따위의 소리小利를 탐하여 그렇게 하루아침에 체제가 바꿔지도록 만든 약사지도부는 총체적 비전을 결하고 있었다. 결과적으로 "마음의 고향"과도 같았던 동네약국은 다 사라지고 말았다. 해가 지면 약국은 다 문을 닫는다. 우리의 삶이 이런 식으로 각박해지고 거대체제에 종속되어가기만 하는 것이다. 인간적 만남이 사라지고 있는 것이다. 하버마스Jürgen Habermas, 1929~ 가 말하는 대로 "생활세계Lebenswelt의 합리화"라는 명목 하에 실제로 "생활세계의 식민지화"만 진행되고 있는 것이다. 서양흉내? 우리 삶의 기준이 될 수 없다!

아목시실린을 두 알 먹고 일찍 잤는데, 밤 10시경 전화벨이 울려 억울하게 잠을 깼다. 카운터에서 온 전화였는데, 어제 밤과 똑같은 전화였다. 20층의 "미스터 정"이 언제 돌아오냐고 나에게 묻는 것이다. "미스터 정"이라는 사람이 투숙했는데 짐은 놓아두고 계속 방을 비워놓고 있는 모양이다. 그런데 나는 금시초문의 일이고 미스터 정이 누구인지도 모른다. 어제 나와는 상관 없으니 그런 일로 전화하지 말라고 단단히 일렀는데, 또 어떤 다른 매니저가 나에게 전화를 건 것이다.

미스터 정이라는 사람이 나의 일행 중 한 사람인 것으로 착각한 것이다. 나는 화가 엄청났다. 조교들을 시켜 직접 내려가서 호통을 치라고 명령했다. 조교들이 내려가서 "성웨이省委"에서 초청한 귀빈이라고 엄포를 놓은 모양이다. 지배인이 과일과 맥주 2병을 들고 올라와서 사죄한다. 잠은 이미 깨었는데 무엇하랴! 거란契丹 역사책을 뒤척거리다 잠들었다.

백암산성 가는 길. 요동벌의 아련한 정취가 서린다.

10월 26일, 일요일. 너무도 아름다운 날씨, 완벽하게 개었다

백암산성: 당태종과 연개소문

오늘 특별히 날씨가 좋다. 심양 온 후로 날씨가 계속 우울했다. 오늘 중요한 사진을 찍어야 하는 날인데, 아~ 날씨가 맑다. 내가 꼭 가보고 싶었던 고구려 산성, 백암산성白巖山城을 탐색하는 날이다. "도올이 가는 곳에 일월이 명랑하다"라는 말이 역시 허언虛言이 아닌듯 싶다.

호텔에서 "시찬西餐" 아침을 맛있게 먹는데 어느 호텔 써비스원이 정성스럽게 커피콩을 갈아 싱싱한 커피를 대접해준다. 너무 고마워서 내 책을 싸인해 주었다. 알고 보니 심양대 호텔경영학과 출신인데 대학원에 갈 준비를 하고 있다고 하면서 내 책을 꼭 탐독하겠다고 했다. 리 스신李世昕이라 했는데 정말 상냥한 아가씨였다. 오늘도 큰 것을 크게 누었다. 몸이 가뿐해졌다.

호텔을 9시에 출발했는데 기실 아무도 백암산성에 관해 아는 사람이 없다.

백암산성은 심양지역을 관광하는 우리나라 사람들 중에서 특별한 관심을 갖는 몇 사람들, 학자나 탐험가 소수에게만 알려져 있는 곳이다. 우리나라 사람들도 일반인들은 백암산성을 관광할 생각은 하지 못한다.

요양遼陽 43km라는 팻말이 보인다. 요양이 곧 고구려 요동성이 있었던 곳이다.

물론 당지의 사람들도 "백암산성"이 도무지 무엇인지, 어디 있는지조차 잘 알지를 못한다. 아무에게도 관심의 대상이 되지 않는 것이다. 우리나라 사람들만 백암성, 백암성하고 있는데, 그것도 중국의 동북공정이후에 생겨난 소수 한국인들의 관심일 뿐이다. 우리는 우리 역사유적에 관해 너무도 무지한 것이다.

중국에서 "백암산성"이라고 하면 아무도 모르는데, 그나마 "연주성燕州城"이라고 말하면, 인터넷 주소 정보라도 얻을 수 있다. 나는 "연주성"이라는 이름을 듣고 이것은 고구려가 차지하기 이전에 춘추전국시대의 "연燕"나라와 관계있는 고성이 아닐까 생각했다. 그런데 실제로 가보니까 그렇게 거슬러 올라갈 수 있는 옛성은 결코 아니었다.

이것은 분명 고구려인이 새로 구축한 고구려성임에 분명하다. 우리가 이 성을 "백암성白巖城"이라고 부르는 이유는 김부식이 쓴 『삼국사기』에 분명하게 여러 차례에 걸쳐 "백암성"으로 기록되어 있기 때문이다. 그런데 왜 "연주성燕州城"이 되었을까? 후술하겠지만 그것은 와전이다.

중국역사에서 그토록 뛰어난 성군으로 알려져 있는 당태종이, 왜 그토록 무리한 전쟁을 일으켰을까? 당태종의 고구려정벌은 당시 아직 국가의 토대가 굳건하게 다져지지도 않은 당나라의 입장에서 보면, 정책적인 득실로 보아 크게 실리實利가 있을 수 없는 전쟁이었다. 더구나 수문제, 수양제의 4차에 걸친 고구려침공의 선례가 참혹한 패배의 기록이었을 뿐아니라 수나라 멸망의 직접원인이라는 것을 당태종 본인이 잘 알았을 것이다.

객관적으로 보자면, 당나라 수도인 장안長安에서 그토록 멀리 떨어져있는 요동의 고구려를 쳐야 할 특별한 명분이 없었다. 특별한 명분이 없는 곳에 그토록 대규모의 출혈을 무릅쓴 전역을 일으켜 국력을 소진한다는 것은 도무지 이해가 되기 어려운 것이다. 당태종이 고구려정벌의 의지를 표명했을 때, 국가의 동량급 인재들인 장량張亮, 강행본姜行本, 장손무기長孫無忌, 저수량褚遂良등이 모두 반대하였던 것이다.

반대하는 사람들이 수왕조가 끝내 고구려를 굴복시키지 못하고 멸망하고만 사실을 상기시키면 당태종도 주저하지 않을 수 없었다. 저수량은 말한다: "한번 싸워 승리치 못하면, 필히 군사를 다시 일으키게 되고, 군사를 다시 일으키게 되면 군사는 분병忿兵이 될 것이고, 분한 마음으로 싸우면 승리를 보장할 수 없습니다. 一不勝, 師必再興。再興, 爲忿兵。兵忿者, 勝負不可必。"

저수량의 말에 태종이 주저하고 있을 때, 오직 병부상서 이적李勣이 설연타

요동벌, 백암산성 찾아가는 길에 찍다.

薛延陀(투르크계열의 부족으로 정관 초기에 당을 침범)의 예를 들어, 고구려와의 전쟁을 찬성하고 나섰다. 당태종의 고구려침공의 의지가 굳어지게 된 데는 이적의 책략이 밑받침이 되었다.

그런데 우리가 알아야 할 중요한 사실은 당태종의 고구려침략이 이세민의 "친정親征"이라는 사실이다. 친정이라는 것은 당제국의 종묘사직이 다 움직이는 것과도 같다. 친정중에도 국가사직의 모든 사무가 전쟁터에서 진행되어야 하는 것이다. 친정은 친정에 걸맞게 반드시 그 출병의 규모나 격식이 대규모가 될 수밖에 없고, 또 실전實戰의 상황에서는 지극히 불리한 여건이 조성되기도 한다. 장수들의 즉각적인 판단에 의한 기민한 대처가 불가능해진다. 황제에게 전략변경에 관한 재가를 받는 과정이 아무리 짧아도 하루는 걸린다. 야전에서의 "하루"는 평상에서의 "일년"보다 긴 것이다. 한발 늦게 대처할 수밖에 없고 그렇게 되면 전황은 불리하게 진행된다.

그럼에도 불구하고 이세민이 끝까지 친정을 고집한 것에 관해서는, 전쟁논리상 그렇게 적합한 이유를 열거하기 어렵다. 그 친정의 정책결정과정도 1) 어전회의 2) 재상회의 3) 백관회의를 순차적으로 거쳐 백관의 동의를 구해야 하는 것이다. 이 과정에도 말할 수 없는 무리수가 있었다. 요하를 건넌 것이 10만대군이었다 하나 실제로 요동에서 합세한 군대의 총 수는 30만은 족히 된다. 치중대까지 합치면 아마도 100만에 가까운 대전역이었을 것이다.

당태종은 수양제의 기병이 400만을 넘는 대군이었다는 사실, 그 자체에 대한 반성을 했다. 너무도 많은 군사였기에 오히려 기민한 대처를 못하고 몰살당하는 비극을 맞이했다는 것을 반성하여 그 규모를 정예화하려고 했다. 그리고 요동을 건너뛰고 직접 평양으로 갔기 때문에 보급단절이나 전세의 불리한 고립상황이 발생한 것을 고려하여 요동공략에 초점을 맞추었다.

하여튼 당태종은 왜 이러한 무리수를 두었는가? 당태종은 전쟁을 일으키기 전에 이미 고구려의 모든 정황을 파악하기 위하여 치밀하게 정보를 수집했다. 직접 간첩을 보내기도 하고, 왕래하는 사신들을 통하여 정보를 수집하기도 하고, 또 제3국의 체험을 통하여 정보를 얻기도 하고, 또 수나라의 참전 병사들의 이야기를 수집하기도 하였다. 이렇게 주도면밀하게 친정을 기획하는 당태종의 홍지鴻志 아닌 우지愚志의 실상은 바로 우리가 여태까지 논의해온 "고구려패러다임"을 전제로 하지 않으면 도저히 해결될 길이 없다.

수문제, 수양제, 당태종의 입장에서는 중원의 통일이 진정한 의미에서 중원의 통일이 아니었다. 여기서 우리는 반드시 이 책에 실려있는 고구려패러다임 지도를 상기해야 한다. 실제로 당나라보다 고구려가 더 대국이었고, 당태종보다 연개소문이 더 위대한 정치가요 실력자였다.

아주 비하하는 맥락에서 이루어진 정보임에도 불구하고, 영주營州(현재의 조양朝陽, 고조선 도읍지, 연燕나라의 용성龍城) 도독都督 장검張儉이 "연개소문의 정변"(이 정변이 당태종이 고구려를 침공하는 대의명분이 된다)의 진상을 보고하는 맥락 속에서 연개소문의 인품과 위용을 다음과 같이 보고한다: "연개소문은 생긴 모습이 거대하고 위엄이 있으며 의기가 호방하고 초일한 자세가 있습니다. 몸에는 다섯 개의 큰 칼을 차고 있으며 그가 나타나면 좌우에 있는 사람들이 감히 우러러 보지도 못하였습니다. 매번 말을 타고 내릴 때 항상 귀인貴人이나 무장武將으로 하여금 땅에 엎드리게 하고 그 위를 즈려밟고 타고 내립니다. 蓋召文狀貌雄偉, 意氣豪逸, 身佩五刀, 左右莫敢仰視。每上下馬, 常令貴人武將伏地而履之。"『자치통감』.

사실 이러한 보고를 받는 이세민의 입장에서는 존심이 상하지 않을 수 없다. 고구려정벌기간 동안에 당태종은 내내 연개소문, 그 나쁜 놈을 내가 징벌하러 왔다고 입버릇처럼 말하는데, 이것은 사가의 꾸밈이 아니라 실제기록이었을 것이다. 단재 신채호는 중국사료의 허구성을 고발한다. 소위 "춘추필법"이라는 것이 알고보면 자국에 불리한 것은 은폐시키는 곡필일 뿐이라는 것이다.

단재는 떠도는 민담이나 동삼성 사람들에게서 채취한 전설, 그리고 『해상잡록海上雜錄』(단재가 많이 인용하는 책인데 그 실물이 아직 학계에 소개되지 않았다), 『성경통지盛京通志』(건륭제 때 성경의 역사와 청나라민족의 유래를 밝힌 책인데 우리나라 고대사에 관련된 정보가 많이 실려있다) 등에 의거하여 이세민과 연개소문은 각기 대권을 잡기 전부터 아는 사이였으며 두 사람은 필연적인 라이벌관계였다는 것을 상술한다.

그리고 연개소문은 당나라의 침공을 소극적으로 막아낸 사람이 아니라, 오히려 당나라를 멸망시켜 고구려에 편입시키고자 하는 적극적 "남수북진南守北進"정책의 화신이었다고 주장한다. 당태종의 기병은 이러한 대결형국에서 선수를 치려고 한 것일 뿐이라는 것이다. 이러한 단재의 추론은 여러 사료의 내면적 정황으로 볼 때 일리가 있다.

하여튼 이세민의 입장에서는 연개소문이라는 거대정치가, 그 위에 1,000년의 역사를 지닌 고구려대제국을 업고 있는 그 자를 거꾸러뜨리지 않고서는 대당제국은 건설될 길이 없다고 판단했던 것이다. 연개소문은 이세민의 라이벌이었고, 이세민의 의식 속에서 연개소문은 친정을 감행해야만 할 이유를 충분히 제공하는 최대적수였다. 친정親征 외에는 다른 방도가 없었다.

그 친정의 꿈이 양만춘의 화살로 날아가 버리고 애꾸눈이 되어 세상을 하직하게 될 줄 그 누가 알았으랴! 슬기로운 위징이 옆에 없고, 아둔한 무관 이적만 옆에 있는 본인의 신세를 처절하게 탓하지 않을 수 없었을 것이다. 자아! 이제 독자들은 역사의 대맥을 파악했을 것이다. 이제 간략하게 그 시말을 서술키로 하자!

나온 김에 한마디 덧붙이자면 『삼국사기』의 기록에 "연개소문"을 "개소문"이라 하든가 "천개소문泉蓋蘇文"이라 하는 불경스러운 표현을 쓰는데, 이것은 당태종의 아버지가 이연李淵이기 때문에 중국측 기록에서는 그 휘를 피하기 위하여 "연淵"을 "천泉"으로 바꾼 것이요, 또 연을 아예 생략하는 것이다. 그런데 김부식이 중국사서의 습관을 그대로 옮겨적고 있다. 그리고 이병도도 이에 대하여 "연"과 "천"이 뜻이 비슷하니 대차 없다라고 말하고 있으니 참으로 불경의 극치라 할 것이다. 휘는 그 나라에만 적용되는 것이다.

어찌 천자의 나라인 고구려에 해당되는 말이겠는가? 피휘를 위해 남의 성姓을 함부로 바꾸는 것이 가당한 일인가? 우리가 지금도 우리역사를 바라보는 눈이 이와 같으니 어찌 부끄럽지 아니 할손가? 그리고 말하기를 "대당제국이 고구려같은 변방의 소국 하나를 점령 못하고 …." 운운하는 말버릇이 모든 역사기술에 깔려있다. 민족 자조自嘲의 악폐가 이토록 쌓여있으니 어디서부터

백암산성 아래에 있는 꾸안툰촌官屯村 마을에서 찍은 백암산성 전경. 산성 서남쪽의 모습을 잘 보여 준다. 그 반대편으로는 성벽이 많이 남아있지 않다. 치가 5개 나와있고 위에서 3번째 치와 4번째 치 사이가 성벽이 허물어져 있다. 성주 손대음이 항복깃발을 꼽았던 장대將臺가 성안 꼭대기에 있다.

백암산성

바로 이 성 밑, 그 자리에서 당태종 이세민이 이 성을 어떻게 공략할까 하고 고민하면서 서있었다는 것을 아는 사람이 몇이나 될까? 역사는 현장에서 느껴봐야 한다. 중국인들은 이런 현장기록을 남기지 않는다. 크게 보아 이 원정은 치욕의 역사이기 때문이다.

우리의 진실을 풀어가야 할지 막막할 뿐이다.

당태종은 보장왕 3년에 대군을 일으키어(대군은 낙양을 집결지로 하여 출발했다) 이듬해 4년(AD 645) 4월에 지금의 무순撫順지역에 있는 현도성玄菟城과 신성新城을 친다. 그러나 이 두 성의 사람들은 당군에게 항복하지 않고 굳건히 지켰다. 그러자 당군은 방향을 틀어 개모성蓋牟城(무순의 서남쪽), 비사성卑沙城을 함락시키는데 성공한다. 그리고 이어 고구려 요동지역의 최대 거점 중의 하나인 현재의 요양遼陽에 위치하고 있는 요동성을 친다.

요동성遼東城은 정말 난공불락의 성이었고, 보장왕이 신성新城과 국내성國內城으로부터 기병과 보병 4만을 원병으로 보내어 굳게 지키게 하였다. 그러나 당태종이 거느린 정예부대와 당의 대총관大摠管 이세적李世勣이 거느린 대군이 합세하여 요동성을 수백겹으로 에워싸고 북과 고함소리로 천지를 뒤흔드는 기세로 공성작전을 펴니, 요동성의 군졸들은 역전力戰하였으나 끊임없이 날아드는 포거抛車의 대석大石과 성城을 오르고 또 오르는 당 돌격대의 공격에 성이 함락당하고 만다. 요동성의 고구려군졸이 죽은 자만 해도 1만여명, 그리고 붙잡힌 승병勝兵(뛰어난 군사)이 1만여인, 남녀가 4만구口, 양곡이 50만석石이었다 하니, 요동성의 규모를 알 수가 있다.

이러한 대성인 요동성이 함락했다는 소식을 들은 백암성白巖城의 성주 손대음孫代音은 겁이 났다. 드디어 이세적이 파죽지세로 백암성의 서남에 들이닥쳐 공격을 개시하고, 당태종은 백암성의 서북을 에워 싸았다. 손대음은 비겁하게 항복하는 것이 상책이라는 생각을 했다. 그러나 백암성은 천혜의 요새이며 그렇게 쉽사리 당군에게 항복당할 형세가 아니었다. 성안에 싸워볼만

한 군대가 있었고 또 워낙 성이 견고하여 아무리 당군이라 한들 그렇게 쉽사리 기어오를 수 있는 요새가 아니었다.

실제로 와서 보면 그 축성의 견고함은 상상을 초월한다. 그리고 성안의 고구려 군사들은 단단히 싸울 각오를 하고 있었다. 그런데 그들의 리더인 손대음은 요동성의 함락의 소식을 듣고 도저히 승산이 없다고 판단, 이럴 바에야 미리 항복하는 것이 상책이라는, 일신상의 안위를 먼저 생각하는 약삭빠른 계책을 세우고 있었다. 그래서 자기의 복심腹心을 몰래 내어보내 당태종에게 항복의 메시지를 전했다: "항복하겠사오니, 선처를 앙망하오이다. 제가 내일 성벽으로 나아가 도끼를 던지는 것으로 항복의 신호를 삼겠습니다. 그러나 성안에는 저의 항복을 따르지 않는 자가 많을 것입니다."

이에 당태종은 그러한 애매한 항복은 받지 않겠다고 했다. 그리고 당태종은 당군唐軍의 큰 깃발을 사자에게 주면서 이와 같이 말했다: "확실하게 항복할 의사가 있다면 이 깃발을 성주가 스스로 성안 꼭대기 망대에 꽂아 휘날리게 하라!"

성주 손대음孫代音은 당태종과 약속한 시간에 성안의 망대에 당기唐旗를 휘날리게 하였다. 공성전攻城戰에 있어서는 적기敵旗가 성내에 휘날린다는 것은 이미 성이 무너지고 적군이 성내를 점령하였다는 것을 상징하는 것이다. 성내의 장수들은 당병이 이미 성을 점령한 것으로 생각하고 전의를 상실하고 만다. 참으로 애석한 순간이었다.

성주 손대음의 이러한 치사한 항복으로 당태종은 백암성을 항복시켰지만,

성안의 분위기는 소조하다. 가을 성록城麓, 들풀과 꽃 사이로 성내 곳곳을 산보해보면 역사기록에 숨겨진 많은 아우성이 들려오는 듯하다. 아무도 없었기 때문에 산책하기에는 너무도 쾌적한 곳이었다. 그래도 가끔 한두 명의 관광객인 듯이 보이는 외지인들이 올라오곤 했다. 저 뒤 뾰족한 곳에 손대음의 항복깃발이 꽂혀 있었다.

요동도행군대총관遼東道行軍大摠管 이세적은 즉각 당태종에게 반발하여 항의 를 제출한다:"사졸이 다투어 시석矢石을 무릅쓰고 죽음을 돌보지 않는 것 은 노획虜獲을 탐내기 때문이온데, 지금 백암성이 거의 함락되려 할 판인데 어찌하여 그 항복을 받아서 전사戰士의 마음을 외롭게 하시나이까?"

이 말은 당시 전투의 일정한 윤리체계를 말하고 있다. 끝까지 항전하면서 패배한 성城은 노략질해도 아무 문제가 없지만, 서로간의 타협에 의하여 항복한 성은, 약정에 의하여 노략질을 할 수가 없게 되어있다는 것을 의미한다. 여기 "성城"의 개념이 문제가 된다. 그리고 노략질이라는 것의 핵심은 결국 "부녀자의 겁탈"이다. 전사들에게 있어서 가장 굶주린 것은 성적 욕망이다.

당태종은 이러한 이적의 항의를 듣고 말에서 내려 사과하면서 말한다: "그대 장군의 말이 옳도다. 그러나 군사를 풀어 성내의 사람을 죽이고 그 처자를 겁탈하는 것은 내가 차마 눈뜨고 볼 수가 없다. 장군 휘하에 공이 있는 자는 내가 나의 고물庫物로써 상을 줄 터이니 장군은 이 백암성 일성을 속죄贖罪하여 주기 바란다." 이적이 이 말을 듣고 물러났다.

허물어진 성벽 사이로 내가 들어가고 있다. 이 백암성이 얼마나 견고하고 두껍게 순 돌로 축조된 전략적 성이었나 하는 것을 말해준다. 이 성, 이 장소가 허물어진 것은 당태종시대의 사건은 아니었을 것 같다.

당태종이 장막을 쳤던 곳으로 상정될 수 있는 성하마을. 옆으로 태자하가 흐르는데 그토록 물이 깨끗할 수가 없다. 깨끗한 개천이 흐르는 자연스러운 마을이란 이제 전 세계적으로 찾아보기 어려운 광경이 되었다. 내가 어렸을 때만 해도 그토록 흔한 광경이었는데 ⋯ 그러기에 나의 노스탈쟈는 더욱 짙게 내 가슴을 물들였다.

당태종은 성중城中의 남녀 1만여 구를 얻어, 물가(태자하)에 장막을 치고 그들의 항복의 예식을 정식으로 치르게 한 후, 이어 그들에게 음식을 주고 80세 이상의 사람들에게는 비단을 주었는데, 등급에 따라 그 비단하사품의 차이가 있었다. 당태종이라는 인물의 품격을 묘사하고 있는 대목이라 말할 수 있다(이상 『삼국사기』에 의거).

이때 당태종은 백암성白巖城을 암주巖州라 이름을 고쳐 당제국의 일부 행정구역으로 편입시키고(아마도 백암성의 돌벽들이 너무도 인상적이래서 그런 이름을 붙였을 것이다) 손대음에게 자사刺史라는 직책을 부여한다. 다시 말해서 이때부터 백암성은 암주성巖州城으로 불리게 되었고, 이 암주성이 와전되어 오늘의 "연주성燕州城"이 된 것이다.

자아! 당태종은 과연 이번 전투에서 승리를 거두었는가? 당태종의 대군이 백암성을 제압하고 다음으로 향한 성이 바로 그 유명한 안시성安市城이다. 사실 안시성을 치기 전에 건안建安을 먼저 치자고 한 것이 당태종과 주변 막료들의 대체적인 의견이었던 것 같다. 그러나 이적은 안시성을 곧바로 치는 것이 득수得數라는 역설적 지론을 편다. 그래서 대군의 주력이 안시성을 향하게 되었다.

동네 앞 태자하 개울에서 놀고 있는 오리들. 오리들의 모습도 그렇게 건강하고 그렇게 싱싱할 수가 없었다. 자신들의 삶이 너무도 행복하다는 제스츄어를 과시하며 줄 맞추어 유영했다.

이 안시성의 싸움이야말로 동북아세계의 운명을 결정한 세기적 결전이었다. 안시성의 성주가 바로 양만춘이었다. 양만춘은 연개소문에 못지않은 고구려의 자이언트였으며, 연개소문이라는 대대로大對盧(관직의 최고 정일품. 연개소문시기는 "귀족연립정권"이었고 왕권이 정사의 중심이 아니었다. 노태돈의 『고구려사연구』를 참고할 것)와 국사운영의 대의에 동참은 하지만 연개소문의 행태에 대하여서는 비판적인 시각을 가지고 있는 아주 영민한 인물이었다.

우리는 안시성의 성주 양만춘(楊萬春 혹은 梁萬春: 모든 역사자료는 동일한 자격을 지닌다. 양만춘은 안시성의 성주로서 확실한 역사적 전거가 있는 인물이며 당태종의 대군을 물리쳤다. 아마도 양만춘은 비유하자면 조선역사의 호치민胡志明이라 부를 만하다. 한대수의 노래대로 3200일의 끝없는 폭격을 밤낮으로 당하면서 미국의 강력한 군사력을 이겨낸 유일한 사람. 미국이 월남지역에 퍼부은 포탄만 해도 1,300만 톤이 넘는다. 히로시마에 투하된 원폭에너지의 450배가 넘는 포탄을 맨몸으로 막아낸 호치민胡志明의 분투. 양만춘과 당태종의 싸움은 그런 분위기가 있다. 호치민에게 미국이 졌고, 양만춘에게 대당제국의 가장 위대한 성군 이세민李世民이 무릎을 끓었다)이 당태종의 10만 대군을 지극히 곤요로운 궁지에서도 여지없이 물리치고 만 이야기는 우리에게 너무도 잘 알려져 있다.

그런데 실제로 안시성이라는 곳을 가보면 그만한 대전투를 치렀을 만한 현실적 실물전거가 성립하지 않는다고 윤명철은 말한다. 불행하게도 나는 안시성으로 추정되고 있는 해성시海城市의 영성자산성營城子山城을 가보지 못했기 때문에 아무 것도 확언할 수가 없다. 백암성이 웅장한 석성의 유적으로 정확하게 남아있는데 반하여 영성자산성은 토성일 뿐이며 그 흔적이 분명치 않다고 한다.

심양에서 서남쪽 요동만으로 직행하는 길에서 요양遼陽, 안산鞍山을 지나 해성海城이라는 곳에 이르는데, 바로 해성의 동남쪽으로 영성자산성營城子山城이라는 것이 자리잡고 있다. 이 영성자산성을 보통 안시성이라고 비정比定하는데, 그 비정의 정당성에 관해서 우리는 많은 의문을 제기할 수 있다. 그렇다고 그 의문을 불식시킬 수 있을 만한 새로운 유지를 설정하는 것도 여러 가지 지리적 사정으로 볼 때 난감하다. 영성자산성의 위치가 백암성에서 평양으로 향하는 길목 요지를 차지하고 있고 여타에 만만한 유지가 해당되기 어렵기 때문이다.

단재 신채호는 안시성을 "아리티"라 하여 환도성, 즉 북평양北平壤으로 본다. 태조대왕이 일찍이 서부 방면을 경영하기 위해 설치한 것으로 본다. 단재는 고구려의 환도성丸都城을 제1, 제2, 제3환도성 세 개가 있다고 보는데, 제1환도성이 태조대왕이 쌓은 것으로 개평蓋平 지방에 위치하고, 제2환도성은 산상왕 연우가 혼강 상류 안고성安古城에 쌓은 것이고, 제3환도성이 고국원왕 때 집안현에 만든 것이다. 단재의 이러한 주장은 모두 사료의 근거가 있다. 그러나 안시성의 문제는 단재도 구체적으로 비정하고 있지는 못하다. 심양 부근의 어디에서 그 유적을 찾아야 할 것이다. 이와 같이 안시성의 문제는 오리무중에 싸여있다.

안시성의 공방전이 벌어질 즈음, 연개소문은 북부욕살北部褥薩("욕살"은 한 부部의 최고 관직이다) 고연수高延壽와 남부욕살 고혜진高惠眞으로 하여금 고구려군과 말갈군靺鞨軍으로 구성된 15만의 대군을 출정시켰는데, 안시성을 에워싸고 진을 친 것이 자그마치 40리에 달했다(여기 고구려군과 말갈군이라는 개념이 분리되어 기술되고 있는데, 당시 과연 고구려족과 말갈족의 개념 사이에 어떠한 명료한 구분이 있었는지에 관해서는 실로 북방민족사 전체를 통관하여 대답되어야 할 난제이다. 말갈靺鞨과 물길勿吉은 동음이기同音異記에 불과하다. 그리고 읍루挹婁라는 것도 말갈의 다른 이름으로 쓰일 때도 있다. 말갈·물길·읍루가 모두 언어와 혼상습속婚喪習俗에 약간의 차이가 있으나 동종이족同種異族으로서 시대를 달리하여 다르게 부르는 이름들이었다. 이들은 모두 시대를 거슬러 올라가면, 주대로부터 서한시대에 이르기까지는 숙신肅愼이라는 이름으로 통칭되었던 것이다. 이 "숙신"이라는 말은 또 "조선"이라는 말과 상통하므로, 아마도 말갈·물길·읍루·숙신의 모든 갈래들이 고조선이라는 거대한 연합세력을 형성한 부족들의 명칭으로 해석되어질 수 있다. 이들은 흑룡강 유역, 송화강松花江, 압록, 두만강 유역, 우수리강 유역에 광범위하게 분포되었던 토착세력이었다. 고구려는 이 토착세력과 분리될 수는 없으나 이 세력의 기반 위에서 새로운 국가체제를 구축한 상위개념의 어떤 계층이었을 것이다. 고구려를 이어간 대조영이 바로 말갈의 7부 중의 하나인 속말말갈粟末靺鞨 출신의 사람이라는 사실, 당나라에서는 계속 발해를 말갈이라고 칭하는 경향이 있었다는 사실, 그리고 말갈 7부 중의 하나인 흑수말갈黑水靺鞨이 발해에 저항했을 뿐 아니라 그 말갈이 "여진女眞"으로 개칭되어 결국 금金과 청淸의 원류가 되었다는 사실은 고구려와 말갈을 분리해서 생각할 수 없다는 사실史實을 입증하는 것이다).

당태종은 희대의 문인 성군인 것처럼 알려져 있으나 본시 소년시절부터 기병起兵하여 20세 때부터(무덕武德 원년, AD 618년) 혁혁한 무공을 쌓은 걸출한 군사전략가이었다. 당태종은 고연수와 고혜진과의 싸움을 친히 지휘하는 입장에 처하게 되었는데 그들이 구축한 진을 바라보고 두려운 기색에 사로잡혔다. 당태종은 이들을 정면으로 돌파하지 않고, 고연수에게 사신을 보내어 방심케 하고 그날 밤으로 사방에서 들이닥친다. 완전히 치사한 속임수로 야밤중에 급습한 것이다. 15만의 대군이 괴멸하고, 고연수와 고혜진은 나머지 3만 6천 8백 인을 거느려 항복을 청했다.

당태종은 욕살 이하 관장 3,500명을 가려서 내지로 옮기고, 나머지는 모두 방면하여 평양으로 돌아가게 한다. 그리고 말갈인 3천 3백 명을 가려 뽑아 모두 구덩이에 산 채로 묻어 죽였다(이러한 당태종의 행태로 보아 말갈병사가 가장 용맹하고 다루기 힘든, 그리고 고구려에 대한 충성심이 강렬했던 병사였다는 것을 알 수 있다). 그리고 고연수와 고혜진에게는 높은 관직을 부여하여 당태종의 측근에서 전투를 지휘하게 한다. 이 전투에서 당태종이 노획한 말이 5만 필, 소가 5만 두, 찬란한 갑옷이 1만 벌이었다고 하니 얼마나 막강한 대군이 안시성싸움에 지원을 왔었는가 하는 것을 알 수 있다.

그러나 이러한 기술은 어디까지나 당나라의 기술이며, 김부식의 역사서술은 거의 모조리 중국측 사료에 의존한 것이다. 당태종의 10만대군과 대결한 고연수, 고혜진 두 욕살의 15만대군이 그렇게 치사한 작전에 속수무책으로 무너졌을까? 이것은 도무지 상식에 어긋나는 사태이다. 결과적으로 고연수, 고혜진이 패배하였다고는 하지만 그 과정이 그렇게 단순하지는 않았을 것이다.

말갈병사 3천 3백을 구덩이에 산 채로 묻었다 하는 것은 그만큼 당태종이 그들에게 심하게 당했다는 것을 방증한다. 다시 말해서 15만대군이 무너지는 과정에서 당군은 엄청난 피해를 입었을 것이고 안시성의 고구려군과 대결한 당군은 이미 기세가 크게 꺾인 군대였다고 보아야 할 것이다.

단재는 연개소문이 정변을 일으킨 것은 귀족연립정권의 나약함을 근원적으로 제거하고 분산된 권력을 다시 집중시키고, 통일된 막리지정권을 수립한 혁명적 과정이었는데, 어찌 북부욕살과 남부욕살이 왕족 고씨高氏에 의하여 점령될 수 있었겠는가, 두 고씨 출정에 관한 기사에 관하여 근원적인 의문을 제기한다. 고씨高氏의 천하가 연나부 중심의 연씨淵氏의 천하로 바뀐 것을 모르는 중국의 사가들이 상황을 마음대로 조작한 것으로 본다. 그렇게 되면, 이 15만 대군은 연개소문이 직접 휘하에 거느리고 나중에 당태종을 치게 되는 병력의 일부였을 것이다(나의 기술방식은 『삼국사기』의 사료나열을 주된 흐름으로 잡으면서 단재의 입장을 병렬시키고 있다).

하여튼 고구려 두 욕살이 이끄는 대군의 방패막이 사라진 안시성은 그야 말로 고립무원의 궁지에 빠지게 된 것이다. 이러한 상황에서도 안시성은 지세가 험준하고 군사가 정예하며, 특히 성주 양만춘은 재능과 용기가 뛰어나 연개소문도 함부로 다루지 못하는 독자적인 판단력을 소유한 인물이라는 정보가 이미 당태종에게 있었다. 양만춘이 민심과 하나가 되어 성을 굳건히 지킬 것이라는 판단이 당태종에게 있었던 것이다.

그래서 당태종은 막하의 제1장수인 이세적李世勣, 594~669(당초 명장으로 이정李靖과 병칭된다. 이세민의 세를 피하기 위하여 이적李勣으로 개명하였다)에게 건안建安을 먼저 치는 것이 어떻겠냐고 의중을 떠본다. 건안은 지금 요동만 동쪽 구석에 자리잡고 있는 개주蓋州(개평蓋平 동북 석성산石城山)이다. 다시 말해서 안시성을 건너뛰고 단동丹東 쪽으로 튈 생각이었던 것 같다. 하여튼 건안은 안시성의 남쪽에 있었다. 이에 이세적은 대답한다:

"건안은 남에 있고, 안시는 북에 있으며, 우리의 군량미와 치중대는 모두 안시성의 북방인 요동에 있습니다. 지금 안시를 건너뛰고 건안을 치다가 만일 고구려인이 우리의 양도糧道를 차단하면 우리는 맥 없는 외톨이가 되고 맙니다. 반드시 먼저 안시를 치고 나서 진군하여 건안까지 한 기세에 함락시켜야 할 것입니다."

일리가 있는 말이다. 당태종은 이세적의 의견에 따를 수밖에 없었다. 이세적이 대군을 몰아 안시성을 쳤다. 그러나 안시성은 끄덕이 없었다. 안시성의 성주 양만춘은 침착하게 대응하고 일체의 반응을 하지 않았다. 당군이 아무리 기어올라봤자 끄덕이 없는 난공불락의 성이었다. 현재 영성자산성을 가보면 환도성 비슷한 구조로 되어있는데 10만대군을 막아낼 만한 구조물이 지금은 눈에 뜨이질 않는다.

그 산성의 둘레가 4km 정도이니까 환도성(7km)의 절반 조금 넘는 싸이즈밖에는 되지 않는다. 안시성은 기본이 토성으로 구축된 성이라고 하는데, 원래 안시성은 공성기구로써도 극복하기 어려운 어떤 특이한 구조를 가지고 있었던 것 같다. 그 위에 특별한 목책구조가 있었을까? 그러나 목책성으로는 화공을 견디기 어렵다. 하여튼 안시성은 당군의 접근을 불허하는 특별한 구조를 지니고 있었다. 포위를 하여 고사시키는 것밖에는 다른 방법이 없었던 것 같다.

전체적인 전투의 흐름을 보면 안시성의 강점은 양만춘의 리더십과 군관민의 혼합일체가 된 단결력, 그리고 명분 없는 당군의 침공을 막아내겠다는 어떤 결사항전의 의지, 뭐 그런 정신력에 있었던 것 같다. 당군은 싸우면서도 계속 안시성의 위세에 짓눌렸다. 안시성의 사람들은 당태종의 깃발을 바라보고도 성城 위에 올라가 북 치고 소리 지르며 당태종을 마구 놀려댔다. 당태종은 진노했다.

이세적이 화가 나서, 당태종에게 말하기를, 이 성이 함락되는 그날에는 성 중의 모든 남자를 구덩이에 묻어 죽이겠다고 청하였다. 안시성 사람들이 그 얘기를 듣고 위축당하기는커녕 그 위세가 더욱 등등해졌다. 당군은 이미 정신 적인 싸움에서 밀리고 있었던 것이다. 장장 250km에 달하는 구찌터널 위에 막강한 미군 제25사단 본부가 건립되어 있었지만 25년간 이 터널의 정체가 드러나지 않은 채 월남전이 종료되었다는 사실은, 베트콩 게릴라들의 도덕적 결속력의 위대한 승리를 말해주는 것이다. 그처럼 안시성은 결속되어 있었다.

당태종에게 붙어있었던 배신자, 고연수와 고혜진은 안시성을 잘 이해하고 있었고, 당태종이 무리한 싸움을 강행하고 있다는 것을 잘 알았다. 그래서 안시성을 건너뛰고 오골성烏骨城을 바로 치자고 제안한다. 오골성은 바로 지 금의 단동丹東 위에 있는 봉성鳳城이라는 곳에 자리잡고 있었다. 오골성은 늙 은 욕살이 지키고 있는데 쉽게 극克할 수 있으며, 오골성만 점령하고 나면 평 양으로 바로 내려갈 수 있으니 군량걱정은 안해도 된다고 권유했다. 사실 고 연수와 고혜진의 조언은 당시로 볼 때에는 최선의 선택이었다.

당태종이 이 두 고씨 욕살의 말을 들었더라면, 그는 이번 친정에서 결코 패배의 고배를 들이키지 않았을 것이다. 고씨의 조언은 진실로 내부사정을 잘 아는 인사이더의 조언이었다. 그러나 이 고 욕살의 조언은 장손무기長孫 無忌(장손은 북위제실北魏帝室 10성 중의 하나이다. 이세민보다 5살 위인데 이세민이 황 제가 되는 과정에서 그를 도운 공신 중에서 가장 공이 큰 대신이다. 장손무기는 방현령 과 더불어 『정관률貞觀律』을 수찬한 인물이다. 장손무기가 전장에 왔다는 것은 당조정 이 이곳에 옮겨왔다는 것을 의미한다)에 의하여 묵살되고 만다. 당군이 오골성으 로 향하게 되면 아직도 건재한 건안성과 신성新城의 고구려 10만대군이 우리 의 후방을 칠 것이라는 염려 때문이었다.

이에 당군은 안시성의 동남쪽 맞은편에 토성을 높이 쌓아, 성의 내부가 환히 보이는 곳에서 공략을 한다는 계책을 수립하였다. 맞불을 놓겠다는 작전이었다. 이것은 마사다 요새를 로마 제10군단이 공격할 때 쓴 수법과 동일한 전략이었다. 로마 군단은 이 토성램프를 구축하는 데 1년이 걸렸다.

그러나 당군은 60일 동안 연인부 50만을 동원하여 안시성보다 더 높게 쌓았다. 이 토성을 쌓는 동안에도 끊임없는 공방이 계속되었지만 안시성 사람들은 목책을 더 높게 쌓아 끈질긴 저항을 계속하였다. 이 토성작전을 총괄한 것은 부대총관副大摠管 강하왕江夏王 이도종李道宗이었다. 그리고 토성 위에 당군을 집결시켜 공격을 주도키로 한 장수는 부복애傅伏愛였다.

그런데 이 토성은 결정적인 약점이 있었다. 토성이라는 것이 흙만 쌓아올리는 것이 아니고, 돌을 다져가면서 같이 쌓아올리는 것인데 50만의 아마츄어 동원인력이 급격히 쌓아올린 토성은 삼풍백화점처럼 푹 꺼져버린 것이다. 그것도 대군이 총공격을 개시하기 위하여 토성 위에 올라가 있을 때 무너져버린 것이다. 당군에게는 로마군단이 지니고 있던 치밀한 공병기술이 없었던 것이다. 토성이 무너져내리면서 상당수의 당군이 깔려 죽었을 것이다.

그리고 무너진 토성은 안시성의 동남벽을 무너뜨렸으나 그 순간 오히려 그 당군이 쌓아올린 토성이 안시성의 확장된 익스텐션이 되면서 고구려군대의 유리한 옹성이 되는 기이한 현상이 벌어졌다. 고구려군은 그 새로 확장된 토성을 점령하면서 주변을 깎아 가파르게 다지고 주변의 당군을 대파시켰다.

양만춘은 이미 전쟁에 대비하여 엄청난 양식과 가축을 비축하여 놓았고,

장안성의 남문인 영녕문永寧門과 그 영녕문 위로 연결되어 있는 남쪽 성벽 위의 길. 꼭 대로大路 같다. 북경에도 이런 성이 있었는데 모택동이 다 헐어버리고 자동찻길로 만들었다. 그것이 북경 오염의 시작일 것이다. 당태종은 이 장안성에서 출발하여 ↗

군사 3만 명과 백성 7만, 도합 10만 명이 안시성 내에 집결되어 있었기 때문에 생명공동체의 결속이 잘 이루어져 있었다. 그리고 양만춘은 활만이 당군에 대항할 수 있는 좋은 무기라 생각하고, 화살촉 끝에 솜을 말아 기름을 적셔 쏘는 불화살을 엄청 많이 마련해놓았다. 일시적으로 쏟아지는 불화살의 위력은 대단한 것이었다. 당군은 연 사흘을 계속 공격하였으나 점점 더 형세가 불리해졌다.

이 싸움은 늦여름부터 시작하여 겨울까지 계속되었다. 식량이 떨어져 추위가 엄습하였다. 토성이 무너졌을 때, 그 장병을 책임지고 있어야 할 장군 부복애가 토성을 지키고 있질 않았다. 당태종은 군율에 따라 부복애를 순시殉示하였다. 그리고 죄를 청하는 이도종에게 "한무제가 왕회王恢를 죽인 것은 진목공이 맹명孟明을 쓴 것보다 못하다. 오직 개모성과 요동성을 파한 공이 있어 용서할 뿐"이라 하였다. 드디어 총퇴각을 명령하였다.

생각해보자! 장안을 출발하여 30만 대군을 낙양에 집결시키고, 그 곳을 출발하여 그 험난한 중원의 모든 육로여정을 거쳐 요동까지 도착한 당태종이 과연 안시성의 패배 때문에 압록강을 건너보지도 못하고, 평양성 공격을 눈앞에 둔 시점에서 과감하게 총퇴각을 명령했을까? 여기에는 퇴각을 부득이하게 만든 어떠한 결정적인 함수가 있지 않으면 안된다. 과연 그 급전急轉의 계기를 만든 사건은 무엇이었을까?

✓ 낙양, 정주를 거쳐 요하를 건넜다. 정사의 기록에 의하면, 그가 친히 거느린 군사가 10만이었고 말이 1만 필이었는데 돌아올 때는 빈털터리가 되어 돌아왔다. 그런데 『신당서』에 병사는 겨우 1천 명밖에 안 죽었으나 말은 8000필이 죽었다고 했다. 그 기록이 얼마나 터무니없는 엉터리인지 알 수 있다. 애꾸눈이 되어 돌아온 패장의 군대가 1천 명밖에 안 죽었다는 게 말이 되는가? 말은 열에 여덟이 죽었다고 한다면, 최소한 사람은 열에 아홉은 죽었다고 기록해야 마땅치 아니할까? 당태종은 이 장안에 돌아와서도 두 계절이 지나도록 구멍이 뚫린 갈포를 입고 있었다고 한다. 패전의 설움을 계속 씹고 있었던 것이다.

백암산성 성내에 있는 길. 성벽 연도인데 그 바닥을 살펴보면 본래 돌로 포장이 되어있었다는 것을 알 수 있다. 꼭 로마인들이 만든 길과도 같다. 바닥은 큰 돌로 구성되어 있고 반질반질하게 길이 나 있는데, 수레가 엄청 빈번하게 다녔던 길이라는 것을 알 수 있다. 고구려인들의 성관리는 매우 철저했음을 알 수 있다.

백암산성: 양만춘 이야기

나는 어렸을 때, 소학교·중학교 때 항상 운동장에서 조회를 섰다. 천안 작은 잿빼기 제3국민학교(=중앙초등학교) 교정에는 훈화를 하시는 교장선생님이 서 계신 단상 뒤로 큰 석비가 서있었는데 거기에는 "홍익인간"이라는 한글이 아름답게 새겨져 있었다. 궁체로 쓰여져 있어서 "홍익인간"인지 "홍억인간"인지 잘 구분이 가질 않았다. 나는 6년 동안 그 비석을 매일 쳐다보면서도 그 의미를 깨닫지 못했다. 홍억인간인지, 홍익인간인지도 알지 못했고, 저게 도대체 무슨 말인지, 어디에서 나온 말인지, 궁금증을 풀지 못한 채 졸업을 했다.

그리고 중·고등학교, 대학교 때도 풀지 못했다. 아마 내가 석·박사를 했을 때쯤 언젠가 어렴풋이 알기 시작했을 것 같다. 사실 이 초등학교 교정의 네 글자를 여기 연길에 와서 겨우 풀어내기 시작한 것 같다. 중요한 것은 천안 잿빼기 돌덩어리가 아무 것도 알지 못하는 나의 어린 심령에 수수께끼 화두를 하나 심어놓았다는 것이다. 문화적 전승은 이렇게 무지無知와 유지有知 사이를 방황하는 것 같다.

그런데 홍억인간인지 홍익인간인지, 그 돌덩어리 앞에서 훈화를 하시는 교장선생님의 말씀 중에 단골메뉴 중의 하나가 안시성의 성주 양만춘의 화살이 당태종의 왼쪽 눈깔에 꽂혀 애꾸가 된 이야기였다. 보성중학교 시절에도 서원출 교장이 물러나고 그 후임으로 들어오신 교장선생님이 아주 유능한 만담가였는데, 그 분의 훈화 중에도 당태종이 애꾸가 된 이야기가 몇 번 등장했다. 이와 같이 우리 어릴 때만 해도 어른들은 우리 청소년에게 고구려인의 기상을 심어주려고 노력했던 것 같다.

그런데 그 분들의 이야기가 얼마나 생생했는지 마치 그 분들이 안시성의 전투에 참여해서 그 장면을 목도한 것 같이 이야기하셨다. 그 이야기를 지금 정확하게 재현할 수는 없지만 당태종이 높게 쌓은 토성 위에서 안시성을 내려보다가 양만춘이 쏜 화살에 맞았다는 이야기였는데 어찌나 그 분들께서 재미있게 말씀하셨는지 학동들은 깔깔 웃으면서 훈화를 경청했다.

당태종이 안시성 쪽을 손을 들어 눈 위에 차양을 만들어 목을 길게 뽑아 들여다보고 있었는데, "휘이이익 …"공중을 포물선으로 날아오는 화살을 손에 가려 보지 못했다. "휘이이익 … 콱," 그 소리를 얼마나 재미있게 표현하시는지 우리 조회 서던 학생들은 자지러지게 웃어댔다. 이도종이 쌓아올린 토성이 무너지는 순간이었을까? 하여튼 당태종의 왼쪽 눈에서는 피가 흐르고 있었다.

정사와 야사! 과연 그 차이가 무엇일까? 과연 히스토리오그라피에 있어서 정사만의 고유한 객관성이 확보될 수 있을까? 하여튼 "당태종의 애꾸눈"이라는 주제는 중국의 정사에 등장하지 않는다. 그러나 조선의 민중에게는 1,400년 동안 끊임없이 전승되어온 이야기인 것이다. 이것을 과연 "야사"라는 이름으로 처분해버릴 수 있을 것인가?

당태종의 초상화. 규염에 해당되는 수염이 있다. 어떤 초상에는 수염이 붉은색이 돌고 꼽슬꼽슬하다.

삼연三淵 김창흡金昌翕, 1653~1722(본관 안동. 서울 출신. 조선 후기의 유학자. 영의정 수항壽恒의 셋째 아들. 도암과 함께 낙론洛論[인물성동론人物性同論]의 종장으로 불림)이 아우 노가재老稼齋 김창업金昌業, 1658~1721(문인, 화가. 겸재 실경산수화풍의 선구자. 그의 연행록은 유명하다)이 북경 갈 때 지은 전별시에 이렇게 읊은 구절이 있다:

千秋大膽楊萬春, 箭射虬髯落眸子。
천추에 담이 컸던 양만춘은 천자의 용수염 달린 얼굴을 쏘아
그 눈깔을 뽑아버렸네.

"규염虬髯"이 곧 황제의 얼굴을 뜻하지는 않는다. 그것은 붉은색이 도는 꼽슬꼽슬한 카이제르수염인데, 당태종과 관련된 고사 중에 "규염객"이라는 인물이 있어, 그것이 곧 당태종을 의미하는 것으로 와전이 된 것 같다. 당태종의 초상을 보면 항상 카이제르수염이 있다.

또한 목은 이색李穡, 1328~1396의 「정관음貞觀吟」이란 시에도 다음과 같은 표현이 있다.

謂是囊中一物耳, 那知玄花落白羽。

양만춘을 일컬어 푸대자루 속에 갇힌 한 물건일 뿐이라고 말하더니만,

누가 알았으랴! 양만춘의 흰 화살에 당태종의 검은 눈동자가 빠질 줄을!

이 시들은 조선민중 속에 면면이 이어져 내려오는 이야기를 대변하는 것이며, 연암 박지원의 『열하일기』에도 실려있고 단재 신채호의 『조선상고사』에도 실려있다.

당태종이 안시성에서 눈에 화살을 맞았다는 것은 부인되기 어려운 사실일 것이다. 당태종이 어느 정도의 치명상을 입었을지는 모르지만, 애꾸눈 치료가 가능한 수준이었던 것 같다. 그러나 장안에 돌아온 지 3여 년만에 죽는데, 그 죽음의 원인에 관하여서는 비록 화살 맞아 애꾸눈이 된 것은 언급치 않으나 모두 "요동에서 얻은 병"으로 죽었다는 사실은 시인하고 있다. 죽음의 원인에 관하여 내종內腫, 한질寒疾, 이질 등의 다양한 표현이 있는데 이것은 결국 독화살과 관련된 진실을 숨기고자 한 데서 발생하는 병명일 뿐이다. 그의 내상은 외상으로 인하여 발생한 것이다.

『자치통감』에 보면, 당태종이 "이질이 심하여 고생을 하였는데, 여러 날 먹지를 않았으며, 머리카락은 흰색으로 변해버렸다"고 했다. 이질 때문에 머리카락이 흰색으로 변할 이치는 없다. 독성에 시달렸던 것이다. 당태종의 임종 나이는 왕성한 51세였다. 당태종은 그 마지막 3년 동안에도 계속 고구려정벌을 획책하였으니, 그는 고구려정벌에 관한 무서운 집념에 사로잡혀 세월을 보낸 것이다. 애꾸눈 된 사실을 전제로 하지 않으면 잘 풀리지 않는다.

생각해보자! 수문제와 수양제 부자가 그토록 갓 중원통일의 위업을 달성한 수나라의 모든 국력을 소진하여 결국 수나라를 패망에 이르게 한 고구려침공! 그것은 과연 무천진武川鎭 군벌의 체질적 결함에서 우러나오는 발악적 행동이라고 치부해버릴 수 있을 것인가? 그것은 통일의 위업을 달성한 군벌 내부의 반발을 해소하기 위하여 그 창끝을 외부로 돌리게 만든 전역이라는 식으로 해석되기에는 너무도 그 규모가 방대하다.

수나라를 이어 중원을 통일한 당태종 역시 정권을 안정시킨 치세 말년에 최후의 거국적 사업으로서 "고구려침공"이라는 대역사를 일으켰다. 침공의 명분은 "연개소문이 그 임금(영류왕)을 죽이고 그 대신들을 해치고 그 인민을 잔학하고 지금 또한 나의 명령을 어기니 정토하지 않을 수 없다. 蓋蘇文弑其君, 賊其大臣, 殘虐其民, 今又違我詔命, 不可以不討."는 것이었다. 도대체 연개소문의 시해사건과 조선민중의 안위 문제가 어째서 당태종이 그토록 막대한 전역을 일으켜야만 명분이 될 수 있는가?

생각해보라! 당태종이 데리고 간 정병 20만 명의 대군은 실제로 그 치중대와 장기에 걸친 여로의 비용을 다 계산하면 100만 대군의 위용에 해당된다. 그리고 장손무기長孫無忌, 이세적李世勣, 이도종李道宗, 장량長亮, 설인귀薛仁貴와 같은 당대의 최고 거장·명장들을 다 데리고 갔다. 그리고 당태종 본인이 출정하는 친정親征이다. 당시 당태종의 나이 47세였다. 아마도 위징魏徵이 살아있었더라면 그도 데리고 갔을 것이다. 위징은 당태종이 고구려정벌의 전역을 일으키기 한 해 전에 세상을 떴다. 지금도 대기업의 회장이 비행기를 탈 때, 모든 중역을 같이 데리고 타지 않는다. 당태종의 출정은 상식에 어긋나는 대출정이었다. 도대체 왜 그랬을까?

당태종의 심중에 자리잡고 있는 진정한 라이벌은 장안 궁성 현무문玄武門에서 죽인 이건성李建成, 이원길李元吉이 아니었다. 그의 진정한 라이벌은 연개소문이었던 것이다. 우째 이런 일이 있을 수 있는가? 과연 연개소문이 변방국가 해동의 한 우두머리에 불과했다면 과연 이런 일이 가능할 수 있겠는가? 이것은 연개소문이 또 하나의 중원의 중심이 아니라면, 또 하나의 제국의 센터가 아니라면 해석이 되질 않는다. 우리는 당문종 시대에 발해 상경上京을 방문한 유주부幽州府("유주"는 지금의 북경 중부와 북부, "계현薊縣"이라고도 한다)의 관리, 장건장張建章, 806~866이 고구려를 계승한 발해를 가리켜 "해동성국海東盛國"이라고 말한 사실을 기억해야 한다. 그의 눈에 비친 발해의 모습은 "해동(=고조선 지역)에 있는 또 하나의 성당盛唐과 같은 대제국"이었다.

우리의 앞에서 논의한 바대로, 미천왕의 파헤쳐진 처참한 무덤의 현실에서부터 고구려사람들이 중원지향적 사고를 극복하고 주체적인 문명의 축을 확립하고, 또 그 문명의 최전성시기에 축을 고조선의 중심부였던 평양으로 이동시켰다는 사실, 이 사실이야말로 고구려는 변방의 한 제국이 아니라 진실로 당제국을 뛰어넘은 또 하나의 우주의 중심이었다는 세계문명사의 진실을 역증逆證하고 있는 것이다.

고구려패러다임지도를 펼쳐놓고 보면 그것은 후퇴가 아닌 새로운 세계로의 진출이었다. 당태종도 나른한 남방문화의 산물이 아니라, 북위정권을 계승한 북방의 군벌이었다. 따라서 고구려의 정벌이 없이는 대당제국의 통일과업은 불완전한 부분사업에 지나지 않았다.

당태종의 진정한 라이벌은 중원에 있었던 것이 아니라 내가 "조만문명권朝滿文明圈"이라 부르는 고조선강역에 있었던 것이다. 그렇지 않으면 그토록 수당

제국이 거국적인 총력을 기울여 그 멀리 있는 고구려를 침공하는 데 진심진력한다는 것은, 그것도 중원의 황제라는 사람들이 친정親征을 나선다는 것은 도무지 설명될 길이 없다. 사실 고구려는 당이 정벌에 나서지 않고 그대로 두었어도 스스로의 리듬에 따라 흥망성쇠의 궤적을 그렸을 수도 있다. 그토록 중원의 천자들이 계속 친정을 감행해야 할 애틋한 역사적 필연성을, 우리는 고구려라는 세계중심축을 전제하지 않으면, 도무지 발견할 길이 없는 것이다.

고구려 입장에서 보면 당제국이 오히려 변방국이었다는 사실을 전제로 하지 않으면 이러한 문제는 풀리지 않는다. 중국의 사가들은 이런 말을 당연히 부정하겠지만, 사실 당제국은 고구려제국에 비하면 변방의 약소국이었다. 변방의 당제국의 출정은 중앙의 고구려제국에 대한 하나의 무리한 도전이었던 것이다. 생각해보라! 당태종이 직접 끌고온 병사는 10만 정도밖에 되지 않는다. 그런데 북부욕살, 남부욕살 두 고씨가 이끄는 군대만 해도 15만이다. 그리고 고구려의 군대는 각 성마다 10만 내지 수만의 규모에 이르고 있었다. 그런데 이러한 규모의 병력이 가득 배치되어 있는 요동지역은 고구려제국의 변방에 해당된다. 우리는 고구려제국에 대한 진실된 진면목을 "중원중심적 사고" 때문에 못 보고 있는 것이다.

나는 찬란한 문아文雅의 꽃을 피운 당제국문명에 대하여 깊은 존경심을 가지고 있다. 그러나 질소하고 상무尚武와 애민愛民의 정신으로 똘똘 뭉친 고구려제국의 스케일은 그 나름대로 지속가능한 시스템an independent and sustainable system을 갖춘 강력한 우주의 중심이었다. 이것은 과거의 역사 기술로는 인식불가능했던 진실이요, 실상이다. 우리는 중국학자들의 무리한 "동북공정" 덕분에 이러한 위대한 깨달음Enlightenment을 얻을 수 있게 된 것이다. 그리고 이러한 우리의 깨달음은 모두 역사적 현장을 두 발로 밟고 서서 정사적 기록과 합치되는 사실들을 통하여 구성된 진실the truth constituted by historical facts이다.

당제국은 결코 고구려제국을 멸망시키지 못했다. 고구려의 상층권력구조가 당시 국제역학의 변화와 신라의 부추김으로 인하여 자체붕괴되었을 뿐이다. 그리고 그 잔존세력은 그대로 발해라는 이름으로 재구성되었다. 발해는 당제국보다 더 오래 지속되었다. 즉 고구려의 실체는 당제국보다 더 오래 지속되었던 것이다.

이러한 역사적 진실을 전제로 우리는 개별적 사실들을 하나하나 치밀하게 점검해봐야 한다. 우선 고구려를 치러 간 당태종의 군대가 고구려와 전투를 치른 곳이, 우리의 별 생각없는 상투적인 전제와는 달리, 모두 요동땅에서 이루어졌다는 사실을 상황분석의 중요한 함수로서 고민해봐야 한다. 만약 장수왕의 평양천도가 대륙에서 조선반도로의 후퇴를 의미한다면 당연히 천도가 이루어진 지 218년이 지난 후의 당태종의 군대가 요동에서 고구려군의 저지를 받아야 할 아무런 이유가 없다.

당태종의 군대가 요동땅을 한 치도 마음대로 다닐 수 없을 만큼, 당시 요동땅은 고구려의 폐성廢城이 아닌 생기발랄한 현지성으로 가득차 있었다. 당태종에게 대적한 현도성玄菟城, 건안성建安城, 신성新城, 개모성蓋牟城, 비사성卑沙城, 요동성遼東城, 백암성, 안시성이 모두 요하의 동쪽에 진을 치고 있었다.

이것은 도대체 무엇을 의미하는가? 비록 수도를 집안에서 평양으로 옮겼다고 하지만 실제로 국내성 서쪽으로 전개되어 있는 대평원 요동지역은 확고한 고구려의 영토로서 더욱 확대발전하여 있었다는 것을 의미한다. 평양천도는 제국의 확대였지 축소나 후퇴가 아니었다. 그것은 발해의 경우도 마찬가지였다.

결국 당태종은 요동을 통과하지 못했다. 압록강을 건너기는커녕, 요동의 초입 안시성에서 좌절을 맛보고 만다.

魏徵若在, 不使我有是行也。
만약 위징이 살아있었더라면 나로 하여금 이 원정을 하게 아니 하였으리라.

이 말은 중국의 모든 정사기록에 나오는 매우 유명한 당태종 자신의 탄식의 일언이다. 하북 거록현巨鹿縣 사람인 위징魏徵, 580~643은 직간直諫의 대신으로서 유명하다. 중국역사에서 간신諫臣으로서 가장 높은 성명盛名을 얻은 사람이다. 그의 언론은 『정관정요貞觀政要』에 많이 나타나고 있다. 위징이 직언을 하고도 살아남을 수 있었다는 것은 당태종의 포용력 때문이다. 사실 위징 때문에 당태종은 성군이 된 것이다.

위징이 죽었을 때 당태종은 친히 그 영전에 와서 제를 지내고 통곡을 했으며 5일 동안 파조罷朝하고 애도의 염을 표했다: "동으로 거울을 만들면 의관을 정제할 수 있고, 옛으로 거울을 만들면 흥망성쇠를 가늠할 수 있고, 오늘의 사람으로 거울을 만들면 나의 득실을 알 수 있다. 위징이 없으니 짐은 이제 가장 중요한 거울을 잃었구나! 人以銅爲鏡, 可以正衣冠; 以古爲鏡, 可以見興替; 以人爲鏡, 可以知得失。魏徵沒, 朕亡一鏡矣!"

안시성 앞에서 위징이라는 거울이 없음을 다시 탄식했던 당태종의 깊은 회한이 과연 안시성이 난공불락의 성이라는 그 한 사실 때문이었을까? 역사는 이매지네이션! 안시성을 앞에 두고 총퇴각을 명한 당태종과 그의 부하들의 결단의 필연성의 수수께끼는 당태종이 애꾸가 되었다는 예기치 못했던 긴박한 돌발사태를 전제로 하지 않으면 또한 풀리지 않는다.

당태종은 마지막으로 안시성 앞에서 대군을 집합시켜 사열하면서 위력을 과시하고 나서, 퇴각을 명했다. 안시성에서는 병사들과 민중이 모두 숨어서 아무도 모습을 드러내지 않았다. 오직 안시성 성주 양만춘만이 성문 누각 위에 서서 당태종에게 절하며 정중한 송별送別의 예禮를 갖추었다. 당태종은 뒤돌아보며 그가 안시성을 고수固守한 것에 대해 상찬의 말을 아끼지 않았다. 그리고 비단 100필을 하사하면서 고구려 임금에 대한 그의 충성을 격려하였다.

이것은 『삼국사기』와 『신당서』와 『구당서』 등 중국역사기록에 쓰여져 있는 드라마틱한 모습이다. 『구당서』에 쓰여져 있는 기술을 있는 그대로 여기에 옮겨놓는다: "퇴각하는 당군이 안시성 앞을 지나갈 때, 성안의 군민들은 일제히 소리를 죽이고 깃발을 눕혀 예의를 표하였다. 성주[양만춘]는 성문 꼭대기를 올라와서 퇴각하는 당태종을 향해 손을 모아 절을 하면서 이별의 예를 다하였다. 태종은 양만춘이 안시성을 굳게 지킨 것을 치하하였고, 비단 백필을 하사하였다. 이로써 사군事君의 절개를 격려하였다. 歷其城, 城中皆屏聲偃幟, 城主登城拜手奉辭, 太宗嘉其堅守, 賜絹百疋, 以勵事君之節。"

여기서 "병성언치屏聲偃幟"라 한 것은 승전을 상례喪禮로 치른다고 하는 고대의 예절을 나타낸 것이다. 승자가 기뻐 날뛰는 것이 아니라 상대방의 아픔을 배려한다는 뜻이다. 그리고 "사군지절事君之節"을 번역자들이 당태종에 대한 "사군"으로 잘못 생각하는 자들이 많은데, 여기서 "사군지절"은 양만춘의 고구려에 대한 충성을 격려했다는 뜻이다.

과연 화살을 맞은 당태종이 자기에게 화살을 쏜 안시성의 성주 양만춘에게 이와 같은 멋드러진 젠틀맨십을 발휘하였을까? 많은 사람들이 이러한 기술은 퇴각하는 당태종에게 영예로운 멋을 부여하기 위한 드라마적 장치일 뿐이라고 말한다. 그러나 나는 이 모든 정사·야사의 기록을 있는 그대로 우리 역사의 이매지네이션의 자료로서 활용해야 한다고 본다.

당태종은 그만한 기량은 있는 인간이었을 것이다. 그리고 양만춘 또한 그렇게 멋있는 사나이였다. 그러나 당태종은 이와 같은 대흥역을 치르고도 친정을 나가지는 않았지만 고구려정벌에 대한 미련을 버리지 못했다. 646년, 647년, 648년, 649년, 계속해서 타계할 때까지 고구려정벌을 시도한다. 얼마나 무서운 집념이었는지를 말해주는 대목이다. 결국 당태종은 "고구려한恨"으로 세상을 하직해야 했던 것이다.

단재 신채호는 안시성에서의 결말이 이렇게 멋드러진 조용한 결말이 아니었다는 독자적인 견해를 밝힌다. 중국기록은 대부분 픽션이라는 것이다. 당태종이 쌓은 토성이 무너지고 안시성까지 일부 개방되는 사태가 진행되자, 양만춘은 적극적으로 총력을 다해 당군을 쳤고, 당군은 성급히 퇴각하지 않을 수 없었다. 그리고 이러한 작전은 이미 양만춘과 연개소문의 사이에서 협공하기로 기획한 틀에서 이루어진 사태라는 것이다.

퇴각하는 당태종을 연개소문이 추격하게 되는데, 헌우란斬芋灤이라는 곳에 이르러 당태종의 말이 수렁에 빠져 꼼짝을 못하는 상황에서 양만춘의 화살이 그의 왼쪽 눈에 박힌다. 꼼짝없이 사로잡히게 되었는데, 당의 용장 설인귀薛仁貴가 달려와서 당태종을 구하여 말을 갈아 태우고, 전군前軍의 선봉 유홍기劉弘基가 뒤를 끊었다. 당군이 필사적인 혈전을 벌여서 겨우 당태종은 가까스로 위기를 탈출할 수 있었다는 것이다.

『성경통지盛京通志』「해성고적고海城古蹟考」에 "당태종의 말이 빠진 곳唐太宗陷馬處"이 나오는데 바로 이 역사적 장면의 현장이라는 것이다. 단재는 그곳 사람들의 민담을 채취하였는데, "말이 수렁에 빠지고 눈에 화살을 맞아 당태종이 사로잡힐 뻔하였다"는 이야기가 전해내려오고 있다는 것이다. 연개소문은 북경 근방까지 당태종을 추격하였고, 또 그 지역을 많이 점령하여 개선하였다. 그러한 그 사실이 그 루트의 지명에 많이 반영되어 있다는 것이다. 하여튼 당태종과 연개소문의 대결은 세기의 대결이었다.

다음에 우리가 물어야 할 사태는, 양만춘과 손대음, 그리고 두 고 욕살의 행태에 관한 것이다. 실제로 성을 가보면, 백암성이야말로 견고한 석성이고, 안시성은 매우 융통성이 많은 토성이다. 따라서 난공불락의 백암성의 성주, 손대음은 싸워보지도 않고 쉽게 항복했고, 공세에 허약한 안시성의 성주, 양만춘은 끝까지 버티어 당나라대군에 패배를 안겨주었다. 『삼국사기』 양원왕陽原王(=양강상호왕陽崗上好王) 3년조에 보면 다음과 같은 기사가 있다.

秋七月, 改築白巖城, 葺新城。
가을 7월에 백암성을 개축하고 신성을 수집修葺하였다.

신성新城도 당태종이 왔을 때 저항한 성이다. 지금의 무순撫順 지역에 있다. 무순은 원래 현도玄菟였다. 현도성 외곽의 산에다 신성을 쌓은 것이다. 지금은 고이산산성高爾山山城으로 불리고 있는데, "고이산"이란 "고려산"이라는 뜻이다. 고구려산성이라는 뜻이다. 둘레가 4㎞ 정도 되는 산성인데 산세가 복잡하여 방어망이 중첩되어 있다. 심양에서 보자면 동쪽과 남쪽으로 비슷한 거리에 신성과 백암성이 자리잡고 있다. 양원왕 3년은 547년이니까, 꼭 1세기 전에 이미 고구려는 요동의 성들을 개축하여 중원으로부터의 침공에 대비하였던 것이다.

양원왕 7년조(551년)에 보면 돌궐의 병력이 이 지역을 침략하여 신성新城을 에워쌌다가 이기지 못하고, 연이어 백암성을 이공移攻하였다는 기사가 있다. 양원왕이 장군 고흘高紇을 시켜 군사 1만을 이끌고 와서 거전拒戰케 하여 전투를 승리로 이끌고, 돌궐병의 머리 1천여 급을 살획殺獲했다고 기록하고 있다.

그러니까 백암성은 신성과 함께 매우 중요한 고구려의 요동거점이었다는 것을 알 수 있고, 고구려는 이 성들을 끊임없이 관리해왔다는 것을 알 수가 있다. 그리고 백암성에 파견되는 병력의 숫자가 보통 1만의 규모는 되었다는 것을 알 수가 있다. 백암성이라는 이름은 석성의 자질이 석회석으로 되어 있어 하얗게 빛나기 때문에 붙여진 이름이다. 주변에 석회석 광산이 있다.

그런데 왜 백암성의 성주는 그렇게 쉽게 성을 포기했고, 안시성의 성주는 그토록 불리한 조건하에서도 끝까지 버티어 승리를 이끌어내었을까? 그리고 안시성을 지원하기 위하여 파견된 15만 대군의 두 욕살은 어떻게 그렇게 속임수에 놀아나 허망하게 패망하고 자신의 부하 3만 6천 8백 명을 거느리고 항복하였을까? 뿐만 아니라 두 고 욕살은 당태종에게 고구려를 함락시키는 계책을 말하며 충성을 다한다. 그리고 계책을 말하는 서두가 다음과 같다: "저희 두 사람은 이미 몸을 당나라에 위탁하였으니 감히 대왕께 충성을 바치지 아니 할 수 없습니다. 천자께서 하루속히 대공을 이루시옵기를 바라면서 … 奴旣委身大國, 不敢不獻其誠, 欲天子早成大功 …."

안시성 성주의 굳건한 태도에 비하면 이들의 태도는 근원적으로 야비한 구석이 있다. 하여튼 이러한 문제를 중심으로 전체상황을 추리해볼 때, 이들을 단순히 충성과 반역이라는 단순논리에 의하여 처리할 수는 없을 것 같다. 다시 말해서 고구려의 국가체제가 성城 중심이었고(요동지역에만 해도 성이 200개가 넘는다), 그 성城은 단순한 전투용의 군사요새일 뿐만 아니라 그 지역의 작은 행정수도 역할을 하는 커뮤니티 센터였다.

그리고 이 성주는 중앙에서 행정적으로 파견되는 관리라는 차원을 넘어서서 그 지역을 책임지는, 그 지역의 민중과 혼연일체가 된 영주였다. 따라서 각 성의 성주는 각자 나름대로의 판단과 사정이 있었던 것 같다. 그리고 당시 그 성민중城民衆을 구성한 종족의 분포도 다양했을 것이다. 고구려는 이 성들을 총괄하는 어떤 상위의 정치체제이기는 했으나 그것이 모든 성들을 일사불란하게 지배하지는 못했을 것이다.

백암성을 실제로 가보면, 엄청 견고한 석성임에는 틀림이 없으나, 실제로 그 모습이 너무도 완벽하게 짜여진 밀폐된 구조를 지니고 있다는 약점이 있다. 둘레 2km 정도의 석성 안에 만약 1만 명의 군사가 있다고 가정한다면, 그 성을 10만 대군이 완전히 포위할 경우, 1만 명의 군사는 며칠을 버티기 어려울 것이다.

우리가 여기서 성城이라는 개념을 잘 이해할 필요가 있는데, 성城 특히 산성山城이라는 것은 주변 방대한 지역의 농민들의 물자보급이 없이는 버티기 어렵다는 것이다. 산성 내에 충분한 물자비축이 있어야 하는데 백암성은 그러한 하부구조의 측면에서는, 단기전에서는 매우 유리하나 장기전에서는 불리한 여건을 가지고 있었다. 손대음이라는 인물이 과연 어떠한 종류의 인간인지는 내 알 바가 없으나, 그는 고구려라는 추상체보다 백암성 영역의 주민들의 안위를 우선으로 생각했던 것 같다.

백암성을 안에서 보았을 때의 모습. 밖으로는 반듯반듯한 벽돌모양으로 되어있는데 이 안쪽은 뾰쪽뾰쪽한 견치석으로 되어있다. 물론 이 안쪽도 이 모습으로 되어있던 것은 아니고 밖처럼 돌벽돌로 맞추어 쌓았던 것인데 동네사람들이 이 성이 무너지자 그 안쪽 돌들을 날라다 건축자재로 써서 이 모양이 된 것이다.

태자하에서 바라본 백암산성. 산성 내부가 잘 보인다는 취약점이 있다.
이 사진을 찍은 방향이 성으로 보면 남쪽이다.

그래서 백암성의 군사적 강점을 빌미로 당태종과 단단한 협상을 벌이고 주민들의 안전을 보장받았던 것이다. 그래서 당태종이 그 약속을 지키고 동네 촌로들에게 비단을 선사하는 등 후사의 제스처를 썼던 것이다. 당태종의 이러한 전략은 그 지역의 귀순을 촉발시키는 데 일정한 효과가 있었을 것이다.

　그러나 이런 문제를 고민하는 데 있어서 가장 치명적인 약점은 『삼국사기』라는 김부식의 역사서술historiography이 전혀 현지의 답사나, 고구려측의 자료에 의존하지 않고 중국측 사료들의 편린을 긁어모아 썼다는 데 있다. 중국은 자신의 패배의 기록을 정확히 남기지 않는다. 어쩔 수 없이 최종적 패배의 사실은 속일 길이 없지만, 그 과정에서 일어난 전투의 사실은 당군의 승리로만 기록할 가능성이 크다.

　일례를 들면 두 고 욕살의 15만대군과의 전투를 주필산駐蹕山("필蹕"은 천자의 나들이를 의미한다. 당태종이 전투를 지휘한 산을 가리켜 주필산이라 했다)전투라 하는데, 물론 두 고 욕살이 항복한 것은 사실이라고 쳐도 이미 당군은 치명적인 타격을 입었을 것이다. 15만대군과의 전투가 그렇게 당태종의 편지 하나로 허망하게 속아 넘어갔을 리가 없다. 하여튼 두 고 욕살이 치열한 의지의 사나이가 아니었다 치더라도, 당군이 안시에 이르렀을 때 이미 기력이 매우 쇠잔해 있었을 것이고, 안시성의 성주 양만춘은 충분한 대비를 하고서 적의 약점을 계속 쑤셔댔을 것이다. 역사의 진실은 정사의 기록으로 보장되는 것은 아니다. 우리의 무궁한 이매지네이션을 기다리고 있는 것이다.

화자진鏵子鎭 읍내

백암산성: 그 현장

호텔을 나왔을 때(오전 9시 20분), 우리에게는 연주성(=백암성)의 소재지를 정확하게 아는 사람이 아무도 없었다. 우선 요양遼陽으로 내려가는 중간에 등탑시灯塔市를 찾아가라고 했다. 등탑시는 쉽게 찾았다. 등탑시에서 화자진鏵子鎭이라는 시골읍내 같은 곳을 찾아가라고 해서 그곳까지는 무난히 찾아갔다. 그곳 읍내 사람들에게 연주성을 물어도 잘 아는 사람이 없었다. 그래서 시골의 세발 오토바이택시 운전사에게 물어보니, 대강 그 방향을 가르쳐 준다.

12번 가량을 물어물어 잘 가고 있는데 심양에 사는 왕 수란이 자기 네비(=따오항導航)가 가리키는 방향과 전혀 다르다고

왕 수란의 네비를 따라갔더니 이런 엉뚱한 곳에 우리를 데려다놓았다. 시멘트벽돌공장이었다.

하면서 자신있게 따라오라고 하길래, 수란의 네비를 따라갔더니 전혀 엉뚱한 벌판에 우리를 데려다주었다. 중국의 네비는 자주 좌표가 이동하여 전혀 엉뚱한 곳을 인도할 때가 많다고 한다. 나중에 다시 화자진(=후아쯔전錦子鎭)에 와서 물으니, 무조건 서대요西大窰(=시따야오)를 찾아가라고 했다. 어렵게 다시 서대요를 찾았는데, 그곳에서 드디어 꾸안툰춘官屯村으로 가는 길을 발견했다. 서대요는 정말 내가 어렸을 때 보았던 "읍내"의 모습 그대로였다. 그리고 꾸안뚠춘을 들어섰을 때 나는 황홀경에 사로잡혔다.

꾸안툰춘은 그냥 연주성燕州城 산성촌山城村이라고도 부른다. 한 4·50가구가 되는 자그마한 촌락인데 북쪽으로 백암산성의 전경이 한눈에 들어왔다. 그런데 동네를 끼고 흐르는 태자하太子河의 모습은 진실로 내가 나의 생애에서

본 가장 아름다운, 아니 가장 평화로운 냇갈의 광경이었다. 꾸안뚠촌의 삶의 광경도 깔끔하거니와, 부유한 농촌의 유족하고도 정갈한 느낌이 어떤 이상향을 찾아온 듯 싶었다. 그런데 더욱 충격적인 것은 산골이 아닌 평지의 마을 냇가인데도 수량이 풍부하고 그냥 물을 떠먹어도 좋을 정도로 청량하기 그지없다는 것이었다.

나는 인간의 삶과 밀착되어 있으면서도 이토록 오염이 없는 냇가의 모습을 처음 보았다. 벙어리 삼룡이가 뒹굴던, 물레방아 돌아가는 대자연의 산수화가 백암산성을 뒤로 하고 아름답게 펼쳐지고 있었다. 어린 시절 내가 느꼈던

산성촌을 끼고 흐르는 태자하에서 찍은 백암산성 전경. 이 산성으로 당태종의 대군과 맞서기에는 전략상 약점이 많았을 것이다. 지금 이 태자하에서 왼쪽으로 보이는 성 밑으로 당태종이 진을 쳤고(서벽) 오른쪽으로 태자하가 흐르는 동벽으로는 이적의 군대가 올라왔다.

산하에 대한 모든 노스탈쟈가 울컥 가슴에 쏟아졌다. 집집마다 추수된 옥수수 더미가 노랗다 못해 빠알갛게 나의 시선을 물들인다. 정말 그냥 주저앉아 눌러 살고 싶은 평화로운 무릉도원이었다.

이 관둔촌이야말로 우리 고구려의 옛 마을이며, 당태종이 촌로들을 모아놓고 정식으로 항복의 예를 받고 그들에게 비단을 하사한 그 역사적 고을이라는 것을 기억하는 이는 아무도 없었다. 이 마을의 북단, 그러니까 산성의 남단에 성의 거대한 남문이 있었던 것 같은데 지금은 자취가 남아있지 않다.

동네 촌로들과 내가 환담하고 있다. 그들은 이 백암성의 내력을 알지 못했다.

서북쪽 산허리에 "연주성산성燕州城山城"이라고 쓰여진 돌팻말이 있고, 그리로 올라가면 성의 서쪽으로 다섯 개의 치雉가 배치되어 있는 웅장한 석성이 뻗쳐있다. 치는 철凸 글자 모양으로 사각으로 돌출한 부분인데 성벽을 강하게 치받히는 역할을 하면서 동시에 옹성의 기능을 한다. 지금은 5개의 치가 아주 정교하게 쌓아올린 그 모습 그대로 남아있어 참으로 아름답다.

연주성산성燕州城山城이라는 팻말이 아무런 설명도 없이 외롭게 서있다. 우리나라 같으면 이곳에 당태종이 왔었다는 사적이라도 써놓을 것 같은데 전혀 그런 간판이 보이지 않는다. 중국인에게 그토록 위대한 성군인 당태종 이세민이 이곳에 왔다는 사실 자체도 언급하기 싫을지도 모른다.

"연주성산성"이라는 표현과 더불어 우리가 생각해봐야 할 문제는 이것은 어디까지나 "산성山城"일 뿐이며 평소에 생활할 수 있는 곳은 아니라는 점이다. 그러니까 이 부근 어디엔가 평지성이 있었을 것이다. 그러나 지금 평지성은 흔적도 없이 사라졌다.

날카로운 석회석 벽돌을 싱싱하게 쌓아 치켜올린 웅장한 자태가 오전 햇살에 그 푸른 느낌을 과시하고 있었다. 바로 이 치 아래에 당태종의 대군이 진을 치고 있었다는 사실을 기억하는 사람은 거의 없는 것 같다. 그리고 그 맞은편, 그러니까 동편 태자하에서 올라오는 가파른 언덕에 이세적의 군대가 공격의 진을 치고 있었던 것이다.

그리고 손대음이 당태종이 준 항복의 깃발을 꽂아 휘날리게 했다는 성내

태자하는 본계本溪를 지나 등탑, 요양을 거쳐 혼하와 합류되어 요동만, 발해로 흘러나간다. 그러니까 백암성까지는 요동만에서 수로를 활용하여 도착할 수도 있다. 이 사진은 백암성 동벽에서, 태자하가 굽이쳐 성아래 마을 앞을 지나 흘러가는 모습을 파노라마로 찍은 것이다. 그러니까 이적의 공격루트를 보여준다. 박지원의 『열하일기』에는 태자하에 관한 재미있는 설명이 있다: "요양 북쪽에 있다. 변외邊外의 영길주永吉州에서 발원하여 변邊으로 들어온다("변邊"이라는 개념을 정확히 알 수 없다. 심양 일대를 가리 ↗

꼭대기 장대도 남아있었다(물론 그 모양 그대로인지는 알 길이 없다). 성의 모습이 북쪽이 높고 남쪽으로 기울어져 있기 때문에 그 꼭대기에 당기唐旗를 꽂았으면 성 안의 사람들이 다 쉽게 목도하였을 것이다. 내가 여기 백암성을 찾은 시점, 그 비슷한 계절에 당태종도 당도하였다. 성 안의 방초가 소조히 쇠락해갈 때 당기唐旗는 홀로 펄럭였을 것이다.

지금 그 깃발 아래 서서 1369년 전에 바로 이 자리에서 전개되었던 정황을 상상해보는 사고의 실험은 정말 수많은 이매지네이션을 요구한다. 왜 그토록 위대한 당나라의 황제 당태종 이세민이 지금 아무도 돌보지 않는 이 편벽한 촌구석을 찾아와서 굳이 전투를 벌여야만 했을까? 이런 질문은 고적을 찾아가는 사람이 반드시 한번은 던져봐야만 하는 질문이다. 고적은 죽은 유물이 아니라, 역사의 현장이고 그 역사를 만들어간 사람들의 삶의 현장이다. 나는

키는 말 같다). 혼하와 요하와 합쳐져서 삼차하三叉河를 이룬다. 세상에 전하기로는 자객 형가가 진시황을 살해하려다 실패하였는데, 그때 형가를 파견한 연燕나라의 태자 단丹이 이 강까지 도망왔다고 한다. 결국 태자 단은 추격을 당하여 목이 잘려 진시황에게 바쳐졌다. 후인들이 태자 단을 애도하여 이 강이름을 태자하라고 불렀다 한다." 태자 단의 한과, 고구려인들의 한이 서린 이곳을 바라보면서 인간세의 흥망성쇠를 다시 한 번 생각해본다.

최무영군의 부인, 이금숙 교수가 한 말을 상기시켰다: "역사는 땅입니다. 고구려도 고구려가 자리잡은 땅의 역사입니다. 땅을 모르고서는 역사를 알 수가 없습니다." 인문지리학자다운 말이다.

백암성의 역사는 백암성이 처한 땅의 환경을 모르고서는 이해가 되지 않는 것이다. 우선 지금 백암성이 한적하고 편벽한 듯이 보이는 것은, 1300여 년 동안 우리의 삶의 방식이 변했고, 문명의 형태가 변했고, 물류방식이나 루트가 변했기 때문이다. 백암성을 올라 주변을 살펴보면 우선 크게 눈에 띄는 지리적 조건이 2개가 있다. 백암성을 휘감아 서남쪽으로 흘러내려가는 거대한 태자하太子河의 모습이고, 또 하나는 남쪽으로 무궁무진하게 펼쳐진 요동의 벌판이다.

동벽에서 내려다보이는 관둔촌 마을 전경

당태종이 마을사람들에게 연회를 베풀고 비단을 하사했던 곳, 남문이 있었던 자리

이 벌판은 풍요로운 곡창지대를 형성하고 있다. 다시 말해서 백암성은 요동만에서부터 올라오는 뱃길의 주요물류거점이었을 것이고 백암성 주변으로는 거대한 곡창지대의 부가 축적된 상당호구의 하부구조가 깔려있었을 것이다. 백암성은 이러한 대도시의 한복판에 자리잡은 풍요로운 산성이었을 것이다. 따라서 당태종으로서는 이 백암성을 제압함으로써 치중대의 물자를 공급받을 수 있었을 것이다. 대군이 움직일 때는 반드시 중간중간의 거점의 승리를 통하여 물자를 공급받아야만 하는 것이다. 인간은 "몸"을 가진 존재다. 하루 세 끼를 못 먹으면 금방 죽는다. 10만 대군이 하루 먹는 양식을 한번 생각해보라! 역사는 정사의 기록이 아니다. 살아있는 인간들의 삶의 족적일 뿐이다.

지금 현재의 중국의 옹졸한 "동북공정"의 발상 때문에 우리가 우리의 유적을 탐방할 수 있는 기회가 너무 제한되어 있다. 그러나 백암성은 아무도 오지 않는다. 공안公安도 없고, 지키는 사람도 없다. 그야말로 요동벌판에 홀로 서서 우리의 고대사를 마음껏 느껴보고, 자유롭게 상상해보기에 너무도 좋은 곳이다. 백암성은 너무도 아름다웠다. 아무 것도 없기 때문에, 그 누구도 나의 사유를 방해하는 자가 없기 때문에, 보이는 모든 것이 살아있었고 싱그러웠다.

백암산성

도올의 중국일기_4

백암산성에서 내려다보이는 풍요로운 요동벌

백암산성 위를 걷다

　나는 백암성 꼭대기에서 요동벌을 바라보면서 "패수浿水"는 반드시 하북성河北省의 "난하灤河"가 되어야 한다는 윤내현尹乃鉉 교수의 주장이 생각이 났다. 윤내현은 나의 친구다. 그가 단국대 역사학과 교수로 있으면서 새로운 학문적 영역을 개척하기 위하여 하바드·옌칭도서관에 공부하러 왔는데, 당시 그는 뚜렷한 적이 없었다. 그래서 내가 내 도서관증을 빌려주기도 하고, 옌칭도서관에서 자유롭게 책을 대출할 수 있도록 도와주기도 했다.

　그는 진실로 독학지사였다. 남들이 돌아보지 않는 옌칭도서관 구석구석을 쑤셔 다니면서 희한한 자료들을 모두 복사했다. 그는 매일매일 염치 불구하고 옌칭 복사기 앞에 계속 서서 복사를 해댔다. 책을 밖으로 내가는 것은 어렵지만 그 안에서 복사하는 것은 자유롭다. 서고에도 마음대로 들어갈 수 있다. 결국 그는 도서관원들을 사귀어 귀중본이 가득한 선본善本 코너에서도 책을 꺼내어 복사했다. 나는 이러한 그의 학습과정을 옆에서 2년 동안 지켜본 사람이다.

우리는 매우 친한 친구가 되었다. 우리는 주기적으로 같이 맛집을 찾아다니면서 저녁을 먹었다. 그는 학생신분인 나와는 달리 돈이 좀 있었기 때문에, 저녁값은 항상 그가 냈다. 그리고 그는 나와 같은 집안 사람이다. 그의 고향이 해남 백포인데, 나의 진외가가 바로 백포였다. 나의 친할머니가 그 유명한 자화상 얼굴을 그린 윤두서 종가의 종녀인데 윤내현도 같은 집안 사람이다. 윤내현은 단국대 사학과의 적통을 이었다. 단국대라는 교명에서도 알 수 있듯이 "단국檀國"이란 대한민국이 고조선의 전통을 이어야 한다는 뜻을 내포하고 있다.

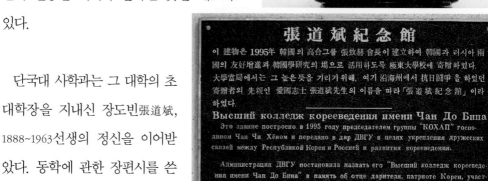

단국대 사학과는 그 대학의 초대학장을 지내신 장도빈張道斌, 1888~1963선생의 정신을 이어받았다. 동학에 관한 장편시를 쓴 신동엽 시인도 윤내현의 선배다.

블라디보스톡의 러시아 국립극동대학교에 있는 장도빈 선생의 흉상. 극동대학교에는 한국학이 단과대학으로 존재하는데, 세계적으로 유일한 케이스이다. 장도빈 선생의 아들, 고합그룹회장 장치혁의 희사를 바탕으로 한국학 단과대학이 설립된 것이다.

장도빈은 『대한매일신보』에서 신채호, 양기탁과 함께 논설위원으로 그 필명을 휘날리었고, 노령의 신한촌에서 신채호와 동고동락하면서 『권업신문』의 논설을 썼다. 신채호 민족사학의 정신을 8세 연하인 장도빈은 이어받아 발전시켰다. 그러니까 윤내현의 사학은 신채호-장도빈-윤내현으로 이어지는 민족정신의 맥박이지 결코 북한학자들의 흉내를 낸 그런 주체사관의 산물은 아닌 것이다.

나는 백암성 꼭대기에서 싸늘하고도 훈훈한 요동벌의 바람을 쐬면서 친구 윤내현을 보다 깊게 정독해봐야겠다는 생각을 했다. 그리고 신용하나 그 밖의 고대사 관련의 연구를 진행한 학자들의 업적, 그리고 최태영崔泰永, 1900~2005(황해도 은율군 장련 출생. 우리나라 법철학의 개척자. 한국고대사에 탁월한 통찰력을 발휘함)선생의 견해라든가, 존 카터 코벨John Etta Hastings Carter Covell, 1910~1996(일본고대사를 치밀하게 연구하여 그 내원의 실체가 대부분 한국 고문명의 실상이라는 사실을 밝힘으로써 한국문명의 뿌리를 추구한 학자. 다시 말해서 일본의 고문명도 한국문명의 뿌리로서 포용적 시각에서 연구되어야 함을 절실하게 증명한 학자. 일본문명의 디프 스트럭처가 조선문명에 내재한다는 것은 정당한 관점이다)의 폭넓은 연구, 이런 것들을 보다 치밀하게 읽고 발전시켜야겠다는 생각을 했다(최태영, 코벨의 업적을 일반인들에게 알리는 데 가장 큰 공헌을 한 사람은 경향신문사 문화부장을 지낸 김유경이다). 무리한 우익분자들의 고토회복론이나, 학문적 기초를 결한 종교쟁이들의 숭상적 언변 때문에 우리의 고대사가 실체로부터 멀어져가고, 이념의 질곡 속에 갇히는 그런 불상사가 있어서는 아니 되겠다는 생각을 한 것이다.

우리는 요하문명에 대해서도 포괄적인 이해를 해야만 한다. 홍산문화로부터 고구려·발해를 거쳐 만청에 이르는 요동 전체의 역사를 독자적인 시각에서 전관할 필요가 있다. 고려시대의 조선반도의 사람들에게 "요동"은 확고한

백암산성

이 사진은 백암산성 서북쪽 지형을 말해준다. 백암산성이 실제로 얼마나 높은 곳에 위치한 웅장한 성인가를
말해준다. 지금 서북쪽 기슭은 중국차밭이 되어있는데, 그 보랏빛이 감도는 붉은빛깔이 너무도 아름답다.
노오란 분지를 점철하고 있는 더미들은 추수한 옥수수 더미들이다.

고구려의 고토로서 회복되어야만 하는 그 무엇으로 남아있었다.

원에서 명으로 중원의 정세가 판도의 변화를 일으키는 그러한 대 전환기를 틈타고 우왕옹호세력인 최영崔瑩, 1316~1388 장군이 새로 등장한 명나라가 철령 이북의 땅을 명나라에 귀속시키고자 하는 음모에 반대하여 요동정벌군을 일으켰을 때, 전국의 민중이 호응하여 자그마치 10만 대군이 소집되었던 것도 이러한 역사적 친근성을 전제로 하지 않으면 이해가 되지 않는다(소집인원이 3만 8천 8백 여라는 설도 있으나 10만 대군의 설 또한 유력하다).

이성계의 위화도 회군의 비극성은 시류를 파악하고 새 왕조를 창조하려는 그와 그 주변 사람들의 비젼에 있는 것이 아니라, 그 혁명의 성격을 명나라에 대하여 굴종적으로 설정하였다는 데에 있는 것이다. 명은 당시 신왕조 조선을 침략하거나 지배할 만한 여력이 없었다. 조선은 명에 대하여 당당하게 대등한 관계를 설정할 수 있는 입장에 있었다. 이성계일파는 "위화도회군"이 아닌 "요동회군"을 했어야 한다.

10만 대군을 이끌고 요동성(지금의 요양遼陽)을 휘몰아 나왔더라면 무리 없이 대명위세과시와 혁명과업을 동시에 달성할 수 있었던 것이다. 그러나 이성계는 요동을 포기하고 조선을 개국함으로써 국초로부터 비굴한 굴종관계를 설정한 것이다. 이성계의 위화도회군의 비극은 선조가 임진왜란을 극복한 것은 이순신이나 권율의 분전이 아니라 오로지 천병天兵(=명군)의 덕택이라고 선언하는 "매국적 망언"에까지 그대로 연결되는 것이다.

조선왕조를 성립시킨 위화도회군의 비극은 영토의 축소라는 일면에 있는 것이 아니라, "세계인식의 위축"이라고 하는 테마로서 조망해야 하는 과제상황이다. 같은 대상, 같은 상황, 같은 조건하에서도 손대음의 행태와 양만춘의 행태가 엇갈린다. 손대음은 작은 영역의 성민은 살렸을지 모르나 대의를 죽였다. 양만춘은 대의에 헌신함으로써 세계사에 빛나는 전승을 기록하였다.

동벽에서 태자하 상류를 바라보다.

오늘의 대한민국의 지배층은 양만춘이 되기보다는 손대음의 안전빵을 선택하려 하는 것 같다. 미국의 우산 속에서 일본의 뒷빽 속에서 식민지통치를 정당화하면서 잘살기만 하면 그만이라고 생각하는 것이다. 양만춘을 배워야 할까? 손대음을 배워야 할까? 이것이야말로 오늘 우리가 후학들에게 가르쳐야만 하는 역사적 진실이 아닐까, 나는 그렇게 생각한다. 우리나라 만신들도 반드시 최영 장군은 섬기지만 이성계는 모시지 않는다. 최영 장군의 좌절된 한에 대한 민중의 바램이 만신들의 춤사위에도 깃들어 있다.

나는 손대음의 항복이라는 주제와는 무관하게 백암성을 쌓아올린 고구려인들의 손솜씨에 너무도 감명을 받았다. 바깥쪽으로는 반듯반듯하게 네모꼴로 이빨을 맞추고 안쪽으로는 뾰죽뾰죽하게 마치 송곳니가 돌출하듯이(이것을 "견치석犬齒石"이라 표현한다) 모양 지워져 있는데, 이러한 방식은 흘승골성의 석축기법에서부터 일관되어 있는 고구려 축성방법이다.

견치석의 사이사이를 작은 돌과 흙으로 메꾼다. 고구려인들의 축성방식은 거대한 돌을 사용하지 않는다. 이것은 매우 현명한 전략 같다. 사실 거대 돌로 이루어지는 성은 견고하기는 하겠지만 불필요하게 과도한 에너지를 소요하게 된다. 고구려인들은 작은 돌로 치밀하게 맞추어 쌓아올렸다. 지금 남아있는 석성이 높은 것은 10m 이상의 높이가 남아있고, 성의 두께도 4~5m 정도 된다.

나는 그 성이 언뜻 보면 초라한 듯이 보이지만 실제로 근접하여 보는 모습은 웅장하기 그지없다는 것을 카메라에 담으려고 날카로운 석회석의 견치석이 뾰쪽뾰쪽 나와있는 곳 아래에서 사진을 찍다가 있어서는 아니 될 불상사를

백암산성

저지르고 말았다. 고개를 무심코 드는데 견치석 하나가 내 머리 중앙을 찍어 누른 것이다. 나의 대머리 정중앙에서 약간 오른쪽으로 구멍이 펑 뚫리고 피가 솟구쳤다.

지혈이 어려울 정도로 피가 계속 나왔는데 내가 서있는 곳은 문명세계와는 거리가 너무 멀었다. 손에 든 의약품이라고는 아무 것도 없었다. 주머니를 뒤지니까, 한국고전번역원에서 『조선왕조실록』재번역을 주관하고 있는 김경희 실장이 선물한 개암죽염이 있었다. 나는 워낙 잇몸이 좋지 않아 죽염을 상비로 가지고 다닌다. 나는 죽염을 피가 솟구치는 데에다가 부었다. 그 쓰라린 맛은 오묘하기 그지없었지만 하여튼 지혈이 문제였다. 소독에는 일정한 효과가 있었을지 모른다. 그런데 전날 항생제를 먹고 잔 것이 나를 구한 것 같다.

허둥거리며 차를 몰아 화자진으로 갔다. 모두 병원을 가자고 했으나 상처가 깊기는 하나 또 옆으로 크게 찢어진 상처는 아니었다. 지혈만 되고 딱지만 앉으면 상흔이 남는다 해도 크게 문제될 상처는 아니었다. 늙은이가 모양 볼 일도 없다. 그리고 병원에 가서 꿰메게 되면 오늘 하루 일정은 다 끝나 버린다. 중요한 또 하나의 여정이 날 기다리고 있었던 것이다.

그냥 약방에 들어가서 70% 소독알콜과 탈지면을 달라고 하니깐, 중국에서는 그렇게 따로따로 팔지를 않는다고 한다. 그리고 알콜에 잰 면봉을 플라스틱통에 담은 것만 파는 것이다. 답답했지만 하는 수가 없었다. 나는 통을 뜯어 면봉으로 소독을 했다. 그리고 중국의 비방이라고 하는 "운남백약雲南白藥"이라는 작은 약병의 가루약을 하나 샀다. 같이 간 고명문高明文 군이 중

화자진에 있는 시골약국. 우리는 시골약국이 다 사라졌는데 중국에는 약국들이 3차의료기관역할을 잘 수행하고 있다. 빵꾸난 내 머리를 보고 이 사람 저 사람 훈수를 둔다. 하여튼 "운남백약"은 직효가 있었다.

국사람들은 피만 나면 이것을 바르고 또 이 가루를 조금 먹는다는 것이다. "바르고 먹는다," 조금 이해가 되지 않지만 누구나 다 그렇게 한다니 그렇게 할 수밖에!

그런데 우리나라에서는 상품화된 모든 약은 반드시 성분이 표시되어 있다. 그런데 중국은 성분표시가 의무화되어 있질 않은 모양이다. 화타의 비방인지 모르지만 도무지 뭔 가루인지를 알 수가 없었다. 그러나 나는 대머리 위에 뿌리고 또 입에 털어 넣었다. 신기하게 한 십 분 후에 지혈이 되었고 딱지가 앉았다.

점심을 굶었다. 배고픈 사람은 시골 초시超市(=수퍼마켓) 빵이나 먹어라! 답사

여행에서 점심은 자살이다. 부리나케 심양시내로 향하였다. 차가 용변 때문에 심양의 또 하나의 상징인 백탑白塔 앞에서 잠깐 섰다. 백탑은 원래 명대 영락永樂 4년(1406년)에 지어진 것이라고도 하고, 또 일설에 의하면 요나라 중희重熙 14년(1045년)에 처음 세워졌다고 하는데, 1905년 3월 7일 러일전쟁 때 일본인들이 폭격하여 그 원래의 탑은 폭파되어 사라지고 말았다.

현재의 탑은 1999년에 새로 건조되기 시작하여 아직도 다 완성되지 않았다고 하는데, 그 8각 13층의 밀첨식密檐式 결구는 고구려의 요동거점이었던 요양시遼陽市에 옛 모습 그대로 남아있는 백탑을 모델로 한 것 같다. 탑신의 8면에 다 불감佛龕이 있는데, 그 불감 속의 부처님 모습이 다 다르고 특색이 있다. 매우 정교하다. 연화대 아래의 문양도 매우 아름답다.

백암산성

张学良将军

1901. 6. 3 — 2001. 10. 15

대수부 앞에 서있는 장학량 장군의 동상. 서세한 날짜를 써놓은 것을 보면,
이 동상은 그의 사후에 만든 것이다. 21세기에도 심양사람들은 장학량 장군을
기억하고 사랑하고 있다는 것을 말해주고 있다.

대수부: 서두緒頭

내가 서둘러 도착한 곳은 장씨수부張氏帥府였다. 내가 도착했을 때 이미 4시였으므로 대수부大帥府를 볼 수 있는 여유는 1시간밖에는 없었다. 이미 날씨가 어두워져서 좋은 영상을 취할 수 없다는 것이 한없이 유감스러운 일이었다. 그러나 심양에 왔다가 장씨수부 냄새라도 맡고 떠난다는 것이 나로서는 다행 중 다행이었다. 내가 왜 이런 말을 하는가? 역사는 인간들의 전기일 뿐이라는 에머슨의 말대로(There is properly no History: only Biography. ─ Ralph Waldo Emerson. *Essays*, 1841) 역사는 역사를 만들어 간 사람들의 삶의 역사일 뿐이다.

그 "삶의 역사"란 그 삶의 내음새를 맡아볼 수 있는 삶의 터전을 통하여 느껴보는 것이 가장 정확하다. 장학량張學良, 1901~2001은 실제로 대륙에서나 대만에서나 모두 잊혀진 인물이다. 대만에서의 장학량의 평가는 매우 낮다. 내가 대만대학에 유학하고 있을 때, 장학량은 연금상태로 대만에 갇혀 살고

장수부는 크게 중원中院, 동원, 서원, 원외院外의 4부분으로 형성되어 있는데 이 형식도 심양의
황궁구조와 비슷하다. 황궁은 동로東路가 먼저 생겼는데 장수부는 중원이 제일 먼저 지어졌다. 중
원은 사합원四合院이라고 하는데 눈 목目자 형태로 되어있어, 3개의 사합원이 있다. 이 중원사합원
이야말로 장씨 대저택 사람들의 생활공간이었다. 이것은 심양황궁의 중로와도 같다. 이 사합원은

가장 깊숙한 3번째의 것으로 삼진원三進院이라고 한다. 마주보이는 곳에 장작림과 노부인의 거실이 있었고 왼편에 장학량 부부의 거실이 있었다. 오른쪽 뒷켠으로 로마식 건축물이 보이는데 그것이 바로 대청루大靑樓이며, 장작림과 장학량의 사무실이었다. 장씨수부의 건축규모는 황궁보다 작지만 느낌상 결코 그에 못지않은 스케일이었다.

있었다. 학생들은 거의 그에 대해 언급하지 않았다.

서안사변西安事變이 일어났을 때 당대의
석학인 후 스胡適, 1891~1962(컬럼비아대학에
서 존 듀이에게 철학을 배우고 귀국하여 북경대
학교수가 됨. 신문화운동을 제창. 진보적인 지식
인처럼 보이지만 정치적 견해는 상당히 보수적이
다)는 이렇게 평론하였다: "이민족이 우리
나라를 침입하고 있을 때, 국가와 민족의
안위를 책임지고 있는 원수元首를 동아밧
줄로 꽁꽁 묶어놓고 애국한다구? 장학량
의 체력과 정신, 지식과 훈련은 이러한 중
대하고도 위급한 국면을 담당하기에는 어
림도 없다. 장학량이 발동한 서안사변은
일본이라는 외적에 공동대항해야 한다는
명분을 내걸었지만 실제로는 스스로 만리
장성을 깨부수는 자멸의 길이다. 장학량은
국가민족의 죄인國家民族之罪人이다."

내가 대만에 유학갔을 때는 후 스는 이미 세상
을 떴기 때문에 뵈올 수가 없었다. 후 스는 컬럼비
아대학에서 돌아와서 북경대학에서 강의하면
서 "전반서화全盤西化total Westernization"
을 외쳤고, 순백화문운동을 펼쳤다. 그의 가장
유명한 말은 "대담가설大胆假設, 소심구증小
心求證"이었다. 나의 선생 황 똥메이 교수는
후 스의 학문을 호되게 비판하곤 했다. 중국의
원래적 정신을 망각했다는 것이다. 그러나
후 스는 중국의 문학, 철학의 연구에도 조예가
깊었다. 중앙연구원 원장, 중화민국의 주미
대사도 지냈다.

당대의 젊은이들에게 영향력이 지대했던 시인이며 고전학의 대가 원 이뚜
어聞一多, 1899~1946(미국유학생. 민주주의에 대한 신념이 있었던 진보적 지식인)도 청
화대학 강의실 속에서 이와 같이 말했다: "정말 개판이군眞是胡鬧, 일국의 원
수를 무장武裝으로 겁탈하다니! 총 들은 군인이면 제센가! 반란군에 불과
하다! 이래 가지고 무슨 나라꼴이 될 것인가? 국가는 너희들의 파괴를 용서

못해! 장개석 영수는 너희들의 상해傷害를 절대 용서해서는 안돼!"

어떤 의미로든지 진보적인 측면이 있다면 있다고도 할 수 있는 이 두 석학의 즉각적인 반응을 보면 이 사태가 얼마나 중대했으며, 얼마나 충격이었으며, 인식의 상식적 틀의 전환을 요구하는 거대한 사건이었다는 것을 알 수 있다. 후 스나 원 이뚜어나 학문의 대가이기는 할지언정 이 사태의 심원한 역사적 의의를 평가할 수 있는 혜안이 부족했다. 그들의 사태인식이 얼마나 체제지향적인 보수이념의 틀에서 머물고 있는지를 말해준다.

이에 비하면 공산혁명을 주도해나가던 인물들의 장 쉬에리앙에 대한 평가는 대조적이다. 마오 쩌뚱毛澤東은 이와 같이 말했다: "장 쉬에리앙은 중국의 인민들의 가슴에 서글픈 여운을 남겨주는 민족의 공신이다. 令中共抱憾的民族功臣." 저우 언라이周恩來는 장 쉬에리앙과 양 후츠엉楊虎城 두 장군이야말로 항일전쟁사업에 대공大功이 있는 인물이라 평했으며, 1956년 서안사변20주년 기념강화 중에 다음과 같이 말했다: "장 쉬에리앙 장군이 살아있든지 돌아가셨든지 그런 것과는 무관하게, 우리 중국공산당은 장 쉬에리앙 장군을 천고의 공신으로 평가해야만 한다. 不論張學良將軍死活, 我們中國共産黨評張學良將軍爲千古功臣."

이러한 양안의 태도를 보면 물론 대만에서보다는 대륙에서 장학량(=쉬에리앙)의 평가가 높다고 할 수 있을 것이다. 그러나 대륙에서조차 "중화민족의 천고공신中華民族的千古功臣"(지앙 쩌민江澤民의 언급)이라는 레토릭과는 무관하게, 장학량이라는 인간이 20세기 중국사에 미친 영향력을 구조적으로 파악하는 시각이 여전히 부족하다고 할 것이다. 왜냐하면 중국혁명의 주체는 어디까지나 모택동과 홍군이 되어야 하기 때문에, 장학량의 위치를 그 혁명의 역사에 구조적으로 틀 지우는 작업은 본류에서 배제되어 있으며, 서안사변의 역사적 의의가 일반민중의 의식 저변에까지는 미치고 있질 못한 것이다.

나는 젊은 날 나의 대만친구 주 리시朱立熙로부터 장학량에 관한 지극히 객관적이면서도 성의 있는 평가를 듣고 비로소 장학량이라는 인물의 위대함에 눈을 뜨기 시작했다. 사실 장학량은 1930년대 격랑의 사류史流 속에서 장개석과 모택동 양측에게 모두 좌절감이나 타격을 가할 수 있는 중요한 위치에 있었다. 그리고 실제로 그러한 실력을 풍요롭게 소유하고 있었던 인물이었다. 사실 장학량은 1930년대 대륙의 격랑의 풍진 속에서 일반민중에게 가장 많이 회자된 인물이기도 했다. 장학량이라는 인간의 삶의 1세기는 20세기 중국대륙, 동아시아역사의 구조적 핵심을 전망케 만드는 열쇠이자, 전설이며, 현실이었다. 그의 삶의 역정이 구현하고 있는 정치사적·군사학적 의의를 떠나서도 그 삶 그 자체로 구유하고 있는 문학적 향기는 아시아적 정감情感의 방양榜樣을 전해주고 있다.

기실 장학량이 서안사변을 일으킨 1936년 12월 12일 새벽, 그 시점은 중공中共이 허약해질 대로 허약해진 상황이었다. 우리가 잘 아는 대로 중국공산당은 1934년 10월부터 홍군주력부대 10만 명으로 하여금 국민정부군의 "위초圍剿"(소굴을 포위하여 섬멸시킨다. encirclement and annihilation)의 막강한 포위벽을 뚫고 2만 5천 리 험로의 장정을 감행케 했다. 그리고 그들이 모두 다시 섬서성 보안현保安縣 오기진吳起鎭에 집결한 것은 1936년 10월의 사건이었다.

11개 성을 통과하면서 인민의 마음을 장악하고 투쟁의 근거지를 확보하는 위대한 성과를 올렸지만 애초의 10만 병력은 1만 이하로 소모되어 있었다. 그런데 국민정부군은 아직도 위초작전을 위해 100만 대군을 동원할 수 있는 막강한 군사력을 소유하고 있었다.

장개석蔣介石은, 일본 관동군이 남만철도작훼南滿鐵道炸毁를 조작하여 중국 동북전경東北全境을 점령한 9·18사변(1931년) 때부터, "안내양외安內攘外"정책을 고수했다. "양외攘外"(일본과 싸우다)를 위해서는 반드시 "안내安內"(내부를 평정한다, 즉 공산당이라는 분열세력을 박멸해야 한다)를 먼저 달성시켜야만 한다는 것이다. 중국이 당면한 최대의 화환禍患은 "적화赤禍"일 뿐이며, 국가의 통일을 완성하지 않으면 양외攘外를 본질적으로 실현할 수 없다는 것이다(양외필선안내攘外必先安內, 통일방능어모統一方能禦侮, 미유국불통일이능취승어외자未有國不統一而能取勝於外者: 양외는 반드시 안내를 선행시켜야 한다. 국내통일을 달성해야만 외국으로부터 모멸을 막을 수 있다. 통일을 달성하지 않고 외국에 승리한 나라는 역사적으로 있어본 적이 없다).

아무리 국민당 군대가 타락했다고 한들, 100만 대군을 거느리고 전 국토를 체계적으로 관장하고 있는 중국국민당이 보다 치밀하게 "위초작전"을 감행한다면 중국공산당은 괴멸되었을 수도 있다. 사실 중국공산당이 국민당 군대를 대만으로 내쫓아 버리고 1949년 10월 1일 중화인민공화국을 선포할 수 있었던 것은 결코 무력의 승리가 아니다. 그것은 맹자가 말하는 바 민심民心 즉 천심天心의 승리이며, 공산당의 리더십이 발휘한 "도덕성moral priority"의 승리라고 말해야 할 것이다.

그러나 도덕성은 추상적인 선의만으로 이루어지지 않는다. 반드시 그 물리적 기반을 확보해야 한다. 그 물리적 하부구조의 기반을 취약해져만 가는 공산당의 내부에서 만드는 것이 아니라, 오히려 강력한 중화민국 내부에서 만드는 "체제 내의 혁명"을 성취시킨 사람, 바로 그 적절한 상황에서 적시의 혁명을 감행한 그 시중時中의 인물이 장학량이었다.

장학량으로 인하여 10년에 걸친 내전이 종식되고, 제2차 국공합작이 이루어졌으며 항일전민족통일전선이 결성되었다. 그러니까 공산당은 항일민족통일전선이라는 아름다운 명분의 기치 아래서 장정의 피로를 회복하고 대중의 마음속에 강렬한 보금자리를 급속도로 확산시켜 나아갈 수 있었던 것이다. 기실 중화인민공화국의 탄생이란 일본의 군국주의의 허황된 꿈이 선사해준 것이다. 일본의 대륙침략이 없었더라면 공산당이 대륙전체를 장악하는 그런 일은 없었을 것이다. 아마도 양자강을 두고 남·북으로 분열되는 수준에서 타협이 이루어졌을 가능성도 배제할 수 없다. 오직 범국민적·초당적 항일투쟁의 명분만이 공산당의 세력확대, 즉 공산당조직이 지닌 도덕성의 전면적 승리를 가능케 하는 계기들을 창출할 수 있었던 것이다.

생각해보라! 20세기 인류사에 있어서 제국주의열강의 침략에 홀로 맞서 "도덕성" 하나로 승리를 구가한 제3세계의 예를 우리는 월남의 호치민의 삶과 그와 운명을 같이 한 월남 인민들의 끈질긴 투쟁에서 목격할 수 있다. 도대체 월남이 어떻게 그 막강한 미국을 여지없이 참패시킬 수 있었겠는가? 그것이 과연 월맹의 무력으로 가능할 수 있었을 것인가? 이러한 호치민의 삶의 전범을 이미 중국대륙에서 마오 쩌똥이 보여주었던 것이다.

그런데 마오 쩌똥의 승리는 장학량의 도움이 없이는 불가능했던 것이다. 장학량은 모택동을 개인적으로 도와준 것이 아니다. 모택동이 구현하고 있는 여민동락與民同樂의 도덕성이 중국역사의 진정한 주류가 되어야 한다고 판단한 것이다. 그 판단을 실천으로 옮긴다는 것은 범인의 힘으로는 불가능한 것이다. 그런데 장학량은 장개석의 위초圍剿의 안내安內작전의 비도덕성을 직시하고, 그것을 용납하지 않을 수 있는 양식과 실력을 소유하고 있었다. 그런데 그러한 실력을 소유하고 있는 막강한 권력자로서 자기 권력의 근원인 자기체제 그 자체를 부정한다는 것은 진실로 불가능에 속하는 일이다!

아무리 대의大義에 대한 헌신이 있다고 해도 군인으로서 군인의 존재이유인 자기존재기반을 허문다는 것은 있을 수 없는 일이다. 그런데 아무리 군인이라 할지라도 명백한 대의의 요청이 있을 때, 그 대의를 위하여 자기존재부정의 항명抗命을 실천으로 옮긴다는 것은 한 인간이 인류역사의 정의에 기여할 수 있는 최대치라고 나는 생각한다. 히틀러를 손쉽게 죽일 수 있는 최측근 권세가 한 사람이라도 그러한 혁명적 전환의 발상을 실천한 사람이 있는가? 더구나 장학량의 경우는 장개석을 죽여버리는 정변이나 암살의 음모를 획책한 것이 아니다.

장개석을 감금하고 그로 하여금 새로운 거국적이고도 정의로운 정강정책을 실천하도록 강요한 것이다. 그 강요를 설득적으로 성공시킨 것이다. 그런데 그 성공은 곧 자신의 죽음을 의미하는 것이다. 장학량은 19세의 나이에 중국 최연소의 장군(육군소장陸軍少將)이 되었다. 24세에 육군중장中將이 되었고, 26세에 육군상장上將이 되었다. 서안사변 때 그는 불과 35세였다. 35세의 청년이 국가원수이며 국민혁명군총사령인 장개석으로 하여금 위초의 발상을 근원적으로 포기하고 국공합작의 정의로운 길을 걸어가도록 만들기 위해서는 자신의 모든 것을 포기해야만 했다. 자신이 정변을 일으켜 권력을 취하려는 것이 아니다. 자기 직속상관으로 하여금 어쩔 수 없이 자신의 권력을 **역사의 정로正路**를 향해 사용하도록 만들었다. 그 강요의 과정 속에서 이미 그는 생사를 초월해야만 했다. 진실로 장학량의 이야기는 어떠한 고승의 해탈보다 더 숭고한 측면을 내포하고 있다.

그가 1936년 12월 12일 새벽 5시경 장개석을 붙잡기 위해 무력을 발동했을 때, 장개석은 속옷바람으로 군화신발도 신지 못하고 도망 나가 담벼락 밖의 도랑 속을 달려 큰 바위 옆 동굴 속에 머리를 박고 몸을 웅크리고 있었다. 그가 생포되었을 때 그야말로 올챙이 새끼 한 마리 꼬라지도 되지 않았다. 그곳은 바로 양귀비가 목욕하고 노닐던 화청지華淸池 부근이었다. 장학량과 양호성의 주장은 초공剿共(공산당초멸)을 정지하고 항일抗日을 진행시키라는 것이었으나,

실제로 이들이 구체적으로 제시한 8가지 조건은 오늘날까지도 중국이 실현하지 못하고 있는 위대한 구국방략救國方略이다.

1) 현재의 남경정부를 개조하여 각당 각파를 모두 용납하며 구국의 공동책임을 질 것. 改組現在南京政府, 容納各黨各派, 共同負責救國。

2) 일체의 내전을 정지할 것. 停止一切內戰。

3) 상해에서 피포된 애국 영수를 즉각 석방할 것. 立卽釋放上海被捕之愛國領袖。 (7군자사건七君子事件으로 피포된 7인을 말함: 심균유沈鈞儒, 왕조시王造時, 이공박李公朴, 사천리沙千里, 장내기章乃器, 추도분鄒韜奮, 사량史良).

4) 전국의 일체 정치범을 다 석방할 것. 釋放全國一切政治犯。

5) 민중의 애국운동을 자유롭게 개방할 것. 開放民衆愛國運動。

6) 인민의 집회결사 등 일체의 정치자유를 보장할 것. 保障人民集會結社一切政治自由。

7) 손문 총리(손문이 서세할 때의 직함은 총리였다)의 유촉을 확실히 준행할 것. 確實遵行孫總理遺囑。

8) 즉각 구국회의를 소집할 것. 立卽召開救國會議。

← 서안 화청지가 있는 곳.
그 뒤 여산 기슭에 서안사변의 현장이 있다.

이 8개 주장의 핵심요지는 다음과 같다: "**거국적인 각당각파의 역량을 총집결시켜, 의사표현의 자유를 허락하고 민중을 총동원함으로써 항일구국의 목표를 달성하라!**"

많은 사람들이 서안사변에서 장학량이 내건 이 8가지 조항이 매우 서구의 자유민주주의적 사유를 내포하고 있다는 사실을 별로 거론하지 않는다. 우리나라 헌법 제21조에도 언론·출판·집회·결사의 자유가 국민의 기본권 fundamental rights으로서 명시되어 있지만, 이것은 미국혁명과 불란서혁명시기에 자연법사상에 의거하여 인간이 인간다울 수 있는 권리로서, 국가권력도 침해할 수 없는 실정법상의 인권으로서 제시된 것이다.

그런데 장학량이 "정지내전停止內戰, 일치항일一致抗日"이라는 시위학생들의 구호에 동조하여 장개석에게 국공합작을 요구하는 마당에 그러한 근원적인 인권의 문제까지 언급하는 것은 장학량의 인간됨이나 인식구조가 근원적으로 장개석과는 판이한 문화적 소양을 깔고 있었다는 것을 말해주는 것이다.

장학량은 봉천奉天에서 자라나면서 소년시절에 그의 폐병을 고쳐준 일본 유학생 출신의 의사 왕 종츠엉王宗承의 소개로 봉천기독교청년회(1912년에 미국과 덴마크의 교회헌금으로 성립)와 접촉하게 되었으며, 그 단체의 활동에 적극 참여하게 되었고, 따라서 서양 선교사들과 진보적 지식인들의 훈도를 깊게 받았다. 청년회활동을 통하여, 탁구, 배드민턴, 테니스, 골프, 무도, 수영, 자동차·비행기 운전 등 각종 체육·문예활동을 익혔으며 유창한 영어실력을 습득하였다. 그리고 서양의 자유·평등·박애의 사상과 관념을 깊게 받아들였다. 그러나 장학량이 어려서부터 기독교신앙에 물든 것은 아니다. 그는 단지 중국인이었으며, 중국인의 감정과 전통과 그 인문주의적 양식良識에 따라

서구의 장점을 순수하게 접수했을 뿐이다.

그는 푸라이터普賴特, 무더穆德, 아이띠艾迪(서양 선교사들인데 중국식 발음만 있고 그 원명은 알 수가 없다) 등 많은 서양인들과 결식結識했으며, 그에게 특별히 깊은 영향을 준 중국인 교사로서는 가정교사 빠이 용전白永貞과 그의 이러한 접촉을 격려해준 중국기독교의 대표적 사상가이며 평화주의자인 위 르으장余日章, 1882~1936(하바드대학에서 교육학을 공부함)과 난카이중학南開中學 교장인 장 뿨링張伯苓, 1876~1951(컬럼비아대학 교육학, 난카이대학 설립자)을 들 수 있다.

1916년 장 뿨링은 봉천기독교청년회의 초청으로 "중국 앞날의 희망中國前途之希望"이라는 제목의 강연을 했는데, 그는 "중국의 앞날은 희망이 있다! 희망이 있다!"라고 외치면서 "중국의 앞날은 내가 있기 때문에 희망이 있다.中國前途的希望是因爲有我!"라고 일갈하였다. 이 말을 듣고 있던 장학량(당시 15세의 소년)은 벌떡 일어나서 소리쳤다: "당신이 도대체 뭐라고 그 따위 미치광이 같은 호언을 하는 것이오?"

장백령 사진. 장학량의 생애에 깊은 영향을 준 교육자로서 장백령과 여일장余日章을 들 수 있다. 강연이 끝나고 장학량은 장백령을 면담하였다. 장백령은 학량에게 중국인은 체면만 차리고 허위의식이 강하며 가짜약을 팔아 사람을 해치면서도 수치를 모른다고 말했다. 장학량은 장백령 선생의 말씀을 듣고 중국을 구해야겠다는 신념에 불타게 된다. 장백령은 남개대학의 설립자이며 서남연합대학의 상무위원을 지냈고 장개석과 친했다. 그러나 그는 대만으로 건너가지 않고 천진에서 서거하였다(1951. 2. 23). 그는 1950년 10월 남개대학이 천진에서 다시 문을 열었을 때 들어가지도 못했다. 개혁개방 이후로 그에 대한 조명이 제대로 이루어지고 있다.

그러자 장 뿨링은 소년 장학량의 말을 되받으며 다음과 같이 간곡히 외치는 것이었다: "모든 사람이 국가에 대해서 비관하고 실망하고, 자포자기를 하고 있기 때문에 나 자신의 참여가 불가능하다고 생각하는 것이오. 아무리 생각해도 중국의 미래가 없다. 다들 가만히 앉아서 그렇게 아무런 방법이 없다고 생각하는 것이지요. 그렇게 되면 중국은 정말 미래가 없는 것입니다. 만약 모든 사람이 스스로 분발하여 강하여지려 하고, 스스로를 면려하고, 국가를 위하여 일체를 희생하고 대중을 위하여 복무하고, 국가흥망의 책임이 나 개인의 어깨에 걸려 있다고 생각한다면 비로소 중국은 희망이 있게 되는 것입니다. 나 스스로 그러한 신념을 굳게 정하고 중국의 미래가 곧 나의 미래다! 중국은 망할 수 없다! 내가 있기 때문에! 결론적으로 말하자면, 중국의 희망은 여기 있는 모든 사람들, 개인 각자가 모두 발분도강發憤圖强하여 내가 있기 때문에 중국은 미래가 있다고 생각하게 되면 살아나는 것입니다. 중국은 내가 있기 때문에 미래가 있다! 모두 그렇게 생각하시오. 모두 함께 노력하여 나라를 구합시다!"

이러한 계몽주의적 사상가들의 외침은 감수성이 예민하고 정의감이 강한 장학량에게 매우 심오한 영향을 끼쳤다. 장학량은 이러한 사상가들의 영향 하에 도미유학을 결심하고 의사가 되어 사람을 구하는 활인의술을 펼치겠다고 의지를 굳혔다. 그래서 장학량은 미국 가는 배편의 표까지 구입했다. 장학량의 입장에서 미국유학 가는 것은 전혀 어려운 문제가 아니었다. 그러나 이러한 장학량의 계획은 그가 가슴속 깊이 존경하던 수학·물리·화학의 교사였던 츠언 후에이성陳惠生(봉천측량국 국장)의 간곡한 권고에 의하여 좌절되게 된다.

츠언 선생은 미국유학 가는 것이 급한 것이 아니며, 어린 나이에 신체도 허약한데 외지에서 방황하는 것보다는 아버지의 든든한 지원하에서 중국의 현실을 더 깊게 체험하고 주체적인 중국인이 되는 것이 더 중요하다고 권고했다. 유학파가 되는 것보다는 주체적인 국내파가 먼저 되어라! 주체가 확립되면 유학은 아무 때나 갈 수 있다! 서두르지 마라는 츠언의 권고는 매우 적시의 적절한 충언이었다. 그리고 장학량은 그 깊은 뜻을 받아들였다.

1919년 3월, 장학량은 아버지 장작림이 새롭게 설립한 당대 중국 최정예의 사관학교인 동북강무당東北講武堂에 입학한다. 사람을 살리는 공부를 지원했던 그가 사람을 죽이는 공부를 하게 되는 것이다. 그러나 장학량은 사람을 죽이는 직업군인의 길을 걸어가게 되면서 그 어떤 의사보다도 더 많은 사람을 살리는 사람이 되어갔다. 시대가 그 시대의 선악의 기준을 설정한다. 인간의 삶도 그 시대의 요구에 부응하여 그 가치를 드러내게 되는 것이다.

자아! 얘기가 너무 빗나갔는데, 서안사변을 통하여 장학량이 요구한 8가지 사안은 어떻게 되었을까? 사건 직후 장개석은 서안西安 수정공서綏靖公署(공

장학량의 애띤 모습

산당토벌작전 사무실이라는 뜻) 양호성총부楊虎城總部의 신성대루新城大樓에 갇혀 있었는데, 그는 수치와 분노로 절망상태에 빠져 먹지도 않고 마시지도 않으며, 장학량과 국사를 담론하는 것을 완강히 거부했다. 그리고 딴 공관으로 옮기자는 것도 거절했다. 그리고 장학량에게 소리 지르기를, 즉각 그를 남경南京으로 회송하지 않으면 여기서 자결하겠다고 으름장을 놓았다.

12월 12일 상오, 남경에서 서안사변에 관한 정보를 가장 먼저 접한 것은 군정부장軍政部長 허 잉신何應欽이었다. 장학량과 양호성의 8개항목 주장이 남경에 통전通電된 이후로, 대부분의 사람들은 장·양이 윤허하는 "장개석의 안전을 보장함"이라는 문구를 믿지 않았고, 따라서 장개석의 사활에 관한 온갖 루머가 날개 돋힌 듯이 사방으로 퍼져나갔다.

국가의 진로가 바뀌는 대사를 놓고 군대 내에서 항명을 일으켰다면 그것은 명백히 반란rebellion이다. 반란이라면, 반란의 주체와 대상 사이에서는 "죽음"이라는 글자밖에는 오갈 것이 없다. 장개석이 죽지 않으면 장학량이 죽어야 할 뿐이다. 이렇게 긴박한 상황에서 장학량이 한가롭게, "장개석의 안전을 보장함"이라는 메시지를 발한다는 것은 진실로 상식의 상궤에 어긋나도 크게 어긋나는 나이브한 로만티시즘이다.

사실 장학량은 장개석의 "양외필선안내攘外必先安內"작전의 무모함과 그 도덕적 명분이 성립할 수 있는 사회적 분위기가 전무하다는 것을 너무도 잘 알고 있었다. 그것은 9·18사변(심양사변, 봉천사변, 성경사변盛京事變, 만주사변, 유조호사변柳條湖事變으로도 불리는데, 1931년 9월 18일, 일본 관동군이 심양을 점령한 사건. 이로써 관동군은 동북전경東北全境을 점령하고, 전면침화全面侵華의 야욕을 드러내고, 위만주국을 성립시킨다[1932년 3월 1일]. 그런데 이 명백한 침화의 대사건에 대해 그 것을 저지해야만 하고, 할 수 있었던 장학량 휘하의 중국동북군은 전면적인 무저항주의 로 일관했다. 이 장학량의 부저항정책不抵抗政策은 중국현대사의 영원한 미스터리로 남 아있다. 이 미스터리에 관해 그것은 장개석의 안내安內철학에 의거한 부저항정책의 명령 을 충실하게 이행한 결과일 뿐이라는 견해, 그리고 장개석이 장학량의 세력을 근원적으 로 약화시키기 위한 함정이었다는 견해, 그리고 장학량의 동북정권은 그 나름대로 독자 적인 판단력이 있었기 때문에 장학량의 결정은 남경정부의 명령이라기보다는 자신의 독 자적 판단에 의한 것이라는 3종의 견해가 있다. 제1의 견해가 현대중국사학계의 주류를 형성하고 있으나 세부적으로 검토해야할 너무도 많은 문제들이 연관되어 있다) 이래 일 본 침화의 야욕이 점점 확대되는 국가존립의 위기상황에서 항일투쟁을 전면 적으로 포기하고, 오로지 초공剿共(공산당박멸작전)에만 전념한다는 것이 아무 리 국민당군대라 할지라도 국가안위를 책임지고 있는 군인의 정신으로 용납 될 수 있는 것일까? 군인과 군대의 일차적 존립이유는 국가대국가간의 전쟁 수행이다. 군인은 대외국가수호를 위하여 존립하는 것이다. 그 존재이유를 포기하고 오로지 초공과 같은 국내경찰업무에 전념한다는 것은 상식에 어긋 나는 것이다. 더구나 항일이라는 것은 초당파적인 거국적 사업이 될 수밖에 없는 것이다.

생각해보라! 지금 일본이 동북지진과 해일, 그리고 원전사태로 인하여 전 토가 살기 어려운 곳으로 화하였다고 생각해보자! 그리고 우익군국주의가 득세하여 다시 대동아공영권을 운운하면서 육해공군 자위대를 발동하여 조 선을 대거 침공하는 사태가 벌어졌다고 생각해보자! 이에 북한은 남한에게 초당파적으로, 초이념적으로 한민족으로서 우선 같이 항일전쟁을 수행하자 고 간절히 바라고, 또 호소하고 있다. 그런데 남한의 집권당과 군통솔권을 지닌 최고의 책임자는 이런 혼란의 시기야말로 북한 공산당 빨갱이들을 박멸시켜 지구상에서 쓸어버릴 수 있는 절호의 챈스라 생각하고 이미 일본군이 부산에 상륙하고 동해안에 침투했는데도 일본군에게는 부저항정책을 취하고, 전 군대를 북상시켜 북한을 박멸시키는 초공작전을 감행한다고 생각해보자!

바로 일본의 침공이 눈앞의 조선땅의 현실이 되었는데도, 양이攘夷보다는 안내安內를 실현해야 한다는 명분으로 공산당박멸작전만 추진한다고 가정해본다면, 오늘날과 같은 비정상적인 보수언론의 몇몇 지도자들 정도야 집권당과 그 영수에게 박수갈채를 보내며 환호할지는 모르겠으나, 상식을 지닌 대다수의 사람들은 그 정책의 무모함과 부당함을 항의하지 않을 자가 없을 것이다. 국가존망의 위기에서 집권당 내에서도 내심 이견異見이 없을 수는 없을 것이다.

1931년 9·18사변(=만주사변. 위만주국 성립) 이래로 장개석의 필선안내必先安內정책에 대한 국민들의 항의는 점점 거세져만 갔다. 지금 21세기 우리나라나 중국은 불행하게도 "학생데모"라는 것이 사라졌다. 스펙쌓기, 출세권력욕으로 청춘의 열정이 "돈신Money God"의 노예로 전락해버린 것이다. 조선은 이명박의 요술로, 중국은 개혁개방의 신화로, 분위기가 일전해버렸다. 그러나 20세기 중국과 조선의 역사의 정도, 그 진리의 척도역할을 한 것은 꺼질 줄 모르는 청춘의 양심이었다.

지금 일본군국주의에 의하여 중국이 침략당하고 중국인이 죽어가고 있는데, 왜 중국인(국민당)이 중국인(공산당)을 죽여야만 하는가? 중국인 한 명이라도 더 살려내야 할 판에 중국의 합법적 정부의 군대가 중국인을 죽이는 데

광분한다는 것은 도무지 어불성설이다. 전국 각지 학생들의 구호는 이와 같았다: **"중국인이 중국인을 죽일 수 없다**中國人不打中國人! **똥빼이군은 공산당 때려잡을 생각 말고 고향으로 돌아가라**東北軍打回老家去! **일본놈들에게 잃어버린 똥빼이의 땅이나 되찾아와라**收復東北失地!"

중국공산당 중앙위원회에서 발표한 성명서(1935. 11. 13.)에는 장학량이 "부저항장군매국적不抵抗將軍賣國賊" "일본제국주의의 충실한 개日本帝國主義忠實的走狗"로 묘사되고 있는데, 실제로 이러한 장학량에 대한 질책은 공산당의 정치적 규정성을 넘어서서 당시의 매우 보편적인 국민정서였다.

지금 나의 글을 읽는 조선의 독자들은 "부저항장군"이라는 말이 과연 무슨 의미를 지니고 있는지 충분히 깨닫기 어려울 것이다. 대부분의 역사적 사건은 단지 어느 특정한 시점의 일회적 사건일 수 없으며, 더구나 사가들이 규정해놓은 바, 하나의 사건을 규정하는 고유명사의 외연 속에 다 포섭되는 것이 아니다. 그것은 무수한 인드라적 관계망 속에 얽혀있는 일체법一切法적인 육상六相의 한 측면일 뿐이다. 우리는 중국의 현대사, 특히 장작림―장학량이라는 하나의 패러다임의 총상總相을 이해하는 데 있어서도 내가 "조만문명권朝滿文明圈"이라고 부르는 고구려패러다임의 독자성의 관념을 배제하고서는 이해하기 어렵다.

장학량은 장작림張作霖, 1875~1928의 아들이다. 장작림에게는 부인이 6명 있었는데, 장학량은 원배元配인 조부인이 낳은 장작림의 장남이다(조부인의 이름은 자오 춘꿰이趙春桂. 1898년 장녀 장관영張冠英을 낳았고, 1907년 차자인 장학명張學銘을 낳았다. 장학명은 장학량에게 가려 빛을 못 보았지만 대단히 탁월한 항일투사였으며 해방

장작림 사진. 얼굴을 보면 강인한 인물이라는 것을 알 수 있다. 고등교육을 제대로
받은 사람이 아니지만 의협심이 있고 기개가 있었고 정의로운 판단력이 있었다.
하여튼 복합적인 인격구조를 지닌 특이한 인물이었다.

이후에도 천진의 시정市政 건설에 많은 공헌을 하였다. 조부인은 장학량이 11살 때, 1912년 봄날 신병으로 세상을 떴다. 향년 38세였다). 장작림은 이승만과 동갑이고 김구보다 한 살 위이니까, 대개 그 시기의 인물이라는 것을 짐작하면 시대배경이 감이 잡힐 것이다. 그런데 우리나라 사람들에게 장작림은 인상이 좋질 못하다. 왜냐하면 장작림은 동북을 장악한 북양군北洋軍 봉계군벌수령으로서 일제의 편을 들어 우리 조선독립군을 탄압하였기 때문이다.

장작림은 우리에게 보통 "토비土匪"(시골 무장 마적떼) 출신의 사람으로 알려져왔다. 장학량은 "우리 아버지는 토비가 아니었다我父親不是土匪"라고 강변하지만, 장작림의 무의식적 말투에는 토비만 쓰는 어휘나 욕지거리가 항상 배어있었다고 한다. 현대사가들은 장작림이 토비 출신이라는 사실을 의심치 않는다. 2005년에 출간된 『중국토비대결국中國土匪大結局』(권위 있는 세계출판사 간행)에는 장작림을 "중국토비당안檔案제001호號"로서 수위에 열거하고 있다. 장작림에 관해 이런 문제까지 세부적으로 논의하려면 본 주제를 놓칠 우려가 있으므로 간단히 언급하고 넘어가자! 장작림은 토비 출신으로서 토비토벌에 대공을 세우면서 자기 신분을 세탁하고 민심을 얻었다. 사실 동북인민들을 괴롭히던 토비를 평정해준 것만으로도 장작림은 동북인민들의 은인이 될 수 있었다.

장작림은 이 과정에서 자기의 무력기반의 사람들을 통솔하여 청조에 귀순하여 공식적인 군인의 지위를 획득하였고(1902년), 그 후 청말, 민국 초기에 전개되는 역사의 격랑 속에서 동삼성東三省의 동란을 교묘하게 활용하면서 관직과 군권을 획득, 그 세력을 충실하게 다져나갔다. 1918년에는 동삼성순열사東三省巡閱使가 되었고, 이어 군벌간의 전쟁을 거치면서 동삼성 전역을 지배하는 확고한 지위를 확보, "봉천파군벌奉天派軍閥"을 형성하였다.

1927년 6월에는 장작림은 북경에서 북양군정부 육해군대원수陸海軍大元帥에 취임하여 중화민국을 대표하여 통치권을 행사하였고 북양정부의 국가원수가 되었다. 그리고 북양군벌통치시기 최후의(제32계屆) 내각을 조각한다. 그러니까 북양군 정권의 최후통치자가 바로 장작림이다. 그래서 우리가 장작림을 "장대수張大帥"(장작림 본인이 그렇게 호칭되는 것을 좋아했다. 아버지 "대수"와 대비하여 사람들이 장학량을 "소수少帥"라고 칭했는데, 장학량 본인은 누가 자신을 소수少帥라고 부르면 아주 싫어했다. 장학량은 90세가 넘어서야 비로서 "소수"라는 칭호를 친근미있는 애칭으로 받아들였다고 한다), 즉 장 대원수라 부르고 그가 심양에 지은 대저택을 "대수부大帥府"라고 칭하는 것이다.

장작림은 지금 요녕성 요동만遼東灣 요하 하류에 위치하고 있는 반금시盤錦市 부근의 해성海城 가장사촌駕掌寺村이라는 깡촌의 빈농가정에서 태어나 농사를 지었다. 해성은 곧 고구려 안시성으로 비정되는 영성자산성이 있는 곳이다. 해성에는 북방고인돌의 전형이 남아있는 곳으로도 유명하다. 해성은 예로부터 고조선–고구려 패러다임에 속하는 지역이었다. 땅의 역사는 사람의 역사이고 사람의 역사가 곧 땅의 역사다.

해성에서 태어났다고 다 고구려사람이라고 말할 수 없겠지만, 고구려의 핏줄, 기질, 문화, 습속이 이 지역사람들에게 배어있다고 말할 수 있다. 장작림의 아들 장학량도 바로 이 고구려 고토 해성에서 태어났다. 하여튼 장작림은 14살 때, 아버지가 돌아가시자 광녕현廣寧縣 이도구향二道溝鄕으로 나와, 찐만두장사, 시골잡화판매행상, 목수일, 그리고 수의사, 말관상쟁이 등등으로 전업하면서 생계를 유지했다. 그러다가 1894년 갑오년 청일전쟁 때 청나라 송경宋慶 휘하의 의군毅軍으로 들어가 말단군인으로 시작하여(조선땅에서 일군과 싸웠다) 당대에 중화민국 최고의 통치자의 지위에까지 오른 입지전적인 인물이다.

"중화민국中華民國"이라고 하는 것은 손문이 주도한 신해혁명(1911년)을 발판으로 청조를 타도하고 1912년에 탄생한 아시아 최초의 공화국을 의미한다. 이 중화민국은 중국동맹회中國同盟會를 이끈 손문孫文을 임시대총통으로 선출하여 남경에서 정식출범한 것이지만, 손문은 남북화의南北和議(남은 남경중심세력, 북은 북경중심세력을 의미한다)를 위하여 북양군벌의 영수인 원세개袁世凱에게 임시대총통직을 양보하여 명목상 중화민국으로서 남북통일을 이룩한다. 그렇게 함으로써 청조의 왕조체제를 종언으로 휘몰았던 것이다.

그래서 중화민국은 전반의 북경정부시대(1912~28년)와 후반의 남경정부시대(1928~49)로 대별되는데, 북경정부시대는 북양군벌이 지배했고, 남경정부시대는 중국국민당이 지배했다. 중국국민당이 군벌세력을 다 제압하고 진정한 통일정권을 수립한 1928년 6월 이후부터의 정권은 우리가 보통 "국민정부國民政府"라고 부른다("국민정부"라는 개념은 정확하게는 손문의 사망 이후 1925년 7월부터 시작되었지만 초기는 왕정위汪精衛가 주석 노릇을 했다. 장개석이 국민정부 주석으로 취임한 것은 1928년 10월이다).

그러니까 장작림이 중화민국의 대원수가 되었다고 하는 것은 중화민국의 전반기인 북경정부시대, 즉 북양군벌지배시대의 최후 최고통치자가 되었다는 것을 의미한다. 이 사실과 더불어 우리는 "북양군벌北洋軍閥"이라는 개념을 조금 더 명료하게 이해할 필요가 있다.

우선 "북양北洋"이라는 말은 청말·민국 초기에 "남양南洋"과 대비해서 생겨난 말인데, 강소성 이북의 산동·하북·요녕성 등 발해·황해 연해 각 성을 북양이라 부르고, 그 이남의 연해 각 성을 남양이라 불렀던 것이다. 북양의 중추적 도시는 천진天津이었다. "북양군벌"이라고 하면 구체적으로는 원세개 袁世凱가 배양한 "북양신군北洋新軍"을 핵으로 하는 중화민국 전반기의 가장 강력했던 정치세력을 말한다.

북양신군의 주요 장령將令들이, 원세개의 사후에는 북양군대와 정권을 전체적으로 통솔할 수 있는 구심점을 상실하자, 각 지방을 할거하여 자기세력을 구축하고 각축을 벌이지만 명목상으로는 북경정부의 지배를 받았기 때문에 이 시기의 북경정부를 "북양군벌정부"라고도 호칭하는 것이다.

그러니까 중국역사에서 "군벌軍閥"이라는 개념은 매우 넓은 외연의 의미로 쓰일 수도 있지만 현대사의 협의에서 정확하게 쓰이는 용례로서는 원세개의 죽음(1916년) 이후 남경국민정부의 성립(1928년)에 이르는 시기에 사병적私兵的 군사력을 주된 세력기반으로 하여 중국정치에 독자적인 영향력을 행사한 중앙·지방의 실력자들을 가리킨다.

군벌의 세력기반이 된 사병적 군사력의 연원은, 태평천국과 관계가 있다. 청조는 자체의 군대로써는 도저히 태평천국의 난을 진압할 수 없었기 때문에, 지방의 "향신鄕紳"세력이 소유하고 있는 "단련團練"이라고 부르는 자생적 민간자경단自警團 조직들을 통합하여 조직된 상군湘軍이니 회군淮軍이니 하는 용병에 의존했다. 이러한 민간군사조직은 한번 위세를 떨치게 되면 다시 해체되기가 어려우며 내내 그 조직을 유지하게 마련이다. 의화단사건 이후에 구미군대를 모델로 하여 새롭게 조직한 "신군新軍"도 결국 원세개의 사병적 성격을 벗어나지 않았다.

그러니까 장작림이 북양정부의 국가원수가 되었다고 하는 사실(1927년 6월)은 증국번曾國藩−이홍장李鴻章−원세개袁世凱로 이어지는, 청나라에 뿌리를 둔 정통북방세력의 마지막 최강자가 되었다는 사실을 의미한다. 그러니까 장작림은 원세개 슬하에서 컸고(16세 연하), 원세개가 죽은 이후 전개된 군벌전국시대에서 여러 군벌간의 전쟁을 거치면서 군벌간의 투쟁을 종료시킨 최후의 강자가 되었던 것이다.

장작림이 최후의 강자가 되기까지는 그가 꾸준히 쌓아올린 심양 중심의 군사, 문화, 교육 등 똥뻬이 패러다임의 강성한 자체내공이 주요한 역량의 원천이 되기도 하였지만, 일본 관동군의 보이지 않는 지원이 그의 절대적 강세를 보장해주었던 것이다. 일본은 중국대륙을 장악하기 위해서 일차적으로 조선을 식민지화했고, 이어서 조선반도와 연속선상에 있는 고구려패러다임의 본래영역인 똥뻬이 지역에 확고한 거점을 마련하려고 했다. 그것은 대륙침공의 당연한 제2단계의 수순이었다.

그러니까 한제국이 멸망한 후 오나라·촉나라·위나라의 삼국시대가 전개되듯이, 대청제국이 멸망한 후, 1920~30년대의 중국에는 신판 삼국지가 전개되었다고도 볼 수 있다. 그 제1패러다임이 똥뻬이를 거점으로 하는 장작림−장학량축이고, 제2패러다임이 남경을 거점으로 하는 손문−장개석축이고, 제3패러다임이 중화소비에트공화국의 탄생, 그리고 장정을 거쳐 결국 섬서성 연안에 거점을 마련하는 모택동−주은래축이라고 말할 수 있다.

중국현대사의 형세를 이런 식으로 말하는 사가는 거의 없기 때문에 나의 이러한 관전평에 대하여 이의를 제기할 수도 있겠으나, 그것은 세부적 정교한 부분에 관하여서는 논란이 있을 수도 있겠으나, 그 대국에 관하여서는 이의를 제기할 건덕지가 없다. 제1패러다임은 청조라는 전통문화의 전승과 북양군벌의 뿌리를 배경으로 하고 있으므로 매우 그 기반이 탄탄하고 보수적이며 근대적 국가의식이 희박한 세력이라고 말할 수 있는데, 오히려 그 뿌리에서 철저한 근대적 정신을 소유한 휴매니스트 장학량과 같은 인물이 나왔고, 제2패러다임은 청조의 군주제를 철저히 부정하고 근대적 공화제를 지향하는 손문의 중국동맹회와 그것이 의회정당으로 변신한 국민당에 뿌리를 둔 전위적·진보적 세력인데 오히려 이 뿌리에서 철저히 제왕적 독재정신을 소유한 장개석이 나왔다는 것은 인간세 역사의 한 아이러니라고 말하지 않을 수 없다. 서안사변이라는 사건은 이러한 대국의 충돌과 긴장관계를 배경으로 하지 않으면 그 전모와 역사적 의의가 우리 의식에 명료하게 부각되지 않는다.

그리고 제3패러다임인 중국공산당세력이야말로 여타 두 패러다임의 입장에서 볼 때는 너무도 뿌리가 없고 세력이 미미한 신생운동이었을 뿐이다. 중국공산당이 성립한 것은 1921년의 일로서 우리나라의 공산당운동이 전개된 것보다도 뒤늦은 사건이다. 소련공산당과 코민테른의 강력한 영향하에 중국 각지에서 결성된 공산주의 소조小組, 연구회들을 규합하여 1921년 7월 상해에서 결성된 매우 미미한 신흥세력이었다. 그러니까 제1패러다임, 제2패러다임의 사람들의 입장에서 본다면 공산세력이야말로 위초작전을 펼쳐 나가기만 하면 곧 괴멸되리라고 판단하는 것은 너무도 당연한 일이었다.

장작림이 똥뻬이를 관장하면서 가장 두려워한 것이 소련의 침공이었다. 소련이 똥뻬이의 땅을 탐한다는 것이었는데, 공산당은 무조건 소련의 앞잡이라고 하는 생각이 장작림에게는 공산당에 대한 가장 강렬한 인상으로 남아 있었다. 중국공산당이 초기부터 소련공산주의정당의 세계조직인 코민테른 Communist International과의 아이덴티티를 표방한 것이 보수적인 세력들에게는 중국이라는 국가와 민족을 부정하는 불건강한 세력으로 비쳐진 것이다. 장작림은 대원수에 오르기 직전, 1927년 4월에 중국공산당의 아버지라고도 할 수 있는 이대조李大釗Li Da-zhao, 1889~1927를 비롯한 20명의 중국공산당 인사를 처형해버렸다.

1936년 11월 1일, 장개석에게 계속 공산당과 공동항일할 것을 권유하는 장학량을 암암리 지목하여, 장개석이 중앙군교中央軍校 낙양분교에서 열병할 때 훈화한 말을 살펴보면 장개석의 공산당에 대한 인식구조의 단면이 잘 드러나 있다. 코민테른의 지도하에서 움직이는 공산당은 반국가·반민족세력이었던 것이다.

"공산당은 조국을 원하지 않아, 조종祖宗을 부정한단 말야! 그렇다면 그대들도 조국을 원하지 않는단 말인가? 조종도 원하지 않는단 말인가? 공산당은 중국이 망하기를 원해. 이런 적인敵人을 쳐내지 아니 하고 무슨 항일抗日을 한단 말인가? 우리를 당장 대면하고 있는 가까이 있는 내부 적인을 치지 않고 저 멀리 있는 왜놈 적인을 치는 데만 전력한다는 것이 될 말인가? 이렇게 왜곡된 정신을 가지고 있는 군인들을 도대체 어디다 써먹겠나?共黨不要祖國, 不要祖宗, 然則你們也不要祖國, 不要祖宗嗎? 共黨是要亡中國的, 這種敵人不打, 還要什麼抗日? 當面敵人不打, 偏要打遠處的敵人, 這種軍人有什麼用處?"

사실 아주 평심하게 관망하여 본다면, 장개석의 이러한 태도도 일리—理가 있다. 역사는 한 측면의 당위성만을 밀고 들어갈 수는 없다. 장개석의 인식 구조 속에서의 그의 행위는 정당성이 있는 것이다. 공산당을 규정하는 단 한 마디, "공당불요조종共黨不要祖宗," 이 한마디 속에 "필선안내必先安內"를 주장했어야만 했던 장개석 행위의 필연성이 담겨져 있다. 공당은 실제로 "조종祖宗"이라는 문화전통을 철저히 단절시키려 했다. 아니 거슬러 올라가서 다 파괴시키려 했다.

장학량의 서안사변에 대한 장개석의 분노와 안타까움은 이만저만한 것이 아니다. 장개석은 그의 『서안반월기西安半月記』에 이렇게 썼다:

"요번 사변은 나의 국민혁명國民革命 과정 중에서 일어난 일대 좌절이다. 8년 동안 꾸준히 진행하여 거의 마무리되어가는 초비剿匪의 공업功業이 이제 두 주 혹은 한 달이면 온전한 종지부를 찍을 수 있었던 그 시점, 그 절정의 시점 하루아침에 그 모든 공로를 물거품으로 만들고 말았던 것이다. 서북西北 국방, 교통, 경제건설, 그리고 국가사회 전반을 위하여 있는 힘을 다하여 경영하고 건설하려던 계획이 어느 정도 규모를 갖추었던 시점에 이 반란叛亂을 거치면서 다 좌절되었고, 그 손실은 진실로 계산하기 어렵다. 지방질서와 경제신용으로 하여금 옛 모습을 회복하게 만드는 것은 결코 하루아침에 이루어질 수 있는 일이 아니다. 이미 망가진 기회는 회복하기 어려운 것이다. 솔직히 말하자면, 서안사변으로 건국의 단계과정이 최소한 3년을 후퇴해버렸다. 애석하기 그지없는 일이라 할 것이다!"

당대의 석학 호적胡適Hu Shih은 말한다: "서안사변이 없었더라면 공산당은 곧 소멸되었을 것이다. 서안사변이 우리나라 중국에게 끼친 손실은 도저히 미보彌補할 수 없는 비극이다."

당시 산서성주석山西省主席이었던 서영창徐永昌Xu Yong-chang, 1887~1959은 그의 『일기日記』 속에서 이와 같이 쓰고 있다: "장학량의 발상은 유치한 대학생의 주장에 불과한 것이었다."

장개석의 동상이라고 남은 것은, 대만의 정치범을 수용하였던 녹도綠島Lü Dao 감옥 한복판에 똥물로 휘덮여 다 녹슬고 깨진 채 외롭게 서 있는, 그 참혹한 39년간의 계엄령 (1949~1987)과 그 계엄령하에서 신음했던 민중의 원한과 원망을 증언하고 있는 동상이다. 이 동상이야말로 장개석이라는 생명체가 이 지구상에 남긴 유일한 상징이라고도 말할 수 있다.

나는 대만섬의 동남쪽에 한참 떨어져 있는 외로운 녹도를 진수편 총통의 초청으로 가볼 기회가 있었다. 만감이 교체하는 위대한 여행이었다. 그 동상 앞으로 탁 트인 태평양의

폐허가 된 녹도 감옥에서

도올의 중국일기_4

대수부

312
도올의 중국일기

높은 철조망 담 밑에 갇힌 죄수들의 삶을 연상해볼 수 있다. 이곳에 수감된 사람들은 대부분이
정치범이었다. 겉으로 온화하게 보인 국민당의 계엄통치의 실상은 참혹한 것이었다.

내가 대만에 유학하고 있을 때 대만의 정치평론가였던 리 아오李敖, 1935~ 가 여기 녹도에 내란죄로 갇혀있었다. 그런데 나의 친구가 리 아오의 서재를 맡아 관리하고 있었다. 나는 리 아오의 서재에 자주 놀러가곤 했는데 수만 권 장서로 가득했다. 그때 나는 녹도가 무시무시한 곳이라는 것을 알고 있었다. 지금 나는 아름다운 녹도의 광경을 바라보며 이렇게 앉아있다. 인간세의 흥망성쇠는 참으로 무상의 감회를 일으킨다. 리 아오는 길림성 부여사람이며 대만대학 역사학과를 졸업했다.

푸른 물결, 그 창해를 마음껏 휘날고 있는 하이얀 갈매기들, 그 높은 담벼락 안에 갇혀 있었던 수없는 정치범들, 그래도 녹도는 날씨라도 타이뻬이보다는 청명한 편이었다. 그러나 그 당지의 감회는 한없이 쓸쓸했다.

이에 비하면 마오 쩌똥의 초상화는 매년 10월 1일이면 옷을 갈아입고 천안문광장에 다시 걸린다(천안문 마오 초상화는 매년 다시 그려 건다. 오염이 극심한 뻬이징에서 깨끗하고 선명하게 그 위용을 과시하고 있는 비결이다). 장개석은 이미 역사의 뒤안길로 사라졌지만 모택동은 아직도 현장에 살아있다는 것을 천안문 초상화가 증언하고 있는 것이다. 중국사회의 실리적 이해관계가 아직은 마오 초상화의 건재를 요청하고 있다는 뜻이다. 그러나 과연 마오 초상화가 아무도 돌보지 않는 녹도의 동상처럼 똥물로 휘덮일 날이 며칠이나 남았을까? 몇 년? 몇 세기?

정말 장학량의 서안사변이 없었더라면 공산당은 장개석의 애틋한 성토대로 깨끗이 박멸되었을까? 그랬을 가능성도 없지는 않다! 그럼 현대중국사는 어떻게 흘러갔을까?

현재 중국의 양심적이고 진보적인 지식인 가운데도 그런 상상력을 발동하는 사람도 적지 않다. 차라리 문화대혁명과도 같은 개차반의 역사를 체험하지 않을 수 있었다면, 장개석이 대륙을 석권하는 편이 더 나을 수도 있었다. 장개석은 물론 썩은 놈이다. 그러나 썩어도 정상적으로 썩었다. 그와 그의 일당의 부패는 사회의 상식을 근절시키는 그러한 해괴한 부패는 아니었을 것이라는 얘기다. 계엄통치를 했어도 문혁과 같은 해괴한 지랄은 하지 않았을 것이라는 주장이다. 그랬으면 지금 중국이 대만 정도의 상식적 사회는 되어 있을 것이라고 관망하는 것이다.

과연 그럴까? 클레오파트라의 코와도 같은 이런 얘기들은 그 주장의 진·위를 가려야 할 문제가 아니라, 지금 공산당지배 하의 중국사회를 얼마나 많은 사람들이 절망적으로 바라보고 있는가 하는 현실적 문제와 걸리는 것이다. 천안문사태를 미봉한 채 중공11기 3중전회(1978. 12.)부터 개혁개방이라는 명분 아래 화려한 행군을 계속하고 있지만 중국공산당은 내부적으로 너무 부패하여 정상적인 국가발전을 진전시킬 수 있는 능력이 구조적으로 불가하다는 것이다.

그러니까 역사에서 청산되어야할 죄악에 대한 정확한 응보가 이루어지지 않은 상태에서 아무리 개혁개방을 해본들 내부적 통제는 더욱 강화되고, 부패는 축적되어 가며, 국민의 정당한 교육은 이루어지지 않고, 사회기층의 문화가 축적되지 않으며, 지식사회에는 허위의식이 광연廣衍하며, 민중심리에는 할렐루야·아미타불, 화룬꽁의 변종식 온갖 종교의 지배가 만연하게 되는 것이다. 다시 말해서 서안사변 하나를 이해하는 시각만 해도 서안사변으로 회생한 공산당의 진로가 오늘 인류의 역사 속에서 어떠한 긍정적 가치를 생산하느냐에 따라 근원적으로 선·악의 기준이 엇갈리게 되는 것이다. 이와 같이 역사는 과거가 아니라, 현재를 판단하고 미래를 방향 지운다.

이것도 연길에서 구한 메달인데 "국민혁명군제4군國民革命軍第四軍—북벌승리부상장장北伐勝利負傷獎章"이라고 앞면에 쓰여있고, 뒷면에는 "민국16년 6월"이라고 날짜가 박혀있다. "국민혁명군"이란 황포군관학교 졸업생들이 주축이 된 군대이며 이 국민혁명군의 총사령이 장개석이었다. 장개석은 "제국주의타도, 북경군벌타도"의 기치를 내걸고 북벌을 단행하였다(1926년 7월 9일). 이 메달이 1927년 6월로 되어있으므로, 1년간 북벌과정에서 발생한 부상병들을 위로하기 위하여 그들에게 표창장을 내린 것으로 보인다.

35×38mm, In Collection.

곽송령과 장학량

　자아! 이야기가 "부저항장군"이라는 주제를 다루다가 너무 빗나갔는데, 우선 서안사변에 도달하기까지의 역사적 과정을 보다 정밀하게 핵심체크할 필요가 있다. 우선 중국현대사에서 사용하는 "북벌北伐"이라는 용어의 의미를 정확히 할 필요가 있다. "북벌"이란 쉽게 이야기하자면 바로 제2패러다임이 제1패러다임을 때려잡는다는 이야기다! 제1패러다임은 고구려패러다임이라고도 말할 수 있는 것이다. 뚱뻬이의 독자성과 강력함은 조만문명권의 기나긴 역사의 통시성 속에서 이해하지 않으면 아니 된다. 손문도 광동성 향산香山 사람이고 장개석도 절강성 봉화현奉化縣 사람이다. 모두 남방을 세력기반으로 한 사람들이다. 남방에서 굴기한 이들 입장에서는 제1의 고구려패러다임을 꺾어버리지 않으면 안된다.

　이것은 당태종이 고구려에 도전하는 것과도 비슷한 맥락에서 이해되지 않으면 안된다. 북양군벌을 뚱뻬이로부터 청소해버리지 않으면 중국의 통일이라는 것은 존재하지 않는다. 제2패러다임의 장개석 입장에서는 국내통일만이 우선 그가 당면한 제1목표였다. 장개석의 일생을 관망하자면 그는 알파로부터 오메가까지 민중의 역사와는 무관한 인물이었다.

그는 민중 속에서 자체역량으로 정치세력을 키워나온 인물이 아니었다. 그의 삶이 민중기반과 관계가 없다는 것은 과연 무엇을 의미하는가? 그는 오로지 충직한 일개 군인으로서 손문을 만나면서 역사의 무대 위에 등장하기 시작했던 것이다. 그는 진기미陳其美(우리나라 애국지사인 신규식의 절친한 친구. 진기미가 원세개에게 암살되었을 때 그의 시신 곁으로 제일 먼저 달려나간 사람이 신규식이었다)의 소개로 1908년, 일본에서 중국동맹회에 가입했고, 1910년 6월에는 진기미의 중개로 동경에서 최초로 손문을 알현謁見한다.

손문은 이때 장개석에게 이렇게 말했다: "혁명당의 청년은 말야, 명성이나 지위를 계산하는 인간이 되면 안돼! 혁명임무를 완수하기 위해서 자기를 희생하고 분투할 뿐이지. 미국의 건국에는 조지 워싱턴이라는 영웅이 있었지. 그러나 미국의 건국은 워싱턴 일개인의 역량으로 조성된 것이 아니야. 천천만만 헤아릴 수 없이 수많은 이름 없는 워싱턴이 공동분투해서 만든 것이지. 그들은 그들의 지도자 워싱턴을 위하여 자신을 희생하면서 혁명을 완수한 것이지. 우리의 혁명을 이룩하는 자는 유명한 워싱턴이 되는 것이 아니라 무명의 워싱턴이 되어야 하지! 무명의 영웅말일세!"

장개석은 자신의 생애를 통하여 "무명의 영웅"이 될 생각은 추호도 없었다. "유명의 영웅"이 되기 위하여 촌촌음음 명위名位를 계산했다. 자기를 근원적으로 희생하는 대의의 정신은 한 터럭도 없었으나, 단지 손문을 위하여 자신을 희생한다는 기만적인 충성심은 그의 생애의 트레이드마크였다. 손문을 만난 후로, 장개석은 자기생애의 모든 가치를 오로지 손중산을 위한 것으로 내걸었다. 자기의 존재이유가 곧 손문이었던 것이다. 손중산의 이념과 노선의 가장 충실한 계승자로서의 자기규정은 자기의 적대세력을 타도하는 데 더없이 유용한 절대적 방패였다. "손중산의 추수자孫中山的追隨者,""손중산의 접반인孫中山的接班人"이라는 기치를 걸머 메고 국민당의 최고영도권을 탈취해간 것이다.

손문은 장개석의 이러한 외면적 충성심과 인간적 충직성을 높게 평가했다. 외로운 떠돌이 손문에게는 장개석과 같은 충직한 추종자가 필요했던 것이다. 장개석의 인생에 있어서 그의 권력추구의 전환점을 마련한 것은, 손중산이 국민당 제1차전국대표대회에서 장개석을 친히 "황포군관학교 교장"(黃埔軍校: 소련과 중국공산당의 협조하에 광동성 황포에 만들어진 중국국민당육군군관학교. 좌·우를 막론하고 근세 중국의 혁명인맥이 총집결된 학교로서 많은 우수한 인재를 길러내었다. 우리나라 약산 김원봉도 이 학교를 다녔고 북벌에도 참가했다. 1924년 6월 16일에 개교. 황포학교 그 자체는 1930년 9월에 폐교되었으나 남경·성도의 중앙육군군관학교는 계속 찬란한 명맥을 유지했다)으로 임명한 사건이었다.

황포군관학교라는 것은 정식명칭이 아니라 광주廣州 황포黃埔에 있는 군관학교이기 때문에 그렇게 부르는 것이다. 1924년 6월 16일, 개교했을 때의 정식명칭은 중국국민당육군군관학교中國國民黨陸軍軍官學校였다. 이때 손중산이 총리를 겸임하고 장개석이 교장이고, 요중개廖仲愷가 당대표였는데, 이것은 제1차 국공합작의 산물이며 코민테른의 지도하에 군지휘관과 고급문관을 배양하는 체계를 갖춘 것이다. 따라서 좌파(주은래, 엽검영)도 참여했다. 그러나 이 군관학교는 남경시기에 "중앙육군군관학교中央陸軍軍官學校"로 이름이 바뀐다(1928년 3월). 이 메달은 남경시기의 메달이다. 우리나라의 약산 김원봉과 의열단원들이 이 학교에서 공부하였다. 우리가 잘 아는 조선의용군 마지막 분대장, 김학철은 1937년 7월부터 1938년 7월까지 호북 강릉 중앙육군군관학교에서 공부하였는데 김두봉, 왕웅, 한빈, 석정 윤세주 등 조선인교관에게 배웠다했다. 이 학교를 졸업 후 국민당 군대 소위가 되었다가 조선의용대로 진출하였다. 46×52mm, In Collection.

장개석은 이 학교에서 배출되는 인맥을 배경으로 자신을 손중산의 정통후계자로서 자임하면서 자기에게 대적하는 인물들을 반손중산의 대역죄인으로 휘몰아갔다. 좌파세력들에게는 반우反右를 표방하고, 우파세력들에게는 반좌反左를 표방하면서, 이념의 원칙성이 없이 오직 자신에게 충성심을 표하는 세력들의 네트워크만 확대해나갔다.

"북벌"은 원래 "국민혁명國民革命National Revolution"이라는 중국통일·주권회복을 목표로 하는 내셔날리즘운동의 기치를 내걸은 것이었다. 따라서 "북벌"을 담당한 국민정부의 군대를 "국민혁명군"이라고 부른다. 장개석은 황포군교 출신의 인재들을 자신에게 충성하는 사병조직의 네트워크 속에 편입시키면서 손중산이 서거(1925. 3. 12. 북경에서)한 이후에는 당내의 모든 권력을 독점해나간다. 가장 강력한 군권을 이미 장악했기 때문에 감히 장개석에게 대항할 수 있는 구체적 실력을 보유한 자는 실제로 전무했다. "북벌"의 핵심이 된 것도 황포군관학교 학생들이었다. 그는 황포군교군을 국민혁명군의 제1군으로 삼았던 것이다.

이념적으로 볼 때 제2패러다임(장개석)이 제1패러다임(북양군벌)을 치는 것은 정당성이 있었다. 왜냐하면 북양군벌은 공화정의 대세에 역행하면서 손문을 계속 괴롭혔던 반동보수세력이었기 때문이다. 손문이념의 추종을 표방한 장개석으로서는 북벌은 충분한 명분이 있었다. 그러나 제2패러다임이 제1패러다임을 치는 것에 관하여 제3패러다임(공산당)은 동조하지 않았다. 제2패러다임이 제1패러다임을 말살시키고 나면 그 후의 대세는 우경화된 세력의 극대화를 의미할 것이며 그렇게 되면 제2패러다임과 제1패러다임이 하나가 되어 제3패러다임을 말살시켜 버릴 것이 너무도 명약관화하기 때문이다. 제3패러다임의 입장에서는 제1패러다임이 살아있는, 혼란의 분산시대가 숨쉬기에 좀 편했기 때문이다.

장개석은 대중의 통치에 관심이 있는 사람이 아니라, 오직 손중산을 업고 자기이념에 반하는 인간들을 청소하는데만 관심이 있었다. 그런데 제3패러다임을 말살시키는 것은 장개석의 계산대로 그렇게 손쉬운 일이 아니었다. 더구나 그것은 공산세력을 포용하여 제1차국공합작을 실현시켰던 손문의 이념에 어긋난다. 서안사변이란 이렇게 복잡한 이념간의 함수가 얽혀져서 진행될 수밖에 없었던 기묘한 대사大事였다.

1926년 7월부터 본격적인 국민혁명군의 북벌이 개시된다. 그런데 이미 북양군벌 내부에서는 끊임없는 파벌간의 전쟁이 계속되어 왔다(직환전쟁直皖戰爭: 직례군벌과 안휘군벌간의 싸움, 제1차직봉直奉전쟁: 직례군벌과 봉천군벌간의 싸움, 제2차직봉전쟁, 반봉전쟁反奉戰爭: 봉천군벌에 반기를 든 싸움, 등등). 이 군벌 내부의 전쟁과정에서 장학량에게 의미있었던 사건 하나를 소개하면 다음과 같다.

청년 장개석: 중화민국 호법군정부 월군제2지대사령粤軍第二支隊司令 때의 모습. 1918년.

곽송령

장학량은 앞서 말한 바와 같이 주변의 뜻있는 사람들의 권고에 따라 미국유학을 포기하고 1919년에 똥뻬이육군강무당東北陸軍講武堂에 입학한다. 1906년에 성경장군盛京將軍 조이손趙爾巽Zhao Er-sun, 1844~1927(봉천 철령인鐵嶺人으로 봉천도독都督이 되었고『청사고淸史稿』를 주편한 사람. 청나라의 고관)이 창판創辦한 봉천강무당奉天講武堂이 1907년에는 서세창徐世昌Xu Shi-chang, 1855~1939(천진 사람으로 원세개와 운명을 같이 한 단짝친구. 원세개 사후에도 보수적 성향을 띠었으나 일본괴뢰노릇을 하지는 않았다) 동삼성총독에 의하여 동삼성강무당으로 되었고, 장작림이 동북군정대권을 장악한 후에는 기존의 강무당을 중국최고의 군사인재양성기관으로 만든다는 신념하에 교명을 동삼성육군강무당으로 바꾸고(나중에 이 학교는 동북강무당東北講武堂이 되었다) 1919년 3월에 제1기생 222명을 뽑는다. 동북강무당은 보정군교保定軍校, 황포군교, 운남강무당과 더불어 중국 4대군관학교로 그 명성을 휘날리었다.

장학량은 보정군교 제8기로 입학한 터였지만, 아버지가 교장이 되어 새로 연 동북육군강무당에 제1기 포병과에 발군의 성적으로 입학한다. 그런데 이 학교에서 장학량 일생에 가장 큰 영향을 미치는 선생을 한 분 만나게 되는데, 이가 바로 곽송령郭松齡Guo Song-ling, 1883~1925이라는 탁월한 인물이었다. 장학량은 그때 나이 18세였고 곽송령은 그보다 18세가 위였으므로 거의 한 세대 차이가 있었다.

곽송령은 자를 무신茂宸이라 했는데 본시 봉천 사람이었다(심정자진深井子鑪 어초촌

장학량의 영원한 데미안, 무신 곽송령

漁樵村). 그는 전통적인 군인교육을 착실하게 밟아 성장한 인물이었는데, 1905년에 봉천육군소학당에 입학하여 성적이 탁월하여 이듬해 육군속성학교로 전학되었고 1907년에 졸업하여 성경장군아문 위대초장衛隊哨長이 되었다. 이때 육군통령이었던 주경란朱慶瀾Zhu Qing-lan, 1874~1941의 심복으로서 사랑을 받았다.

주경란 사진: 자는 성교星橋, 절강성 소흥紹興 원적인데, 산동성 장청長淸에서 태어났다. 신해혁명 때 17진의 관병을 거느리고 기의起義하여 사천성 부도독副都督이 되었다. 1917년, 손중산이 관동에서 호법운동을 발기하자, 그는 손중산 휘하에서 광동성 성장이 되었다. 주경란은 9·18사변 이후에도 위만주국과 타협하지 않고, 민중항일위원회 회장을 지내면서 항일애국운동을 전개하였다. 1941년 1월 13일, 서안에서 병서病逝하였다.

1909년 주경란이 사천성의 주방駐防으로 가고 육군 사천신군四川新軍 제34협 협통령協統領이 됨에 따라, 곽송령도 그를 따라 같이 사천신군에 들어가 제68단 연장連長이 되었다. 주경란은 동맹회 회원은 아니었지만 동맹회활동을 지지하였고 신군 내에 동맹회조직이 만들어지는 것을 도왔다. 곽송령은 방성도方聲濤와 엽전葉荃의 소개로 신군 내의 중국동맹회에 가입한다. 1911년 사천성의 혁명파들이 기의起義를 발동하자, 결국 주경란 장군은 사천을 떠나야만 했고, 곽송령도 결국 발붙일 곳이 없어 봉천으로 돌아왔다.

곽송령은 사상적으로 볼 때 제1패러다임에 속하기보다는 제2패러다임에 속하는 인물이었다. 그는 군인이지만 혁명당원이었고, 청조타도에 앞장섰다. 철저하게 삼민주의에 의한 공화제 근대정신에 물들여진 사람이었다.

곽송령이 고향인 봉천으로 돌아왔을 때, 봉천에서 당시 혁명단원으로서 무장기의를 준비하고 동맹회 혁명사상을 고취하는 활동의 중심이 된 인물로서 장용張榕Zhang Rong, 1884~1912이라는 러시아어에 능통한 인물이 있었다 (무순 사람). 곽송령이 귀향하여 이들과 접촉하게 되면서 장용과 긴밀한 연락을 취하던 같은 혁명당원이었던 걸출한 한 여인을 만나게 된다.

그 여인의 이름은 한숙수韓淑秀Han Shu-xiu, 1891~1925, 민국시기의 한 여걸로 꼽히는 인물이다. 봉천 소동관小東關의 한 의사집안에 태어나 일찍이 봉천 여자사범학교를 졸업하고 졸업하자마자 동맹회에 가입했으며, 그 학교의 부속소학교에서 교편을 잡으면서 급진적 사상을 키웠다. 그녀는 사회복리와 구제사업에 종사했는데, 봉천에 갓 돌아온 곽송령을 만나자마자 일견종정一見鍾情이라, 그의 군인다운 기상과 정신에 반하게 된다. 곽은 한숙수의 미모와 재식才識에 정신이 팔린다. 두 사람은 그야말로 상견한만相見恨晚일 뿐, 짙은 동지애적 사랑에 빠져들어 간다. 장용은 한숙수의 집을 거점으로 "연합급진회聯合急進會"를 조직했고, 곽송령은 연합급진회에 적극 참여하여 같이 무장기의를 획책한다.

이 정보를 캐낸 봉천당국은 혁명당원에 대한 풍광진압瘋狂鎭壓을 진행한다. 1912년 1월 23일 장용은 장작림이 보낸 자객에 의해 암살되었다. 그 후로 장작림은 봉천도독奉天都督 겸 동삼성총독이었던 조이손趙爾巽의 명을 받아 혁명당인을 대사포살大肆捕殺한다. 곽송령도 붙잡혀서 형장으로 끌려간다. 그의 목아지에 망나니의 칼이 내리쳐질 그 순간, 어여쁘고 교양있는 규수처럼 보이는 한숙수는 몸을 돌진하여 동삼성총독 조이손을 향해 소리친다.

"총독대인이시여, 갈을 멈추게 하소서!"

군중 속에서 찬란한 빛을 발하는 준수한 여인이 조이손의 면전에 엎드려 큰절을 하면서 이와 같이 아뢴다.

"총독대인이시여, 저는 곽송령의 미혼처이옵니다. 곽송령은 외지사람이 아니라 본시 우리 봉천성의 동어초채東漁樵寨 사람입니다. 총독어른께서 사람을 보내어 조사를 해보시면 그 진위를 명백하게 아실 수 있을 것이옵니다. 그는 사천성 신군新軍의 명예로운 영장營將이옵니다. 우리는 정혼한 지 이미 3년이 되었습니다. 그가 요번에 사천에서 여기 봉천을 온 것은 혁명당과 무관하옵고 단지 저와의 혼약을 성사시키기 위하여 온 것입니다. 그는 타인들에 의하여 혁명당원으로 무고되었습니다. 이것은 정말 억울한 일이옵니다. 총독대인께서는 이 점을 명백히 헤아려 선처해주시옵기 부탁합니다."

사천성 총독인 조이풍趙爾豐Zhao Er-feng, 1845~1911은 조이손의 친동생이었고, 곽송령의 상관인 주경란은 조이풍의 하관이었다. 그러니까 조이손–조이풍–주경란–곽송령의 연줄라인은 확실한 보수세력의 명줄인 것처럼 보인다. 게다가 한숙수의 현숙한 자태와 달변도 한몫을 했다. 결국 곽송령은 신군의 현역군인임이 확인되었고 그 당장에서 석방되었다. 장작림이 곽송령을 처음 알게 된 것은 바로 이 시점이었다.

곽송령과 한숙수의 사랑은 이로 인하여 삶과 죽음을 초월하는 어떤 끈끈한 감정으로 승온升溫되어갔다.

곽·한의 이야기는 우리나라 7·80년대 엘리트 코스를 달리던 운동권 대학생 남녀의 이야기처럼 들리기도 하고, 또 해방 후 우리나라 국군 조직 내에 (당시는 조선경비대) 남로당조직을 건설하는 중책을 맡았다가 검거되어 조직원들의 명단을 불고 목숨을 건진 박정희의 스토리와 대차가 없는 것처럼 들린다. 물론 곽송령은 그런 배신으로 목숨을 건진 것은 아니었다. 하여튼 곽송령과 한숙수의 근대국가건설에 대한 새로운 비젼은 더 굳건한 신념으로 발전되어 나갔다. 곽송령은 이러한 좌절을 겪으면서도 위대한 군인이 되겠다는 포부를 잃지 않았다.

1912년 곽송령은 북경으로 가서 북경장교연구소北京將校研究所로 시험을 봐서 입학한다. 그리고 다음해 가을 군인으로서는 매우 영예스러운 북경의 중국육군대학中國陸軍大學에 입학한다. 한편 한숙수도 북경으로 건너가 연경대학燕京大學에 입학하였고 1914년에 양인은 북경에서 결혼식을 올린다. 한숙수의 희미한 사진이 한 장 남아있지만 그 얼굴을 보면 매우 준수하고 엽렵하며 세상을 달관한 듯한 너그러움이 넘친다. 한숙수는 의식있는 휴매니스트로서 근대적 신학문의 장점을 적극 흡수하였다.

곽송령은 중국육군대학에서 3년을 열심히 공부하였다. 그는 독일과 일본의 근현대 군사학을 연독研讀하였다. 각고의 독서와 학습과정을 통하여 곽송령은 당대 최신의 군사지식을 장악하였을 뿐 아니라 지휘관의 작전능력을 구비하였다. 곽송령은 20세기 중국 병가의 정예로운 인물로 변모한 것이다. 그는 신지식과 신사상, 신군사학을 획득한 당대 중국군인으로서 "탈영이출脫穎而出"(재능이 뛰쳐남. 『사기』「평원군열전」에서 온 말. "영탈이출"이라고도 함)이라 할 만한 인물이었다.

1916년 곽송령은 육대를 졸업하자마자 성적이 뛰어났기 때문에 바로 북경 강무당 교관으로 스카웃되어 갔다. 그런데 1917년 손중산孫中山이 광동에서 호법운동護法運動을 전개하자(손문은 광주에서 호법군정부를 세우고 군정부대원수에 취임한다), 곽송령의 진정한 상관이었던 주경란朱慶瀾이 손중산의 휘하에서 광농성성장으로 활약하게 된다.

이 소식을 들은 곽송령은 북경강무당 교관의 자리를 때려치고 당장 남하하여 혁명군의 진영에 투분投奔한다. 손문 혁명군의 입장에서는 뜻밖의 군사 인재가 굴러들어왔기 때문에 그를 환영하고 우대하였으나(월감상변방독판공서참모粵贛湘邊防督辦公署參謀, 광동성경위군영장廣東省警衛軍營長, 소관강무당교관韶關講武堂敎官에 취임), 그는 광동에 있으면서 혁명군 내부의 지방군벌의 할거현상이나 군령체계가 통일되지 않고 난잡한 상태에 머물러 있는 개탄할 만한 현실을 목도하고 혁명의 구체적 지향성에 관하여 우려케 된다.

이 즈음, 곽송령은 손문을 친히 배알할 수 있는 기회를 얻는다. 그때 곽은 강개히 건의한다: **"진정한 공화제를 건립하시려면 군인 그 사람들을 먼저 혁명해야 합니다.欲謀眞正共和, 須由軍人革命!"** 이 한마디 속에 곽송령의 의지와 지향성과 그의 인품의 깊이가 잘 드러나 있다. 그러나 1918년 5월, 호법운동이 실패로 돌아가고(손문, 대원수 사임) 손 주변의 국회의원과 군인이 모두 광주를 떠나자, 실의에 찬 곽송령 또한 발붙일 곳이 없었다. 1918년 가을 곽송령은 창망悵惘 중에 또다시 봉천(심양)으로 되돌아오게 된다.

바로 이때 장작림은 최정예로운 동삼성육군강무당의 중건을 서두르고 있었고, 군사인재를 급수急需하고 있었다. 같은 북경 육대陸大 동창생인 진화秦華(동북군의 독군서참모장督軍署參謀長)의 간곡한 추천으로 곽송령은 독군서에서 소교참모少校參謀에 취임하였고, 강무당의 전술교관으로 추대되게 된다. 당시 강무당에서는 전술학 방면으로 서권끼書卷氣가 짙게 풍기고 자신에 대한 엄격한 디시플린을 지키고 있는 곽송령과 같은 인물을 찾을 수가 없었다.

당시 중국군인으로서 "아편"을 하지 않는 사람은 거의 없었다. 아마도 북양군벌이나 국민당군대가 홍군에게 밀려나게 되는 가장 큰 실제적 이유를 들라 하면 이 "아편"의 유무에서 판가름날지도 모른다. 홍군은 아편을 피울 돈도 여유도 없는 부대였다. 곽송령은 아편이나 담배, 도박, 표숙嫖宿(갈보와 잔다) 등의 일체 당시의 군인의 악습에 물들지 않았다. 그는 부인 한숙수의 근대시민사상의 순결성을 완벽하게 실천했다. 장작림이 총장으로서 새로 임관된 강무당의 교관들을 시찰했을 때, 그 가운데 곽송령이 끼어있는 것을 발견하고 놀란다.

"어! 자네 통멍후에이同盟會 회원 아닌가베! 하! 어떻게 내 소관인 여기에 와서 일할 생각을 하셨나?"

그러나 이 어색한 질문에 곽송령의 어색한 답변을 기다리기도 전에, 장작림은 껄껄 웃으며 곽송령의 어깨를 툭툭 치면서 말한다.

"돌아왔으면 됐지! 난 자네가 무엇이든지 상관 안해. 난 자네가 일만 잘하면 그것으로 만족해. 난 말야, 인재가 매몰되는 것을 원치 않아! 回來就好。

我不管你是什么, 只要你好好幹。我不會埋沒人才的。"

이것은 결코 꾸며낸 이야기가 아니다. 장작림의 호방한 일면을 말해준다. 장작림은 본시 대방한 인품의 소유자였고, 특히 문화, 교육 방면에 인재를 존중할 줄 아는 진정성을 가진 인물이었다. 장작림은 빈한貧寒한 가정에 태어나, 몇 달이나 근근이 사숙私塾을 다니면서 문자를 통효通曉하였다. 그는 자신이 어렸을 때 완정完整한 교육을 못 받았다는 회한 때문에, 평생을 통하여 똥뻬이의 사람들이 훌륭한 교육을 받아야 한다는 신념으로 일관하였다.

그는 전통문화교육과 공맹孔孟의 도덕을 중시했으며 동시에 현대화된 교육의 중요성을 깨닫고 있었다. 그는 철저히 반혁명·반공의 사나이였지만 막연하게 현대화된 교육을 통하여 중국을 진보시켜야 한다는 신념을 가지고 있었다. 그가 중시한 것은 군사였지만, 군사는 군인의 교육을 통해서만 길러진다는 것을 잘 알고 있었다. 그는 교육과 국가미래의 상관관계에 대해서는 특별한 생각을 가지고 있었다.

1915년 2월 장작림은 대총통 원세개에게 상서上書를 했는데, 이 상서 속에서 그는 군사를 말하지 않고 오로지 교육만을 말했다. 그는 세 가지 문제를 지적했다. 첫째, 낭비가 과다하다는 것, 둘째, 교수의 자질이 부족하며 인사가 허명에만 집착하며 실제의 재간 있는 인물을 배양하는 시스템을 결하고 있다는 것, 셋째, 고등교육에만 치우쳐 초등소학을 홀시忽視하고 있다는 것, 그래서 초등학교에 훌륭한 교사가 없고, 훌륭한 인재가 어릴 적에 좌절되고 만다는 것을 통렬하게 지적했던 것이다.

이 상서는 원세개를 감동시켜 두 달 후 4월 9일, 교육부의 훈령으로 각 성 민정장省民政長에게 판리辦理되도록 전달되었다. 요녕성뿐 아니라 전국의 교육계가 이 개혁안을 환영했다. 그리고 1916년 장작림이 봉천성장을 하면서 성에 속해 있는 모든 현의 세출歲出의 40%를 교육경비에 쏟아붓도록 했으며 그 경비가 합리적으로 활용되어 남용이 되지않는 시스템을 구축했다. 초·중·고등교육, 사범·직업·사회교육의 각 방면에 혁신적인 변화를 일으켰다.

그리고 1918년 12월 1일에는 봉천국립고등사범학교를 정식 개교했다. 학생 전원이 면비免費일 뿐 아니라, 생도들의 하루 세 끼의 삼찬을 모두 사채일탕四菜一湯으로 했을 뿐 아니라 채식과 육식을 풍요롭게 제공하였다. 그해 봉천성의 사범교육방침을 확정하기 위하여 전국사범학교 교장이 봉천을 방문하여 의견을 교환케 하는 훌륭한 세미나를 본인 참석하여 진행하였다(1918년 2월 15일).

그리고 장작림은 각종 직업학교를 지원했는데 1929년에 전성의 직업학교가 45개에 달하였고(성립 6개+현립 39개), 학생 수가 4,798명에 달했다. 그리고 유학생들을 전폭적으로 지원했다. 그가 1916년 여름에 성장으로서 20개 현의 유학현황을 조사해본 결과 전 봉천성에 오직 68명의 일본유학생이 있다는 것을 알았다. 그 숫자가 너무 작다고 판단하여 즉각적으로 그 숫자를 늘리기 시작했는데 불과 2년 후에는 일본유학생이 150여 명으로 증원되었다. 1925년 기준으로 외국유학생 숫자는 232명으로 늘어났다.

장작림의 교육업적으로 늘 자랑스럽게 꼽히는 사건은 1923년 4월 26일, 동북대학東北大學을 창건한 것이다. 제1차 직봉전쟁 이후에 봉천성 성장 왕영강

王永江Wang Yong-jiang의 건의를 받아들여 계획하기 시작하였는데, 그 아이디어를 왕영강이 일본 주봉천총영사와 상의했더니 총영사는 이공대학을 만들려면 이미 여순공과대학이 있고, 의대를 만들려면 이미 남만의과대학이 있고, 법대를 만들려면 제국대학 법대에 유학을 시키면 자기들이 다 도와줄 텐데 사람도 없고 돈을 낭비하면서 뭔 대학을 또 만드느냐고 핀잔을 주었다. 일본은 중국인이 스스로 대학을 만들어 자립하는 것을 가장 무섭게 생각하였던 것이다.

장작림은 이 보고를 듣고 벌컥 화를 내면서 이와 같이 말했다: "지에미썹새끼(원어는 마라빠쯔媽拉巴子인데 전형적인 토비의 말투라 한다. 장작림이 화나거나 기쁘거나 항상 이 말을 대중 앞에서도 무의식적으로 흘렸다고 한다), 이 라오장老張이 대학을 만든다니까 겁나나부지! 썹쌔끼, 우리 힘으로 만들지 않으면 안돼! 빨리 만들고, 만들면 반드시 최상을 만들어야 하고, 어서 인재를 배출해야지! 내 비록 5만 명의 육군을 덜 기르는 한이 있어도, 똥뻬이대학은 만들지 않으면 안돼!" 1923년 4월 26일, 동북대학은 정식으로 설립되었다.

똥뻬이대학은 지금도 중국 굴지의 이공계대학이다. 1925년 새로운 교사가 마련되었을 때, 이 대학의 규모와 기능의 제전齊全함은 당시 중국의 최고수준이었다. 교수월급도 북대, 청화가 300위앤일 때 동북대학은 360위앤이었다. 청화대학 일년 총경비가 120만 위앤이었는데 동북대학의 경비는 160만 위앤에 달했다. 1920년대말 수준으로 동북대학은 중국에서 학생 수가 가장 많은 대학이었다(교수 300명, 학생 3,000명: 연경대학 학생 수는 2,000명이었다). 2014년 12월 기준으로 학교부지면적이 253만m²이며 건축면적이 137만m², 182개 학과가 석사연구생을 모집하고 101개 학과가 박사연구생을 모집한다(연구생=대학원생). 현재 박사연구생 3,365명, 석사연구생 6,684명, 학부학생 28,301명이다. 뿐만 아니라 장작림은 중국의 타대학에도 아낌없이 기부금을 보냈다. 그리고 장작림은 교육기관을 방문할 때는 군복을 입지 않았다.

장학량은 1928년 8월부터 1937년 1월까지 동북대학의 총장직을 맡고 있었다. 교육자로서 학생들의 소리를 들어야만 했었던 그의 양심은 "서안사변"이라는 그의 행태의 저변에 울림으로 깔려있었던 것이다.

앞면에는 글씨가 없다. 뒷면에는 "장학량증張學良贈 동북군십자장장東北軍十字獎章"이라고 쓰여있다. 여기 "동북군"이라는 용어가 나타나고, 그 리더인 장학량의 이름만 아무런 벼슬 이름이 없이 새겨져 있다. 장학량이 동북군에게 주는 십자장장이라는 뜻이다. 장학량과 동북군의 끈끈한 관계를 말해준다. 십자장장은 독일의 철십자훈장을 모델로 한 것이다.

45×50.1mm, In Collection.

동북군

하여튼 이러한 기나긴 역사적 기연으로 해서 18세의 장학량은 18세 연상의 곽송령과 해후하게 된다. 이 두 사람이 만난 시점은 바로 조선땅에서는 3·1독립항쟁의 만세소리가 터져나오는 시점이었고, 5·4운동이라는 거센 반일애국운동이 터져나오기 직전이었다. 이러한 신문화운동이 전개되는 역사의 거센 물결을 타고 장학량은 곽송령이라는 탁월한 인물의 훈도를 받게 된다.

장학량은 강무당에 들어왔을 때 학문적으로 큰 기대를 하지 않았다가 한 전술교관의 박학다식과 의표儀表의 당당함, 사유의 영활함에 충격을 받는다. 장학량은 곽이라는 인간이 매사에 원칙을 말하고, 함양涵養이 있으며, 포부가 있으며, 이상이 있으며, 주색도박의 습기習氣가 전무한 정직한 군인상의 표본이라는 것을 발견하게 된다. 그는 이상 속의 은사였고, 공감 속의 친구였다. 장학량은 곽송령의 인품과 학식을 흠모하게 되었고, 기회가 있으면 그를 사적으로 접근하면서 사격·포격 원리와 당대로서는 얻기 어려운 수학과 물리

↑대수부 동원東院의 입구　　↓중원中院 일진원一進院 입구

지식을 흡수해 나간다.

곽송령은 애초에 교장(총장)의 아들이었던 망나니형의 장학량을 달갑게 바라보지 않았다. 장학량에 대해 호감을 갖지 않았고 홀대를 했다. 그런데 학량이 열심히 그를 따라오는 자세 속에서 학량이 그 애비와는 근본적으로 종자가 다른 인간이라는 것을 발견하게 된다.

학량에게는 부잣집 장손의 청순함과 의젓함이 있었고 무엇보다는 정의감이 뚜렷했다. 그리고 진취적인 청년이었으며 배양해주기만 한다면 절대적인 가치가 있는 인간이 될 수 있다는 신념에 도달한다. 그래서 곽송령은 학량을 엄격히 대하기 시작했고 각 과정에서 그에게 과외수업을 진행하였다. 그리고 그가 우수한 군사지휘관이 될 수 있는 모든 사상교육을 감행한다.

곽송령은 학량에게 "강병구국强兵救國"의 신념과 "저어외모抵御外侮"(외국으로부터의 모든 모멸을 저항해야 한다)의 애국이념을 고취시킨다. 그는 학량에게 말한다: **"무엇보다도 똥뻬이의 군사부패를 개혁하지 않으면 안된다. 자네가 구국救國의 뜻이 있다고 하면 반드시 똥뻬이를 먼저 구해야 한다. 먼저 너 자신의 정신을 진작시켜야 한다. 일심일의一心一意, 진정한 군인이 되어야 한다. 그리하여 부친의 군대를 개혁해야 한다. 이 막중한 사업이야말로 너에게 주어져 있는 구국의 최대 기회이다."** 장과 곽의 관계는 사제의 격식을 초월하여 진심을 나누는 붕우의 관계로 발전해나갔다.

장학량은 졸업하자마자 장군이 되었고, 부친을 설득시켜 곽송령을 자기 직속 휘하의 순열사서위대려巡閱使署衛隊旅 참모장參謀長 겸 제2단 단장으로 임명한다. 이것은 곽송령에 대한 장학량의 신임과 수청垂青(중용重用의 뜻)의 출발이었다. 그리고 기연의 시작이었다. 이때가 1920년이었다.

이 두 사람의 기연에 관해 자세한 보고를 하려고 한다면 책 한 권의 분량도 모자랄 지경이므로, 간략히 대략적인 상황만을 보고하는 것으로 만족해야 할 것 같다. 우선 장작림 휘하의 봉군(동북군)은 크게 "노파老派"와 "신파新派"로 나뉜다.

"노파"란 장작림의 세대의 사람들로서 대부분 장작림과 의형제를 결배結拜한 사람들이다. 장작상張作相 Zhang Zuo-xiang, 1881~1949(장작상이라는 이름 때문에 많은 사람이 그가 장작림의 동생인 줄 아는데 혈연관계는 없다. 우연의 일치일 뿐이다. 장작상은 요녕성 금주錦州 의현義縣 사람으로 자기 형의 원수인 곽옥郭玉이라는 사람을 죽이고 토비가 되었

장작상의 자는 보침輔沈이다. 그는 장작림의 "배파형제拜把兄弟"이고, 장학량의 "보수輔帥"로 불린다. 1881년 요녕성 금주錦州 의현義縣 남잡목림자촌南雜木林子村에서 태어났다. 장작림은 그곳에서 멀지 않은 해성현海城縣 사람이므로 많은 사람들이 이 두 사람에게 혈연관계가 있는 것으로 착각한 것이다. 장작상의 아버지 장영안張永安은 악기를 다루며 전통노래를 부르는 장인이었다. 장작상은 아버지의 기예를 이어받았다. 그의 엄마는 동촌同村 유홍유劉鴻儒의 장녀였는데 정명현혜精明賢惠하고 사람됨이 선량후도善良厚道하였으며 공맹지도를 깊게 깨달았다. 장작상은 엄마에게서 "충효인의"의 가치를 몸에 배도록 익혔고 그것은 그의 일생을 일관하였다. 장씨 부자에게 존경받고, 일본인에게는 통한의 인물이었으며, 장개석을 곤혹케 하고, 주은래에게 완석惋惜의 느낌을 던져준 장작상은 실로 동북군의 가장 위대한 리더 중의 한 사람이었다. 장개석을 곤혹케 했다는 것은, 1948년 장개석은 대만으로 가면서 그에게 비행기표를 보내고 그의 가족을 위한 배표까지 다 보내었으나 그것을 개무시해버린 것을 말한다. 그는 서안사변 이후에도 장학량을 구하기 위해 엄청 고생을 했다.

다가 장작림의 휘하로 투분投奔하여 봉계군벌집단의 핵심인물이 되었다. 그는 판단력이 매우 신중하고 정확하여 실수가 없었다. 군벌 혼전混戰 속에서 장작림의 심복으로서 사태를 잘 헤쳐나갔고, 장학량도 잘 보좌하였다. 장가 2대에 걸친 최고의 공신이라 할 것이다. 장작상은 1924년 5월부터 1931년 9·18사변 때까지 길림성 정부 주석을 했는데 그가 길림성 최초의 대학인 길림성대학吉林省大學을 세웠다. 길림대학의 전신이다. 그는 끝까지 위만주와 타협하지 않았다), 장경혜張景惠, 탕옥린湯玉麟, 손열신孫烈臣, 오준승吳俊升 등등의 사람들을 가리키는데 이들은 모두 봉군의 군정요직을 담당하고 있었다.

"신파"는 젊은 세대의 지휘관들로서 군교軍校 출신들인데 이들은 또다시 "사관파士官派"와 "육대파陸大派"로 나뉘었다. "사관파"는 대부분 일본사관학교 출신들로서 별로 진보적인 역사의식을 가지고 있지 않았다. 이들은 봉계군벌의 세력확대에만 일차적인 관심이 쏠려 있었다. 이들의 중심에는 양우정楊宇霆 Yang Yu-ting, 1886~1929이라는 인물이 있었다. 사관파는 양우정을 "지낭智囊"(지혜주머니), 그러니까 "정신영수精神領袖"로 모시었다.

양우정의 자는 린각麟閣, 호는 린갈隣葛이다. 봉천 법고인法庫人이다. 일본사관학교 포병과를 졸업하고, 귀국하여 봉천 군계국국장軍戒局局長, 봉군 제27사참모장을 역임하고, 1916년에는 장작림독서참모장督署參謀長, 후에 봉군부총사령을 지냈다.

이 메달은 "국민당육군대학필업증장國民黨陸軍大學畢業證章"이다. 북경의 육군대학을 졸업하는 사람들에게 주어진 졸업증서와도 같은 영예로운 메달이다. 육군대학은 1906년부터 1949년까지 3천여 명의 최정예지휘관을 배출한 중국군대의 최고급 군사학부學府이다. 이 학교는 군관학교를 졸업해야 들어갈 수 있는 대학원급의 기관이며, 이 대학의 삼보三寶 중의 하나가 바로 이 메달이었다. 이 메달을 찬 사람은 외교공관이나 국내관공기관에 자유로운 출입이 보장되었다. 곽송령은 이 대학의 제4기 졸업생이다. 1925년 장작림이 북경정부를 장악했을 때는 장학량이 이 학교의 감독監督이 되었다. 국민혁명군이 북경을 점령하면서 장개석이 이 학교의 교장이 되었다.

42×56mm, In Collection.

"육대파"는 대부분 북경의 중국육군대학과 보정군관학교保定軍官學校(보정은 하북성 북경 서남쪽에 있다)를 졸업한 사람들로 구성되어 있다. 이들의 우두머리가 바로 곽송령이었다. 이들 국내파는 대부분 진보적 역사의식이 있었다. 양우정은 손문의 혁명을 반대하는 입장을 취했으니까 결국 봉군 내에서도 사관파는 반손문파라 말할 수 있고 육대파는 친손문파라 말할 수 있다.

손문이라는 인물의 위대함, 즉 그가 일으킨 동맹회中國同盟會(1905년 손문이 삼민주의 사상에 의거하여 동경에서 결성한 혁명단체. 신해혁명을 주도하고, 분열과 재집결의 과정을 거치면서 결국 국민당으로 발전되었다)의 문제의식이 얼마나 중국 곳곳의 마음을 일깨웠나 하는 것을 알 수 있다. 곽송령은 일관된 주장을 가지고 있었는데, 그는 근원적으로 봉군의 존재이유가 군벌간의 싸움에 종사하는 것이 되어서는 아니 된다는 것이다. 내전을 일으키거나 내전에 종사하지 말고 오직 외국(일본)으로부터의 침략에 대비해야 하며, 군대 내의 기강을 바로잡고 정예화시켜 똥뻬이고향을 보위하고 개발하여 똥삐이문화를 진작시켜야 한다는 것이다.

곽송령은 보편주의적 사고를 하면서도 똥삐이의 독자세력화에 관하여 매우 짙은 향토애를 지니고 있었다. 이에 반하여 양우정은 장작림의 절대적 신임 속에서 그를 부추겨 봉계세력이 중원으로 발전해야 한다는 패권주의를 표방하고 있었다. 양우정은 장작림의 정치적 야심에 아주 걸맞는 조수였다. 따라서 봉군은 제1차 직봉전쟁 이후부터 양우정지지파와 곽송령지지파로 나뉘어지는 양상을 드러내기 시작했는데, 전자는 장작림 대수大帥의 신임을, 후자는 장학량 소수少帥의 신임을 얻고 있었다고 대체적으로 말할 수도 있다. 그러나 봉군이 이렇게 명료하게 이분되어 있었다고 볼 수는 없으며 대체적인 어떤 분파적 흐름이 있었다고 말할 수 있을 뿐이다.

더구나 대수와 소수 사이에 어떤 알력이 있었던 것은 전혀 아니다. 곽송령과 장학량의 밀착은 분파적인 것이 아니라 순결한 배움과 우정의 교감일 뿐이었다. 장학량은 군벌전쟁시기를 통해 군인으로서 실전을 체험하고 작전을 익혔는데 이것은 실제로 곽송령에게서 전술을 배워가는 과정이었다. 곽송령은 실제로 봉군 내에서 가장 유능한 지휘관이었고, 신출귀몰의 작전을 구사했다.

직환전쟁直皖戰爭(직계와 봉계가 연합하여 안휘파 단기서段祺瑞의 환군皖軍을 무너뜨린 전쟁)에서도 장학량─곽송령의 전략은 탁월한 군공을 세웠다. 1922년 4월의 제1차 직봉전쟁에서도 봉군의 전선全線이 대패大敗하여 전면붕괴될 일촉즉궤─觸卽潰의 상황 속에서도(전사자 2만여 명), 곽송령의 지휘하에 있는 부대만이 직군이 산해관을 돌파하는 것을 저지시키고 봉천을 직취直取하는 계획을 좌절시켰으며, 장작림이 편안하게 봉천으로 돌아올 수 있도록 퇴로를 확보하여 주었다.

따라서 이 사건 이후로 장작림은 곽송령에 대한 의구심을 떨쳐 버렸으며, 그의 지휘능력을 신임케 되었으며, 자기 아들의 유능한 스승으로서의 그의 위치를 인정하였다. 장학량은 곽송령을 추심치복推心置腹(자기 마음을 그 뱃속에 놓는다. 사람을 진성眞誠으로 대하는 것을 뜻함)하였으며 곽송령은 장학량에게 국궁진췌鞠躬盡瘁하였다. 사람들은 곽송령은 장학량의 영혼이라고 말하였다. 장학량 본인의 말을 빌리면 다음과 같다: "내가 곧 무신茂宸(곽의 자字)이고, 무신이 곧 나다.我就是茂宸, 茂宸就是我."

제1차 직봉전쟁은 봉군에게 참혹한 패배였으며 2만 명 이상의 자식을 잃은 똥뻬이사람들에게 준 충격은 결코 가볍게 넘길 수 있는 문제가 아니었다. 장작림은 제1차 직봉전쟁의 패전을 기화로 적극적으로 봉군을 혁신하려고 노력했다. 노파에 의존했던 지휘체계를 신파중심으로 옮기고, 군기軍紀를 정숙整肅하고 신군을 새롭게 훈련시켰다. 장작림은 동삼성육군정리처東三省陸軍整理處를 신설하여 장학량을 참모장으로 삼았는데, 그 실상인즉 곽송령으로 하여금 참모장 대리를 하여 주도케 하였다. 봉천·길림·흑룡강 삼성의 군대를 통일하여 동북군의 통일군번을 부여하였고, 사제師制를 폐지하고 여제旅制로 개변시켰다. 장학량의 제3려는 제2려로 개변되었고 곽송령의 제8려는 제6려로 개변되었다.

곽송령은 장학량의 지지로 제2려와 제6려에 대하여 괄목할 만한 개혁을 단행하여 그 두 여를 동북군의 최정예군으로 만들었다. 곽송령은 부하들에게 대공무사大公無私하며, 재량있는 인재를 등용하며, 상벌을 엄격히 하며, 감고甘苦를 부하들과 더불어 한다는 예찬의 소리를 들었다. 곽송령은 항상 말하곤 했다: "평소 승관升官의 마음이 간절한 인간은 전시에는 가장 죽음을 두려워하는 겁보새끼들이다. 凡平日升官心切的人, 就是戰時最怕死的人." 그리고 군대의 군수軍需를 장관의 개인장부로부터 독립시켜 부패가 없도록 했다. 훗날 장개석도 동북군의 군수체계에 대해 부러움을 표시했다.

1924년 가을에 일어난 제2차 직봉전쟁이야말로 이러한 개혁이 반영된 승리였으며, 이 전쟁으로 인하여 장작림은 북양군벌 내의 최강자가 되었다. 제2차 직봉전쟁은 장작림이 중원의 패권을 장악하는 계기를 만들어준 대첩이었으며 직파의 강자인 조곤曹錕Cao Kun, 1862~1932, 오패부吳佩孚Wu Pei-fu, 1874~1939가 괴멸되었다.

이 전쟁에서 장학량이 군장軍長으로 곽송령이 부군장副軍長으로 있었던 제3군의 맹활약은 전 봉군의 신화가 되었다. 이 전쟁을 통해 장학량은 봉군 내에서 지위가 동요될 수 없는 위대한 장군의 지위를 확보한다. 이에 대해서도 장학량은 만년의 회고록에서 이와 같이 말한다:

"제2차 직봉전쟁의 승리를 통해 나는 진정한 군의 실권자가 되었다. 그러나 이 승리는 내 것이 아니었다. 나는 그만한 능력이 없었다. 실제로 곽송령이 나를 그러하도록 만든 것이다. 나는 곽송령을 진심으로 존경하고 중하게 여겼다. 나는 지금도 그를 가장 존경한다. 나의 생애 전반생의 사업은 완전히 그에게 의존한 것이었다."

1924년 10월 중순, 제2차 직봉전쟁이 한창 격렬할 때였다. 곽송령이 거느린 제3군은 평지에서 산해관을 정면돌파하고 있었다. 그리고 한린춘韓麟春, 강등선姜登選(양우정 계열의 사관파 사람들)이 거느린 제1군은 산해관 서남쪽 산지山地의 만리장성이 뻗어있는 중간중간의 애구隘口(산과 산 사이에 좁게 뚫려있는 지형)를 공격하고 있었다.

그런데 제1군의 싸움 성적이 이미 좋을 때였는데, 군사작전회의에서 장학량은 곽송령으로 하여금 제3군에서 5개 단團의 정예병을 데리고 애구인 석문채石門寨 공격을 돕게 한다. 제1군의 사람들 입장에서는 곽송령의 지원을 달갑게 생각하지 않았다. 가뜩이나 곽송령의 지휘관으로서의 위치가 급상승하고 있는 판에, 석문채 공격을 그가 돕게 되면 자기들의 공을 결국 곽송령이 다 채갈 뿐이라는 심산이 들었기 때문이었다.

회의가 끝나고 한린춘이 곽송령에게 빗대어 말하기를, "전략이 매우 좋군! 다 이긴 싸움인데 막판에 그대의 가오가 드러나서 또 전공을 휘날리게 생겼군!"

곽송령은 비기脾氣가 굴강倔强하고 자존심이 극강極强한 인물이었다. 그는 한의 얘기를 듣자마자 안색이 대변하면서 분분憤憤히 말한다: "나 곽 모는 여태까지 남의 후광을 받아본 적이 없다. 좋아! 난 이대로 산해관을 정면돌파하겠다."

곽송령은 뒤돌아보지도 않고 나가버렸다. 그리고 5개 단의 정예병을 철수시켜 산해관 쪽으로 나아갔다. 그러나 이러한 독자적 행동은 장학량의 작전체계를 뒤흔드는 것이었고, 전체 전쟁수행에 엄청난 차질을 가져오는 행동이었다. 장학량은 이 소식을 뒤늦게 듣고 야밤중에 심복 몇 명과 함께 말 궁둥이에 채찍을 휘갈기며 추적을 계속했다. 한밤중 달빛하에 지우먼커우九門口 한 작은 여관에서 곽송령을 따라잡았다. 장학량은 그를 만나자 숨을 헐떡이며 그를 후원으로 데리고 갔다. 장학량과 곽송령은 추녀 밑 긴 나무의자에 앉아 대화를 계속했다.

"무신! 지금 뭔 짓을 하고 있는 거요? 종전에는 나는 그대의 학생이었소. 그러나 지금은 다르지 않소? 나는 지금 그대의 상관이요. 나의 명령이 없이 당신은 제멋대로 부대를 이끌고 석문채石門寨를 철리徹離했소. 이것은 군사부서 전체의 질서를 망가뜨리는 행동이오. 어찌 이럴 수가 있소? 지금 나는 내 몸에 아무 것도 가지고 있지 않소. 당신이 항명을 한다면 당신이 가지고 있는 총으로 나를 죽이시오. 당신이 그러지 못한다면 당신은 나의 명령에 무조건 복종하시오!"

곽송령은 달빛에 먼지와 땀에 젖은 장학량의 얼굴을 바라보며 하염없이 눈물을 흘렸다.

"나는 군법을 어겼소. 내가 지금 할 수 있는 일이라곤 죽음을 기다리는 것뿐이오!"

장학량은 화를 벌컥 내며 소리쳤다.

"당신 정말 죽고 싶소? 내가 당신을 얼마나 잘 아는데 당신이 내 앞에서 체면치레 하는 거요? 체면치레 하려면 간단한 일이오! 전선에 나가 당당히 죽으시오. 하필 왜 내 손으로 당신을 처형케 한단 말이오! 처형보단 전사가 당신이 선택할 길이오!"

장학량은 홧김에 이렇게 말하고도 자신의 눈에서 피눈물을 쏟았다. 그리고 곽송령의 두 손을 잡고 목메어 말을 이어가지 못했다.

봉군 내에서 "소하월하추한신蕭何月下追韓信"(항우에게서 버림받고 또 유방에게 서조차 인정받지 못해 떠나가는 한신을 인재를 알아보는 소하가 데려온 사건. 『사기』 「회음후열전淮陰侯列傳」을 볼 것)에 버금가는 미담으로서 회자되어 내려오는 이 이야기는 장학량과 곽송령의 인간적 유대가 얼마나 끈끈한 것이었는지를 잘 말해주고 있다. 곽송령은 장학량 휘하로 다시 돌아와 분격憤激 속에서 사생을 불고不顧하고 맹공격을 퍼부어 한숨에 진황도秦皇島(산해관 밑에 해변 가까이 있다)를 점령해 버렸다. 이 사건을 보면 장학량이 곽송령을 대하는 자세가 얼마나 어른스러웠는지(당시 장학량은 23세의 장군이었다), 그리고 그의 판단력의 성숙함을 보여준다.

그러나 우리는 이 사건에서 이미 타협할 수 없는 위험천만한 불씨가 숨겨져 있는 것을 발견한다. 곽송령과 양우정그룹과의 원한관계였다. 사실 이 원한은 양우정이라는 보수계열의 사관파에게만 일방적인 잘못이 있는 것은 아니다. 어차피 인간세는 하나의 이념적 성향만 존재할 수가 없는 것이다. 그러나 마음이 너무 고매하고 기개가 너무 오만한 곽송령은 이념적 틀을 벗어나는 인간들을 관용하지 못하는 습성이 있었다.

젊은 날의 장학량 장군

양우정은 장작림의 비호를 믿고 전횡발호專橫跋扈하였으며 사람들에게 오만하게 굴었으며 자기 똘마니집단을 만들어 배타적인 자세를 취하였다. 곽송령 또한 유모아가 없고 웃지도 않고 너무 엄숙했으며 심흉이 협착狹窄했다. 그러니 충돌할 수밖에 없다. 군수문제에 관하여 양파간의 대립은 더욱 심했다. 정의로운 곽송령의 처사에 회계상 쿠린내가 펄펄나는 양우정은 시시콜콜 시비를 걸었던 것이다.

그런데 결정적인 것은 제2차 직봉전쟁 후에 논공행상하는 과정에서 가장 공이 컸던 곽송령에게 아무런 지반地盤(군벌세력의 근거가 되는 지역안배)이 안배되지 않은 것이다. 양우정에게는 강소성 지배권이 돌아가고 강등선에게는 안휘성이 돌아갔는데 곽송령에게는 아무것도 돌아가지 않았다.

이러한 문제에 관하여 장작림의 처사는 결코 불공평한 것은 아니었다. 장작림은 곽송령에게 특별한 대접을 할 필요가 없다고 생각했을 것이다. 장작림은 곽송령을 더욱 깊게 신뢰하고 싶었을 것이다. 왜냐하면 장작림은 이미 그가 동북군 내에서 자기 아들 소수少帥의 위치와 동일한 권위를 가지고 있다고 인정하고 있었기 때문이었다. 따라서 자기가 아들 학량에게 대해주는 만큼 곽송령에게도 대해준다고 소박하게 믿고 있었던 것이다.

장작림의 이런 말은 정말 진실된 표현일 것이다: "내 지위는 이제 곧 샤오리우쯔小六子 것이야(장학량이 탄생되었을 때 그의 숙적이었던 토비 김수산金壽山을 무너뜨렸기 때문에 그 애명을 쌍희雙喜라고 했다. 그리고 정식이름은 유방을 보좌한 장량張良을 배우라고 학량學良이라 했다. 그리고 자字는 한경漢卿이라 했다. 학량 세 살 때 점을 보았는데 산명선생算命先生이 "큰 말을 타고騎大馬, 큰 칼을 찰拷大刀 큰 인물"이라고 예언했다. 단지 너무 명이 쎄서 요절할 가능성이 있다고 했다. 그후 장작림은 절에 가서 제사를 지내고 샤오리우쯔小六子라는 이름을 얻었다. 그래서 장작림은 평생 장학량을 샤오리우쯔라고 불렀다). 샤오리우쯔가 대권을 장악하게 되면, 송령아! 똥뻬이는 니 것 아니냐?"

장작림은 이미 봉군의 정예부대는 모두 곽송령의 휘하에 배치되고 있다는 것을 잘 알고 있었다. 곽송령은 이러한 장작림의 너그러운 마음, 그리고 멀리 내다보는 마음을 헤아렸어야 했다. 장작림은 입버릇처럼 이렇게 말하곤 했다: "지 마누라하고 자겠다는 말만 안하면, 샤오리우쯔는 송령에게 뭐든지 다 줄 모양이야! 除去你老婆不跟他睡覺, 你什么沒有不給他的."

— 20세기 대륙의 풍진이야기가 5권으로 계속 이어집니다 —

장수부 동원東院의 화단에서 중원사합원을 바라본 모습. 민국군벌 제1부택인 장수부는 동양·서양 건축양식이 공재共在하는 곳인데 1914년에서 1934년에 이르기까지 20년의 긴 시간을 걸쳐 지어진 중국건축사에서 빼놓을 수 없는 위대한 작품이다. 장작림의 출신배경이나 학문배경을 고려해볼 때 이 부택 전반에 배어있는 탁월한 심미적 감각은 우리에게 경외감을 던져주기에 충분한 것이다.

도올의 중국일기 제4권 — 심양일기
Doh-ol's Diary in China

2015년 11월 24일 초판 발행
2016년 3월 20일 1판 2쇄

지은이 도올 김용옥
펴낸이 남호섭
편집책임 김인혜
편집·사진 임진권
편집·제작 오성룡, 신수기
표지디자인 박현택
인쇄판출력 발해
라미네이팅 금성L&S
인쇄 봉덕인쇄
제책 제일문화사
펴낸곳 통나무

주소: 서울시 종로구 동숭동 199-27
전화: (02) 744-7992
팩스: (02) 762-8520
출판등록 1989. 11. 3. 제1-970호
값 19,000원

ISBN 978-89-8264-454-2 (04910)
ISBN 978-89-8264-450-4 (세 트)